insel taschenbuch 1437

Theodor Fontane

Kriegsgefangen

Theodor Fontane
Kriegsgefangen

Erlebtes 1870

Herausgegeben von Otto Drude
Mit zeitgenössischen Abbildungen
Insel Verlag

insel taschenbuch 1437
Erste Auflage 1993
Originalausgabe

Hinweise zu dieser Ausgabe am Schluß des Bandes
Vertrieb durch den Suhrkamp Taschenbuch Verlag
Umschlag nach Entwürfen von Willy Fleckhaus
Satz: Satz-Offizin Hümmer, Waldbüttelbrunn
Druck: Nomos Verlagsgesellschaft, Baden-Baden
Printed in Germany

1 2 3 4 5 6 – 98 97 96 95 94 93

Inhalt

Vorbemerkung

Schon während seines unfreiwilligen Aufenthaltes auf der Atlantikinsel Oléron im Oktober und November 1870 begann Fontane die Erlebnisse seiner »Kriegsgefangenschaft« zu skizzieren. Nach der Rückkehr im Dezember desselben Jahres schrieb er den autobiographischen Bericht, der ab Ende des Jahres als Vorabdruck in Fortsetzungen in der Vossischen Zeitung erschien und im März 1871 als Buch vorlag.

Seine damaligen Leser kannten die politischen und allgemeinen Verhältnisse der Zeit, es war auch ihre Gegenwart.

Heute trifft dies nicht mehr uneingeschränkt zu. Die vorliegende Edition hat aus diesem Grund einen neuen Weg gewählt.

Dem Fontane-Text geht eine chronologische Übersicht des Geschehens bis zum Tag der Gefangennahme – Anfang Oktober – voraus. Dem Text von »Kriegsgefangen« folgt eine Chronologie der Tage und Wochen in Frankreich bis zur Rückkehr nach Berlin.

In diesem »Vor- und Nachspann« kommt Fontane selbst in seinen Briefen und Tagebuchaufzeichnungen zu Wort, außerdem werden Briefe und Berichte der Familie, der Freunde und Zeitgenossen zitiert.

Das Jahr zuvor:

1869 BIS 5. OKTOBER 1870

1869

Seit über fünf Jahren lebte Theodor Fontane mit seiner Familie in Berlin in der Königgrätzer Straße. Sie hieß bei seinem Einzug im Herbst 1863 noch Hirschelstraße, erst 1867 war der Name nach dem entscheidenden Sieg im Krieg gegen Österreich 1866 geändert worden.

Die Wohnung lag im ersten Stock: »Ein dunkler Flur trennte zwei nach vorn liegende, als Arbeitszimmer des Hausherrn und als Damenzimmer dienende, leidlich große zweifenstrige Räume von zwei auf einen engen unfreundlichen Hof gehenden Schlafstuben. Die eine davon schuf hintenherum eine sonst nur durch die erstgenannten Zimmer mögliche Verbindung zum großen einfenstrigen Berliner Zimmer, das als Eßraum dienend auch zum Schlafen herhalten mußte. Dann folgte ein Durchgangsstübchen zur Küche.«[1]

Der jetzt fast fünfzigjährige Fontane und seine 46jährige Frau Emilie hatten vor neunzehn Jahren geheiratet. Ihr ältester Sohn George, 1851 geboren, war Mitte 1868 noch vor dem Abitur zum Militär gegangen und vor wenigen Monaten zum Fähnrich avanciert. Der zweite Sohn Theo, geboren 1856, ging noch zur Schule, so auch die fast zehnjährige Tochter Martha. Der erst fünfjährige Friedrich, geboren 1864, sollte Ostern 1870 eingeschult werden.

Vor zehn Jahren war Fontane nach einem fast vierjährigen Aufenthalt aus England zurückgekehrt und 1860 Redakteur des »englischen Artikels« bei der »Neue preußische (Kreuz-)Zeitung« geworden. Damals waren sein Buch »Jenseit des Tweed – Bilder und Briefe aus Schottland« und eine Sammlung von Berichten »Aus England« erschienen. Mit seinen »Balladen« hatte er im selben Jahr eine Verbindung zu dem Berliner Verleger Wilhelm Hertz gefunden, bei dem er 1861 den ersten Band der »Wanderungen durch die Mark Brandenburg« herausgab, dem 1863 ein zweiter Band folgte.

1864 schrieb er für den Verlag der Königlichen Geheimen Ober-Hofbuchdruckerei Rudolf von Decker ein Buch über den »Deutsch-Dänischen Krieg«, das 1866 erschien. Inzwischen war der Krieg mit Österreich ausgebrochen, über den Fontane, wiederum bei R. von Decker, sein zweites »Kriegsbuch« verfaßte. Ende November 1869 erschien der erste Halbband. Er wurde dem preußischen König Wilhelm I. überreicht, und Fontane bat, eine ihm bisher jährlich gezahlte Unterstützung von 300 Taler, die er bis Ostern 1868 erhalten hatte, auch in Zukunft zu gewähren.

Mitte Dezember 1869 starb in Neuruppin Fontanes Mutter: »Am Donnerstag haben wir dann unsre gute Mama auf dem alten Ruppiner Kirchhof... an einer schönen, baumbepflanzten Stelle zur letzten Ruhe bestattet. Die ganze Stadt war voll Theilnahme, was uns wieder einmal zeigte, daß ein ordentliches, ehrliches, anständiges Leben, voll Strenge gegen sich selbst und voll Güte gegen die Mitmenschen, immer noch seine Würdigung findet.«[2]

Am vorletzten Tag des Jahres 1869, am 30. Dezember, feierte er zusammen mit seiner Familie und Freunden seinen 50. Geburtstag.

1870

JANUAR BIS MÄRZ

Im März wurde das »unselige 300 Thaler-Gesuch« abschlägig beschieden. »Das große Kriegsbuch, die Tag- und Nacht-Arbeit dreier Jahre, war der letzte Zug; alles wieder umsonst, und so darf ich sagen: ich habe diesen Literaturbettel gründlich satt.«[3]

APRIL

Mitte April fuhr Emilie Fontane mit der Tochter Martha nach England. »Ich bin seit 8 Tagen Strohwittwer«, schrieb Fontane seinem Verleger Wilhelm Hertz. »Meine Frau ist nach England gereist, um unsren Springhasen (Martha) dort bei der Familie Merington in Erziehung zu geben. Die Kleine kommt erst nach Jahren wieder; meine Frau in 6 Wochen. Ich hoffe, wenn das Cultusministerium davon hört, wird es einen Dankgottesdienst dafür ansetzen, daß es sich selbst davon bewahrt hat, einem solchen Verschwender-Paar 300 rtl. jährlich zu bewilligen. Dreißig masurische Schullehrer-Wittwen können dadurch vom Hungertode gerettet werden. Es ist doch 'was Großes!«[4]

Wenige Stunden nach der Abreise von Frau und Tochter kündigte Fontane ohne Wissen seiner Frau seine Stellung bei der »Kreuz-Zeitung« und verzichtete damit auf 1000 Taler jährlich. Erst nach drei Wochen teilte er seiner Frau den Entschluß und die Gründe dafür mit: »Ich habe meine Kreuzzeitungs-Stelle aufgegeben. Falle nicht um. Eh Du noch mit diesem Brief zu Ende bist, wirst Du hoffentlich sagen; er hat ganz recht getan.«[5]

JUNI

Mitte Juni kehrte Emilie Fontane allein nach Berlin zurück, Martha blieb zunächst in England. Die Familie reiste zum Sommerurlaub nach Warnemünde. Für Fontane hatte sich ein Ausgleich für die Stellung bei der »Kreuz-Zeitung« gefunden. »1870 starb der alte Gubitz (der langjährige Theaterkritiker); die ›Vossische Zeitung‹ sah sich nach einem Ersatzmann für ihn um, und ich rückte an seine Stelle.«[6] Ab Mitte August sollte Fontane die Besprechungen für die Aufführungen im Königlichen Schauspielhaus übernehmen.

JULI

Anfang Juli überreichte Fontane eines der ersten Exemplare des zweiten Halbbandes des »Deutschen Krieges« dem König, der ihm dafür eine Ehrengabe von 50 Friedrichs d'or gewährte.

Ende des Monats kehrte die Familie nach Berlin zurück. Fontane blieb noch einige Tage im Kloster Dobbertin, um dort in Ruhe zu arbeiten. Inzwischen hatte sich die politische Lage verändert und zugespitzt.

Im Jahr zuvor – 1869 – war die spanische Königin Isabella II. nach einer Revolution abgesetzt worden. Spanien sollte jedoch Monarchie bleiben; ein neuer Thronfolger wurde gesucht. Die Wahl fiel auf Prinz Leopold von Hohenzollern-Sigmaringen. In Frankreich sah man in dieser Wahl einen Affront. Im Juli 1870 verzichtete Prinz Leopold auf die Kandidatur. Jetzt verlangte Frankreich vom Chef des Hauses Hohenzollern, dem preußischen König Wilhelm I., eine förmliche Bestätigung, daß er auch in Zukunft einer Kandidatur nicht zustimmen würde. Darauf kam es am 13. Juli zum Text der berühmten »Emser Depesche«, in der in kurzer, scharfer Form das Ansinnen Frankreichs zurückgewiesen wurde. Am Tag darauf, am 14. Juli, beschloß die französische Regierung die Mobilmachung, der Norddeutsche Bund folgte einen Tag später. George Fontane schrieb am 16. Juli von der Kriegsschule in Hannover, daß die Mobilmachungsorder eingetroffen sei, wenige Tage danach bestand er die letzten Examina und wurde zum Offiziersstellvertreter ernannt. Am 25. Juli meldete er seinen Abmarsch nach Westen.[7] Inzwischen hatte Frankreich am 19. Juli den Krieg »förmlich« erklärt. Die Staaten Süddeutschlands stellten sich an die Seite des Norddeutschen Bundes.

AUGUST

In den ersten Augusttagen begannen die militärischen Operationen mit einer Folge deutscher Siege.

Fontane las die Siegesmeldungen in Dobbertin: »Mein Herz schlug mir höher bei dieser Nachricht, und doch konnte ich ein Schmerzgefühl nicht loswerden. Wozu das alles? um nichts! Blos damit Lude Napoleon festsitzt oder damit der Franzose sich ferner einbilden kann, er sei das Prachtstück der Schöpfung – um solcher Chimäre willen der Tod von Tausenden!«[8]

Am 7. August kehrte er nach Berlin zurück und schrieb nach einer Aufführung von Schillers »Wilhelm Tell« am 17. August seine erste Kritik. »Es ist herkömmlich geworden, in großen nationalen Momenten unseren nationalen Dichter zum Volke sprechen zu lassen. Ein Glück, daß wir ihn besitzen, daß seine vor allem spruch- und gedankenreichen Schöpfungen uns für alles, was kommen mag, bereits einen geprägten, längst Allgemeingut gewordenen Ausdruck überliefert haben, der, zu rechter Stunde seine ursprüngliche Frische zurückgewinnend, neuzündend in alle Herzen schlägt.«[9]

Am folgenden Tag begann die Belagerung von Paris.

Bei Kriegsbeginn hatte Rudolf von Decker bei ihm angefragt, ob er, obwohl das 66er Buch noch nicht beendet war, ein weiteres »Kriegsbuch« schreiben wolle. Umgehend antwortete Fontane:

»Gestern in die flaggende, siegestrunkene Hauptstadt zurückgekehrt, beeile ich mich, Ihre geehrte Zuschrift, für die ich herzlich danke, zu beantworten. Es erging mir wie Ihnen, ich hatte das Gefühl: nun ist es auf Lebenszeit an Siegen und Sieges*beschreibung* genug. Es hat anders kommen sollen; alles steht ein drittes Mal im Felde, so denn auch wir. Ich habe den lebhaften Wunsch, daß wir uns über die Bedingungen auch für ein drittes, hoffentlich letztes Kriegsbuch einigen.«[10]

Ende August wurden große französische Truppenteile bei Metz eingeschlossen. »Welche Siege, welche Verluste! Lepel, der gestern eine Stunde bei uns war, sagte sehr richtig: noch zwei solcher Siege und – wir sind ruinirt. Menschen giebt es noch, auch noch Generale, aber – keine Offiziere… Erfreuen wir uns an der einen großen Thatsache, daß wir wenigstens gesiegt haben und daß wir auf Feindes Land stehn. Ein zweites wiegt kaum minder schwer: heiter und singend ziehen Tag und Nacht immer neue Tausende hinaus, um die entstandenen Lücken zu füllen. Ohne einen gewissen Leichtsinn wäre es jetzt gar nicht auszuhalten.«[11]

SEPTEMBER

Am 2. September kapitulierte bei Sedan eine französische Armee. Über 100 000 Soldaten und der französische Kaiser Napoleon III. gerieten in Gefangenschaft. In Paris wurde zwei Tage darauf, am 4. September, die »Republik« ausgerufen und eine provisorische Regierung gebildet. Das Ministerium des Inneren übernahm Léon Gambetta, das des Äußeren Jules Favre und das Justizministerium J. Adolphe

Crémieux. Sie organisierten den Volkskrieg und die Volksbewaffnung. Gambetta verließ das eingeschlossene Paris mit einem Ballon und bildete in der Mitte und im Süden Frankreichs Verbände bewaffneter Zivilisten – franctireurs –, welche die regulären Truppen verstärken sollten.

Mitte dieses Monats wollte Fontane nach Nordfrankreich fahren, »um mir, wie 66 und 67 die bömischen und westdeutschen, so diesmal die französischen Schlachtfelder anzusehn. Ob ich dabei zunächst bis vor Paris gehe, und Sedan–Metz erst auf dem Rückwege abmache, weiß ich noch nicht.«[12]

George hatte den Eltern mitgeteilt, daß er zum Seconde-Leutnant befördert worden war und mit seiner Einheit vor Paris lag.

Am Sonntag, dem 25. September, brach Fontane auf. Am 6. Oktober wollte er vor Paris sein und wünschte sich, dem Einzug der Truppen beizuwohnen.[13]

Am 29. September meldete er seiner Frau aus Weißenburg, das, linksrheinisch auf der Höhe von Karlsruhe gelegen, in den ersten Augusttagen erstürmt wurde: »Es geht mir gut. In Frankfurt nur anderthalb Stunden, dann über Mannheim, in dessen Schloß die Mittagsgespenster umzugehen schienen, und Neustadt an der Hardt hierher nach ›Wissembourg‹, wo ich, God be blessed for it, ohne Wanzen, die mich viel mehr ängstigen als die franctireurs, geschlafen habe.«[14]

Am 30. September war Fontane in Sulz. »Es geht mir gut, etwas fiebrig vom windigen Wetter. Ich schreibe das auf dem Bahnhof, den Zug erwartend, der mich nach Nancy und Metz führen soll.«[15]

In kurzen Tagebuchnotizen hielt Fontane die Stationen seiner Reise fest:[16]

30. September.
Vormittag in Sulz. Abfahrt über Mittag. Sourbourg, Hagenau. Auf die Station zu nach Straßburg, der Münster noch in Sicht. Dann Savern, Durchfahrt durch die Vogesen, Lützelburg (Ruine), Pfalzburg, Saarburg. In den Vogesen die Wachtfeuer der Württemberger. Nacht in Saarburg im Coupé.
1. Oktober:
Aus Saarburg nach Lunéville und Blainville; von Blainville (in eingetroffenem Postzug) nach Nancy.

Aus Blainville schilderte er seiner Frau die Weiterfahrt: »Die ganze Reise, wenn es so fortgeht, ist im höchsten Maße lehrreich, interessant und geradezu erhebend. Alles hat einen großartigen Charakter. Es ist eine organisierte *Völkerwanderung*. Immer neue Massen überschwemmen das Land, dessen Bevölkerung staunt und kopfschüttelt, aber in ihrem Dünkel, vielleicht selbst in ihrer kindischen Hoffnung auf Sieg ungebrochen ist. Es heißt jetzt, daß eine neuformierte große Armee von Straßburg gegen Lyon vorrücke. Vielleicht ist es ein Irrtum; bekanntlich weiß man auf dem Kriegsschauplatze selbst am wenigsten, was geschieht.«[17]

2. Oktober
In Nancy. Hôtel de Ville. Palais des Stanislas Leszcynski, Roi de Pologne, Duc de Lorraine et de Bar 1737 bis 1766.

Er schrieb seiner Frau und schilderte ihr den Aufenthalt im »Hôtel de France« und seine Eindrücke von Nancy. Am nächsten Tag wollte er nach Toul weiterreisen.[18]

3. Oktober (Montag.)
Nach Besichtigung des Hôtel de Ville und seiner Bildergalerie Abschied von der Academie des Sciences, wo ich bei Herrn Lüdcke und seinen Freunden campiert hatte, und hinaus auf den Bahnhof. Abfahrt nach Toul um 2 Uhr. Ankunft 3 Uhr. Abgestiegen im Hotel de la ville de Metz. Besuch der Kathedrale, vorher einer noch schöneren alten Kirche, wahrscheinlich St. Jean. Um 6 Uhr Diner. Erst Zwiegespräch mit dem Directeur de la Poste; dann längere Unterredung mit Herrn Adolf oder Alfred Wellmer, der für Hallberger den Kriegsschauplatz bereist.

4. Oktober.
An Emilie geschrieben. Der Ausflug nach Vaucouleur kommt nicht zu Stande, weil kein Wagen aufzutreiben ist. Viel flaniert. Ein Buch über Jeanne d'Arc gekauft. Déjeuner. Viel fremde Offiziere: 90er, 85er, ein hierher verschlagener 45er und viel Artillerie. Alles ausgelassen. Abmachungen für den nächsten Tag mit der kranken Mad. Grosjean. Spaziergang hinaus à la gare und nach St. Michel, um die »Gartenmauer« aufzusuchen. In »Jeanne d'Arc« gelesen. Früh zu Bett.

Hinter der »Gartenmauer« in Toul hatte George mit seinem Bataillon gelegen. Über Chalons, Epernay und Meaux wollte Fontane bis vor Paris und anschließend nach Sedan, Metz und Saarbrücken fahren.

Vorher beabsichtigte er, von Toul aus einen kleinen Abstecher ins »romantische Land«, in das Land der Jeanne d'Arc, zu machen. Die Jungfrau von Orléans war für ihn die »schönste Blüte, die das Lilien-Frankreich je getragen«, sie war »die lieblichste und zugleich erhabenste Gestalt aller Geschichte.«[19] Etwa 30 km südlich von Toul lag Domremy, der Geburtsort der Jeanne d'Arc.

5. Oktober. (Mittwoch.)
Früh 7 Uhr Fahrt nach Vaucouleur und Domremy. Um 4 Uhr nachmittags verhaftet. Nach Neufchâteau. Furchtbare Nacht.

Kriegsgefangen

ERLEBTES 1870

Meinen Freunden dankbar gewidmet

1. ABTEILUNG

»Ins alte, romantische Land«

1. DOMREMY

Wie heißt der Ritter? Baudricourt. Er steht
Kaum einen Tagesmarsch von Vaucouleurs.

*

Ich bin nur eines Hirten niedre Tochter
Aus meines Königs Flecken Domremy,
Der in dem Kirchensprengel liegt von Toul.

Jungfrau von Orleans

Am 2. Oktober war ich in Toul. Ich kam von Nancy. Nancy ist eine Residenz, Toul ist ein Nest. Es machte den Eindruck auf mich wie Spandau vor dreißig Jahren. Die Kathedrale ist bewunderungswürdig, das Innere einer zweiten Kirche (St. Jean, wenn ich nicht irre) von fast noch größerer Schönheit; aber von dem Augenblick an, wo man mit diesen mittelalterlichen Bauten fertig ist, ist man es mit Toul überhaupt.

In zwei Stunden hatt' ich diese Sehenswürdigkeiten hinter mir, und dennoch war ich gezwungen, zwei Tage an dieser Stelle auszuhalten. Dies hatte darin seinen Grund, daß unmittelbar südlich von Toul das Jeanne d'Arc-Land gelegen ist, und daß es, dank dem Kriege und den Requisitionen, unmöglich war, in der ganzen Stadt einen Wagen aufzutreiben. Die Partie selber aufzugeben schien mir untunlich; ich hätte jede Mühe und jeden Preis daran gesetzt. Endlich, am Nachmittage des zweiten Tages, hieß es: Madame Grosjean hat noch einen Wagen. Ich atmete auf. In einem schattigen Hinterhause, dicht neben der Kathedrale, fand ich die genannte Dame, die bei zurückgeschlagenen Gardinen in einem großen Himmelbette saß. Sie war krank, abgezehrt, hatte aber die klaren, klugen Augen, die man so oft bei hektischen Personen findet, und die nie eines Eindrucks verfehlen. Wir unterhandelten in Gegenwart zweier Gevatterinnen, die mindestens ebenso gesund waren, wie Madame Grosjean krank. Das Geschäftliche arrangierte sich leicht; nur ein Übelstand blieb, an dem auch jetzt noch die Partie zu scheitern drohte: das einzig vorhandene Gefährt, ein char à banc, war nämlich zerbrochen und Mr. Jacques, Schmied und Stellmacher, hatte erklärt, überbürdet mit Arbeit, die Reparatur nicht machen, keinesfalls aber den Wagen abholen lassen zu können. In diesen letzten Worten schimmerte doch noch eine Hoffnung. Ich eilte also auf die Straße, engagierte zwei Artilleristen vom Regiment »Feldzeugmeister«, spannte mich selbst mit vor, und im Trabe jagten wir nun mit der leichten Kalesche über das holprige Pflaster hin, in den Arbeitshof des Mr. Jacques hinein. Dieser war ein Hüne, also gutmütig wie alle starken Leute. Meine Beredsamkeit in Etappenfranzösisch amüsierte ihn ersichtlich, und wir schieden als gute Freunde, nachdem er versprochen hatte, bis Sonnenuntergang die Reparatur machen zu wollen. Er hielt auch Wort.

In der Dämmerstunde klopfte es an meine Tür. Ein Blaukittel trat ein, teilte mir mit, daß er der »Knecht« der Madame Grosjean sei, und daß wir am andern Morgen 7 Uhr fahren würden. Soweit war alles gut. Aber der Blaukittel selbst flößte mir wenig Vertrauen ein, am wenigsten, als er schließlich versicherte: die Partie sei in einem Tage nicht zu machen, wir würden nach Vaucouleurs fahren, von dort nach Domremy und von Domremy wieder zurück nach Vaucouleurs, aber mehr sei nicht zu leisten; in Vaucouleurs müßten wir übernachten. Er berief sich dabei auf einen russischen Grafen, mit dem er vor Jahresfrist dieselbe Partie gemacht habe, und begleitete seine Rede, die mir aus nichts als aus den vollklingenden Worten »Kilometer« und

»quatre-vingt-douze« zu bestehen schien, mit den allerlebhaftesten Gesten. Ein starker Verdacht schoß mir durch den Kopf; wer indessen viel gereist ist, weiß aus Erfahrung, daß auf solche Anwandlungen nicht allzuviel zu geben ist, und ich entließ ihn ohne weiteres mit einem kurzen: Eh bien, demain matin 7 heures. Ich freute mich sehr auf diesen Ausflug. Das Mißtrauen, das so plötzlich in mir aufgestiegen war, galt mehr dem Blaukittel in Person als der Gesamtsituation, und dieser Person glaubte ich schlimmstenfalls Herr werden zu können. Ich lud meinen Lefaucheux-Revolver und wickelte ihn derart in meine Reisedecke, daß ich durch einen Griff von rechts her, in die nun muffartige Rolle hinein, den Kolben packen und eine »Gefechtsstellung« einnehmen konnte. Ich *muß* dies erwähnen, weil es zu einer späteren Stunde von Wichtigkeit für mich wurde. Daß ich den Revolver nicht mit mir führte, um etwa auf eigene Hand Frankreich mit Krieg zu überziehen, brauch' ich wohl nicht erst zu versichern; man hat aber die Pflicht, sich gegen mauvais sujets und die Effronterien des ersten besten Strolches zu schützen.

7 Uhr früh rasselte der Wagen über das Pflaster und hielt vor meinem Hotel. Ich war fertig; eine Viertelstunde später lag Toul hinter uns.

Bis Vaucouleurs sind drei Meilen. Von rechts her traten mächtige Weingelände, in der Mitte des Abhangs mit hellleuchtenden Dörfern geschmückt, bis an die Straße heran; nach links hin dehnten sich Fruchtfelder, dahinter Bergzüge, oft in blauer Ferne verschwimmend. Es war eine entzückende Fahrt; die Chaussee bergansteigend und wieder sich senkend, dann und wann ein Flußstreifen, eine Wassermühle, dazu rund umher das Herbstlaub in hundert Farben schillernd. Ehe wir noch die erste große Biegung des Weges erreicht hatten, erfüllte sich, was sich immer zu erfüllen pflegt: ein Fußgänger stand am Wege und bat, aufsteigen zu dürfen. Der Kutscher stellte ihn mir als einen seiner »Freunde« vor. Ich kann nicht sagen, daß er mir dadurch besonders empfohlen worden wäre, und ich rückte meine Reisedecke unwillkürlich etwas zurecht. Ich hatte aber unrecht. Der neue Fahrgast erwies sich als ein freundlicher, angenehmer Mann; plaudernd über Krieg und Frieden fuhren wir um 10 Uhr in Vaucouleurs hinein.

Ein reizender kleiner Ort. Der Kutscher hatte zwei Stunden dafür festgesetzt, Zeit genug, die alte Kapelle und das leidlich wohlerhaltene Schloß des »Ritters Baudricourt«, das die Stadt beherrscht, zu besuchen. Über diese Erinnerungsstätte zu berichten, ist hier nicht der Ort. Um 12 Uhr weiter nach Domremy.

Domremy – das von den Bewohnern dortiger Gegend immer nur Dórmy ausgesprochen wird – liegt noch drittehalb Meilen südlich von Vaucouleurs. Das Terrain verändert sich hier etwas und nimmt mehr und mehr den Charakter eines Defilees an. Die Höhenzüge zur Rechten bleiben dieselben, aber von gegenüber treten die Berge näher heran, während unmittelbar zur Linken ein breites Wiesental sich zieht, drin die Meuse fließt; das Ganze nicht ohne Reiz, aber ein wenig kahl und verbrannt, voll frappanter Ähnlichkeit mit dem Nuthetal, das sich von Potsdam aus, an Saarmund vorbei, bis hinauf an die alte sächsische Grenze zieht. Halben Wegs erreicht man Burey en Vaux, das Dörfchen, wohin Jeanne d'Arc zu ihrem Oheim Durand Laxart ging, als sie im elterlichen Hause nicht länger wohlgelitten war; dann (zur Linken) ein mittelalterliches, halb schloßartiges Gehöft, bis endlich, bei einer Biegung des Weges, Domremy selbst mit einzelnen seiner blitzenden Dächer sichtbar wird. *Nicht* mit seiner Kirche. Es hat nur eine Kapelle, die, etwas tief gelegen, sich hinter Pappeln und anderem Baumwerk versteckt.

Die letzten zehn Minuten vor Einfahrt in das Dorf waren

die schönsten. Es war, als ob die Reisegötter hier noch einmal den Zweck verfolgten, ein Übriges für mich tun und die ganze Szene künstlerisch abrunden zu wollen. Ein Geistlicher in weißem Haar und breitkrämpigem Hut kam des Weges; wir grüßten einander. Ein Hirt folgte; strickend schritt er seiner Herde vorauf. Durch die herbstlich klare Luft zogen Tausende von Sommerfäden, und auf meine neugierige Frage, welchen Namen diese weißen Fäden in Frankreich führten, antwortete mein Kutscher: »Les cheveux de la S$^{te.}$ Vierge«. War es denkbar, unter glücklicherer Vorbedeutung in das Dorf der Jeanne d'Arc einzuziehen? Und doch täuschten alle diese Zeichen.

Um 3 Uhr etwa fuhren wir in die Hauptstraße von Domremy hinein. Es ist ein Dorf von mittlerer Größe, eher klein. Der Eindruck, trotz hellen Sonnenscheins und des weißen Anstrichs der Häuser, war ein düsterer; alles schien auf Verfall und Armut hinzudeuten. In der Mitte des Dorfes hielten wir vor einem rußigen, anscheinend herabgekommenen Gasthause, das in verwaschenen Buchstaben die Inschrift trug: Café de Jeanne d'Arc. Es war unheimlich. Ich hatte dieselbe, mich direkt ins Herz treffende Empfindung wie am Abend vorher, wo der Blaukittel mich besucht und seine Botschaft ausgerichtet hatte.

Ich eilte, mich diesem Eindruck zu entziehen; die geweihte Stätte, wo »la Pucelle« geboren wurde, schien mir der geeignetste Platz dazu. Ich brach also unverzüglich auf. Es waren nur 150 Schritt; in einem Stück Gartenland lag das ehrwürdige Gemäuer. Ich zog die Glocke an einem sauberen drahtgeflochtenen Gittertor, das den Garten von der Straße schied. Eine »Religieuse« öffnete und machte die Führerin. Und siehe da, als ich erst in der Nische über der niederen Eingangstür das in Stein gemeißelte Bild der gewappneten Jungfrau, innerhalb des Hauses selbst aber den alten eichenen Wandschrank sah, der ihr Jahre lang als

Truhe gedient hatte, fiel alles Mißtrauen wieder von mir ab, und ich fühlte mich ganz dem Zauber dieser Stunde hingegeben. Ich machte meine Notizen, trat dann zurück in den Garten und versenkte mich noch einmal in den Anblick dieses in Geschichte und Dichtung gleich gefeierten Ortes. Convolvulus rankte sich um die Stämme einiger Zypressen; Resedabeete füllten die Luft mit ihrem Duft, die Religieuse sprach leise freundliche Worte; – alles war Poesie.

In unmittelbarer Nähe des Hauses »de la Pucelle« liegt die Kapelle. Sie ist gotisch. Einige Glasfenster, namentlich eines, dessen bunte Scheiben das Wappen der Jeanne d'Arc aufweisen, deuten auf das 15. Jahrhundert zurück; das meiste aber ist modern. Ich verweilte wohl eine Viertelstunde an dieser Stelle, mir jedes Kleinste einprägend, und trat dann wieder vor das Portal der Kapelle, zu deren Linken sich eine Statue der Pucelle erhebt. Diese kniet im Gebet, preßt die linke Hand aufs Herz, während sie die rechte gen Himmel hebt; – eine wohlgemeinte, aber schwache Arbeit.

Ich klopfte eben mit meinem spanischen Rohr an der Statue umher, um mich zu vergewissern, ob es Bronze oder gebrannter Ton sei, als ich vom Café de Jeanne d'Arc her eine Gruppe von acht bis zwölf Männern auf mich zukommen sah, ziemlich eng geschlossen und untereinander flüsternd. Ich stutzte, ließ mich aber zunächst in meiner Untersuchung nicht stören und fragte, als sie heran waren, mit Unbefangenheit: aus welchem Material die Statue gemacht sei? Man antwortete ziemlich höflich: »Aus Bronze«, schnitt aber weitere kunsthistorische Fragen, zu denen ich Lust bezeugte, durch die Gegenfrage nach meinen Papieren ab. Ich überreichte ein rotes Portefeuille, in dem sich meine Legitimationspapiere befanden, selbstverständlich nur *preußische*. Man suchte sich darin zurecht zu finden, kam aber nicht weit und forderte mich nunmehr auf, zu besserer

Feststellung sowohl meiner Person wie meiner Reiseberechtigung ihnen in das Wirtshaus zu folgen.

Die ganze Szene, so peinlich sie war, hatte, der Gesamthaltung der Dorfbewohner nach, nicht gerade viel Bedrohliches gehabt und schien nach unserem Eintreten in das Wirtshaus, wo bald Wein und Reimser Biskuit herumgegeben wurden, ein immer helleres Licht gewinnen zu wollen. Ich machte alle Umstehenden, deren Zahl von Minute zu Minute wuchs, mit dem Inhalt meiner Legitimationspapiere bekannt und setzte ihnen offen den Zweck meiner Reise und dieser speziellen Exkursion nach Domremy auseinander, was alles wohl aufgenommen wurde. Aber der kleine Lichtstrahl, der eben durchbrechen wollte, sollte bald wieder schwinden. Ich war eben noch im besten Perorieren, als ein junger Bauer, der sich mit meinem Stock zu tun gemacht hatte, die Krücke aus der Stockscheide zog und mit einem »ah, un poignard« die mir zuhörende Gesellschaft überraschte. Es durchfröstelte mich etwas, weil ich klar einsah, was jetzt notwendig kommen mußte. Ich faßte mich aber schnell, und zur Initiative greifend, die allein einem Schlimmeren vorbeugen konnte, sagte ich mit Ruhe: »Naturellement, Messieurs, je suis armé.« Ich sprach es so, daß man heraushören *mußte:* mit diesem Poignard allein ist es nicht getan. Man verstand mich auch sofort, und von mehreren Seiten hieß es jetzt: »Ah, ah! sans doute un revolver«, während andere dazwischen riefen: »où est-il? où sont ses effets? cherchez! apportez!« Man brachte alsbald meine Reisedecke und bestand seltsamerweise darauf, daß ich sie selber öffnen solle. Es war, als hätt' ich sie mit Torpedos geladen. Ich konnte mich selbst in diesem Augenblicke eines Lächelns nicht erwehren, löste die Riemen, wickelte die Decke auseinander und überreichte meinen Revolver. Er ging von Hand zu Hand; ich konnte wahrnehmen, daß er mit sehr verschiedenen Gefühlen betrachtet wurde.

Die Situation war bereits heikel genug, aber schlimme Momente kommen nie allein; so auch hier. In eben diesem Augenblick, wo die Stimmung gegen mich ziemlich hoch ging, drängte sich durch den dichtesten Haufen ein wüst aussehender Geselle, der, gedunsen und kurzhalsig, seiner apoplektischen Anlage durch sechs Liter Wein täglich zu Hilfe zu kommen schien, stellte sich sperrbeinig vor mich hin, schlug mit der Faust auf seine Brust und erklärte mit lallender Zunge: »Je suis le Maire.« Dies kam mir *sehr* ungelegen. Ich griff zu einem verzweifelten Mittel und sagte ihm unter Verbeugung, »daß ich erfreut sei, ihn zu sehen«, was bei einzelnen (ich hatte also richtig gerechnet) sofort eine gewisse Heiterkeit zu meinen Gunsten erweckte und die Gebildeteren veranlaßte, die Dorfobrigkeit, die noch allerhand faselte, beiseite zu schieben. Dies war sehr wichtig für mich. Solch trunkener Imbecile, an dem alles, was Vernunft und Wahrheit ist, notwendig scheitern mußte, war das Schlimmste, was mir in solchem Momente begegnen konnte.

Einer aus dem Kreise der Minorität trat jetzt an mich heran und fragte ruhig: ob ich damit einverstanden sei, daß man mich nach Neufchateau auf die Souspräfektur führe? Ich mußte lächeln; ebenso gut hätte er mich fragen können, ob ich damit einverstanden sei, gehängt zu werden? Ich mußte eben tragen, was über mich beschlossen wurde.

Meine Einwilligung war kaum ausgesprochen, als man meinen Kutscher, der mich übrigens *nicht* verraten hatte, antrieb, seinen Braunen wieder einzuspannen. Ich bezahlte meine Zehrung, die Wirtin nahm das Geld und sah mich teilnahmsvoll an. Sie schien sagen zu wollen: die Welt ist toll geworden. Im Moment, wo ich auf den Flur hinaustrat, legte ein hübsch aussehender, rotblonder Mann seine Hand auf meine Schulter und flüsterte mir zu: »Monsieur, encore un moment!« Er wies auf ein großes Hinterzimmer, in das er voranschritt; ich folgte. Als wir allein waren, zeigte er mir ein Papier, das an seiner Spitze ein umstrahltes Dreieck und in dem Dreieck, soviel ich erkennen konnte, einige hebräische Zeichen trug. »Connaissez-vous cela?« Es schien mir ein Freimaurer-Papier. Ich antwortete: »Nein«, hinzusetzend, daß ich die Bedeutung allerdings zu kennen glaubte. »Ah! c'est bon!« Er steckte sein Papier wieder ein, und ich war entlassen. Ob er wirklich meine Freilassung durchsetzen wollte, oder ob das Ganze umgekehrt nur eine Falle war, darüber kann ich bloß Vermutungen hegen. Das eine ist so gut möglich wie das andere.

Wir stiegen auf. Rechts der Kutscher, links ein Franktireur, ich eingeklemmt zwischen beiden; hinter uns, auf einem Strohbündel, lagen zwei Blusenmänner. Die Sonne war im Niedergehen, der Abend klar und schön; so ging es auf Neufchateau zu.

2. NEUFCHATEAU

> What may this mean,
> That thou
> Revisit'st thus the glimpses of the moon?
> How now! a rat? *Hamlet*

Die Blusenmänner schliefen; mein Nachbar der Franktireur aber plauderte und rauchte seine Zigarette. Er war frisch, patriotisch, bescheiden; meine Situation flößte ihm eine gewisse Teilnahme ein. Ich fragte nach dem Souspräfekten. Der Franktireur nannte mir den Namen: Mr. Cialandri, ein *Korse.* Ich kann nicht sagen, daß mir bei diesem Zusatz besonders wohl geworden wäre. Ein Korse! Die Engländer haben ein Schul- und Kinderbuch, das den Titel führt: »Peter Parleys Reise um die Welt, oder was zu wissen not tut.«

Gleich im ersten Kapitel werden die europäischen Nationen im Lapidarstil charakterisiert. Der *Holländer* wäscht sich viel und kaut Tabak; der *Russe* wäscht sich wenig und trinkt Branntwein; der *Türke* raucht und ruft Allah. Wie oft habe ich über Peter Parley gelacht. Im Grunde genommen stehen wir aber allen fremden Nationen gegenüber mehr oder weniger auf dem Peter-Parley-Standpunkt; es sind immer nur ein, zwei Dinge, die uns, wenn wir den Namen eines fremden Volkes hören, sofort entgegentreten: ein langer Zopf, oder Schlitzaugen, oder ein Nasenring. Unter einem Korsen hatte ich mir nie etwas anderes gedacht als einen kleinen braunen Kerl, der seinen Feind meuchlings niederschießt und drei Tage später von dem Bruder seines Feindes niedergeschossen wird. Man kann daraus abnehmen, welcher Trost mir aus der Mitteilung erwuchs, daß Mr. Cialandri ein Korse sei.

Es dunkelte schon, als wir in Neufchateau einfuhren. Die Straßen waren wenig belebt; nach einigem Hin- und Herfragen hielten wir vor der Souspräfektur. Der Anblick war der freundlichste von der Welt. Ein Gitter, ein kiesbestreuter Vorhof, dahinter eine Villa, im italienischen Kastellstil aufgeführt. Das Baumaterial war roter Ziegel; Wein und Pfirsich rankten am Spalier. Nach erfolgter Anmeldung wurde ich treppauf geführt. In einem mit türkischem Teppich ausgelegten Salon saßen die Damen des Hauses; ein Diener brachte eben die Lampen; ich verneigte mich. Mr. Cialandri empfing mich an der Schwelle des dahinter gelegenen Zimmers, das dieselbe Eleganz zeigte: Marmorkamin, breite Spiegel, Fauteuils. Auf einem derselben wurde ich gebeten, Platz zu nehmen. Mr. Cialandri setzte sich mir gegenüber. Das Kaminfeuer beleuchtete seine Züge.

Es war ein schmächtiger Mann, von vollkommen weltmännischer Tournure, dabei augenscheinlich krank. Er entschuldigte sich, daß er im Flüstertone sprechen müsse. Sein

Auge war dunkel, sein Teint erdfahl; wenn sich irgendeine Blutrache an ihm vollzogen hatte, so konnte sie nur den Charakter anhaltender Aderlässe gehabt haben. Er drückte sein Bedauern aus, bei den Zeitläuften, die leider herrschten, mich nicht ohne weiteres in Freiheit setzen zu können; der Capitaine der Gendarmerie, nach dem er bereits geschickt habe, werde das Weitere veranlassen.

Die Situation, alles in allem genommen, schien mir nicht hoffnungslos; aber sie sollte sich bald verändern. Der Kapitän trat ein, verbeugte sich leicht und nahm dann den mit leiser Stimme gegebenen Bericht des Souspräfekten entgegen. Dann und wann warf er ein kurzes Wort ein und blickte, scharf musternd, mit seinen dunklen Augen zu mir herüber. Ich hasse im allgemeinen nichts mehr als diese törichten Augenkämpfe, die, aus einer falschen Vorstellung von Mut und Mannhaftigkeit hervorgehend, schon so viel Unheil angerichtet haben; *diese* Blicke aber hielt ich aus. Woher mir, bei sonstiger Scheuheit, die Kraft dazu kam, weiß ich nicht. Gleichviel, ich hielt aus. Gefühl der Unschuld, Abwehr gegen offenbare Provokation, endlich die ruhige Überzeugung, daß man durch Sich-Kleinmachen noch nie das Herz eines Feindes erobert hat – all' das mochte zusammenwirken.

Der Capitaine wandte sich jetzt an mich:

»Vous êtes officier prussien?«

»Non!«

»Vous avez fait une ›excursion‹ à Domremy?«

»Oui!«

»Vous suivez votre armée?«

»Oui et non! En tout cas je n'en dépends pas.«

»Ah, ah! – Vous avez été à Toul?«

»Oui!«

»A Nancy?«

»Oui!«

»Vous êtes médecin?«

»Non.«

»Mais vous portez la croix rouge!«

»Oui; comme légitimation.«

»Ah, ah!«

Nun folgte wieder ein Geflüster und eine Seitenmusterung, worauf ich gebeten wurde, ihm zu folgen. Ich verbeugte mich gegen den Souspräfekten, die Damen im Salon erwiderten höflich meinen Gruß, und ich stieg rasch in den Flur des Hauses nieder. Im Hinaustreten auf den Vorhof besann sich der Capitaine (wofür ich ihm danke) plötzlich eines Besseren, ließ eine Hinterpforte öffnen und führte mich auf abgekürztem Wege und durch Straßen, wo niemand unserer achtete, in das Gefängnis der Stadt.

Es war ein weitschichtiges Gebäude, Korridore, ein Gewirr von Treppen; endlich öffneten wir ein Zimmer, darin der Greffier von Neufchateau seine Wohnung hatte. Im Kamin knackten die großen Scheite; die Flamme schlug hoch auf und gab dem niedrigen, aber geräumigen Gemach mehr Licht als die kleine Lampe, die auf dem Tische stand. Im Moment unseres Eintretens erhob sich der Greffier, nahm die Lampe, schlug den Schirm zurück und schritt uns entgegen. Ich war wie vom Donner getroffen; das leibhaftige Ebenbild meines Vaters stand vor mir. Wir schrieben den 5. Oktober; vor drei Jahren, fast um dieselbe Stunde, war er gestorben; – hier sah ich ihn wieder, frisch, lebensvoll, hoch aufgewachsen, mit breiten Schultern und großen Augen, im Auge selbst jene Mischung von Strenge und Gutmütigkeit, wie sie ihm eigentümlich gewesen war.

Der Kapitän übergab mich dem Greffier, der den vollklingenden Namen Mr. Palazot führte, verbeugte sich gegen mich mit einem Anflug von Ironie und ließ mich mit meinem Hüter allein. Ich war jetzt Gefangener.

Mr. Palazot rückte seinen Stuhl vom Kamin an den Tisch,

stellte die üblichen Fragen und machte einige Notizen, nachdem ich Uhr und Geld und ein kleines Perlmuttermesser, das gerade ausgereicht haben würde, einen Maikäfer zu ermorden, bei ihm deponiert hatte. Nachdem so alles Dienstliche abgemacht worden war, glättete sich die Stirn des Alten; er warf ein neues Scheit in die Flamme und forderte mich auf, an seiner Mahlzeit teilzunehmen. Es waren Karotten in einer Petersiliensauce. Ich lehnte dankend ab, bat aber um ein Glas Wasser und einen Löffel Kognak. Mein alter Gascogner nickte, gab in die Küche hinaus die Order, und alsbald erschien Madame Palazot, um mir das Gewünschte zu bringen. Wir saßen nun zu dritt um den runden Tisch und sprachen von Krieg und Frieden. Die üblichen Trivialitäten wurden ausgetauscht und aufs neue festgestellt, daß Krieg eine sehr böse und Friede eine sehr schöne Sache sei. Nachdem wir uns innerhalb dieses Glaubensbekenntnisses gefunden, wurden die Herzen immer offener. »Madame«, eine herzensgute Frau, holte das Bild ihres Sohnes, eines hübschen Husarenoffiziers, dessen Regiment die großen Kavalleriechargen bei Mars la Tour mitgemacht hatte und von dem seit der Einschließung von Metz keine Nachrichten mehr eingetroffen waren. »Il est mort«, – dabei liefen der Alten die Tränen über das Gesicht; der Alte sah starr vor sich hin, spießte eine Karotte auf, legte aber die Gabel wieder nieder, ohne gegessen zu haben. Ein braunfleckiger, weißer Hühnerhund, der dem Sohn gehörte, stimmte winselnd in die Familientrauer mit ein. Eine halbe Stunde später kam Besuch, ein junger Advokat, natürlich Republikaner. Mr. Palazot war Orleanist. Die Debatte wurde immer lebhafter, der Advokat sprach sich immer mehr in Feuer und Flamme hinein: »L'Alsace et la Lorraine à l'Allemagne?! Jamais, jamais! Vous voulez une guerre d'extermination, une guerre à outrance, – eh bien vous l'aurez.« Mir schwindelte der Kopf. Die furchtbaren Aufregungen dieses Tages, die sich immer wieder aufdrängende Frage: »was wird?«, die Diskussionen in einer fremden Sprache, – eine völlige Erschöpfung kam über mich, und ich bat, mich in mein Zimmer zu führen. Ich glaubte, ich sagte wirklich *Zimmer*.

Es mochte 9 Uhr sein. Mad. Palazot, auf meine Bitte, gab mir vier wollene Decken mit; der Alte selbst nahm ein Licht und führte mich in mein »Zimmer« hinüber. Es trug die Inschrift »cachot«. Wir sagten einander gute Nacht, der Bolzen wurde vorgeschoben.

Ich kann nicht sagen, daß mich ein Schrecken angewandelt hätte; im Gegenteil, ich hatte das Gefühl einer innerlichen Befreiung; ich war *allein*. In diesem Wort liegen Himmel und Hölle. Ich empfand zunächst nur jenen. Der übliche Gefängnisapparat, der Schemel, der Wasserkrug, das eiserne Bett machten mich lächeln. Ich sprach vor mich hin: alles echt. Das Ganze hatte zudem nichts Abschreckendes. Die Wände waren weiß, die Laken sauber, durch das breite Gitterfenster fiel das Mondlicht bis in die halbe Tiefe des Zimmers, drunten, in weißem Schimmer, lag die Stadt. Ich schritt eine Viertelstunde lang auf und ab; dann entkleidete ich mich und wickelte mich in die Decken. Ich war todmüde und hoffte »einen guten Schlaf zu tun.«

Es war anders beschlossen. Ich mochte fünf Minuten geschlafen haben, als mich ein lautes Nagen und Knabbern weckte. Ich fuhr auf und horchte. Kein Zweifel, Ratten. Wie mir dabei zumute wurde, kann ich nicht beschreiben. Ich wußte sofort: einen Schlaf gibt es in dieser Nacht nicht mehr für dich. Hätt' ich auch anders darüber gedacht, die Bewohner hinter Wand und Diele hätten mich bald eines andern belehrt. Nie hab' ich diese Tiere mit solcher Frechheit sich gebärden sehen; sie waren überall, zupften und zerrten an den Decken, ließen sich durch mein Husten und Zurufen nicht im geringsten stören und machten, wenn sie unter dem

Fußboden geschwaderartig und mit stampfendem Gepolter hinjagten, den Eindruck einer infernalen Kavallerie auf mich. Jeden Augenblick mußt' ich fürchten, daß sie mein Bett mit Sturm nehmen würden.

Der erste Seufzer kam aus meiner Brust. Bis dahin hatt' ich mich gehalten. Ich stand auf, kleidete mich an, wickelte mich in meine Reisedecke und setzte mich auf das Fensterbrett, das gerade breit genug war, meinem Körper Platz zu geben. In solcher Stellung, nur mal rechts, mal links meine Rückenlehne suchend, durchwachte ich die Nacht, zählte ich die Viertelstunden. Das höllische Getier, das mich einfach als einen Eindringling betrachtete, ließ übrigens auch jetzt nicht von mir ab; sie drängten sich an den Schemel, den ich als eine Art Treppenstufe an das Fenster geschoben hatte, und suchten diesen zu erklettern; als sie aber ihre Anstrengungen scheitern und mich beständig auf Wache sahen, gaben sie endlich ihre Chargen auf. Um 4 Uhr wurde es still; um 5 Uhr dämmerte es.

Um 7 Uhr erschien Mr. Palazot. Ich sagte ihm, daß ich nicht geschlafen hätte und weshalb nicht. Er lächelte. »Ja, ja.« Am Kaminfeuer sollten jetzt die Gespräche vom Abend vorher wieder aufgenommen werden; aber, trotz angeborner Höflichkeit, – ich konnte nicht. Eine Viertelstunde lang, während ich wieder ein wenig Wasser und Kognak trank, hielt ich es aus; dann fragte ich ihn, ob er mir wohl erlauben wolle, in seinem Sorgenstuhl den versäumten Schlaf der Nacht nachzuholen? Er nickte, gab mir sein bestes Kissen, und ich rückte mich zurecht. An Schlaf war natürlich nicht zu denken; auch lag mir nur an Ruhe, an der Möglichkeit, mir selber anzugehören.

So saß ich eine Stunde; das Feuer knisterte, der Hühnerhund gappste nach den Fliegen, der Alte las, Mad. Palazot ging leise, wie auf Socken, auf und ab. Mit dem Schlage neun wurde es draußen laut; schwere Schritte klangen auf der Treppe; drei Gendarmen, große schöne Leute, traten ein. Unter ihrer Eskorte, so erfuhr ich jetzt, sollte ich nach der Festung Langres, zum Brigadegeneral gebracht werden. Abschied war bald genommen; meiner freundlichen Wirtin sprach ich die Hoffnung aus, daß sie ihren Sohn wiedersehen möge. Sie weinte: jamais, jamais!

Der Bahnhof lag an der entgegengesetzten Seite der Stadt. Ich mußte also die Hauptstraße der ganzen Länge nach passieren. Es war eine Art Volksfest; die Nachricht von meiner Verhaftung hatte sich schon am Abend vorher in allen Schichten der Bevölkerung verbreitet. Als ich so Haus bei Haus an den Gruppen Neugieriger vorüber mußte, ging mir die Strophe eines alten Liedes durch den Sinn:

> Mary Hamilton schritt die Straß' entlang.
> Alle Mädchen schauten herfür,
> Die Männer und die Frauen
> Standen fragend in der Tür.

So das Lied. Mary Hamilton schritt auf einen Hügel zu, um dort zu sterben. *Wohin schritt ich?*

3. LANGRES

> Was schüttelt dich nun? was erschüttert den Sinn? Ein innrer Schauer durchfährt mich.
> *Egmont*

Von Neufchateau bis Langres werden zwölf Meilen sein. Wir machten die Fahrt in vier Stunden, im allgemeinen durch Neugier, oder Schlimmeres, wenig belästigt. Die einzige Klasse von Personen, die sich hier, wie auch späterhin, durch eine gewisse feindselige Zudringlichkeit auszeichnete, waren Beamte niedern Grades, die in noch junger Beziehung zum »roten Bändchen« standen, kleine Karrieremacher, die auf diese Weise ihrer nationalen, aber mehr noch ihrer persönlichen Eitelkeit frönen wollten. Sie traten an das Kupeefenster, unterwarfen mich einem Kreuzverhör, musterten mich und verschwanden wieder. Sie waren nicht geradezu unhöflich, nur das ganze Verfahren überhaupt bildete eine Unart.

Es war gegen 2 Uhr, als wir Langres erreichten. In halbstündiger Entfernung vom Bahnhof, auf einem Bergrücken, lagen Stadt und Festung; dort mußten wir hinauf. Trotz Oktober war eine glühende Hitze; die Sonne stach. Halben Wegs bat ich, einen Augenblick rasten zu dürfen; man war sogleich bereit und stellte mir anheim, diese Bergersteigung in so viel Etappen zu machen, wie mir bequem sei. Endlich waren wir oben, das Festungstor nahm uns auf.

Gefängnisse und Verhörslokale, zu meinem nicht geringen Leidwesen, lagen hier, wie an allen anderen Orten, die ich zu passieren hatte, immer am entgegengesetzten Ende der Stadt, so daß ich das Spießrutenlaufen durch eine feindlich gesinnte Bevölkerung gründlich kennenlernte. Ich erweiterte auf *die* Weise zwar meine Städtekenntnis, aber ich hätte auf diesen Wissenszuwachs gern Verzicht geleistet. Die Straßenjugend, auch hier in Langres, war ziemlich arg hinter mir her, namentlich in den engeren Gassen, und wenn mir von den Zurufen auch vieles entging, so hatte ich doch gerade Ohr genug, um das immer wiederkehrende »pendre« und »fusiller« sehr deutlich herauszuhören.

Endlich standen wir vor dem Verhörslokal; die Militärgerichtsbarkeit der Brigade hatte hier ihren Sitz. Man führte mich in ein niedriges Bureauzimmer, an dessen großem Doppelschreibtisch zwei Capitaine beschäftigt waren. Der Gendarmeriewachtmeister entlud seine Ledertasche und legte allerhand Papiere, darunter auch die Legitimationskarten, Briefe und Notizbücher, die man mir in Domremy abgenommen hatte, auf den Tisch. Der scharfe Gang bergan (der eingebüßten Nachtruhe ganz zu geschweigen) hatte mich so angestrengt, daß ich einer Ohnmacht nahe war. Da ich aber zugleich empfand, daß es auf die Antworten, die ich hier zu geben haben würde, sehr erheblich ankommen müsse, so bat ich zuvor um ein Glas Wasser. Man brachte mir Wein. Ich stürzte es herunter und war nun wie neubelebt. Die Fragen, die an mich gerichtet wurden, waren dieselben wie in Neufchateau, aber ruhiger, weniger feindselig. Man wollte auch hier einen Offizier aus mir herauspressen, um so mehr, als das vom Gendarmeriekapitän ausgestellte Begleitpapier mich ohne weiteres als einen solchen angemeldet hatte, meine Erscheinung und Sprachweise aber, vor allem die Notizen meines Taschenbuchs, die ein Interprete rasch durchfliegen mußte, schienen im ganzen die Situation zu meinen Gunsten zu ändern. Es kam nur darauf an, ob dieser Eindruck dauern oder durch irgend etwas anderes paralysiert werden würde.

Das ganze Verhör hatte kaum zehn Minuten gedauert; ich wurde entlassen und durch meine Begleiter einige Straßen weiter in ein graues schloßartiges Gebäude geführt. Ich betrat es mit einer gewissen Zuversicht, die sich darauf gründen mochte, daß ich am Schluß meines Zwiegesprächs mit den beiden Capitainen das Wort »Kaserne« gehört zu haben glaubte, ein Wort, das mir in der Lage, in der ich mich befand, schon halb wie Freiheit klingen mußte. Ich sollte indes nicht lange in diesem Irrtum bleiben. Ein kleiner, schwarzäugiger Franzose (Monsieur Bourgaut, wie ich später erfuhr) nahm mich in Empfang, stellte die üblichen Fragen und führte mich dann treppauf, über lange Korridore hin, in ein geräumiges, in allem übrigen aber meinen Erwartungen wenig entsprechendes Zimmer. Mr. Bourgaut selbst war ungemein beweglich und geschäftig, plapperte mit halblauter Stimme lange Sätze vor sich hin, die ich nicht verstand, und verschwand dann rasch, nachdem er sich wie ein Kreisel verschiedene Male umgedreht hatte. Das Ganze gefiel mir nicht allzusehr. Mit einer Art Sehnsucht dachte ich an meinen alten Palazot zurück.

Ich war nun allein und suchte mich mit meiner neuen Behausung bekannt zu machen. Die Tür war aufgeblieben, das schien mir ein gutes Zeichen, aber freilich auch das einzige. Das breite Fenster war dicht vergittert, der Deckenkalk in großen Stücken herabgestürzt, die Dielen zernagt oder durchgetreten. An den weißen Wänden war nichts sichtbar als breite, braune Flecke, wo es durchgeregnet, und lange, schmale Streifen, mal grau, mal rot, wo ein Vorbewohner ein Zündholz probiert hatte. Der Kamin war zugemauert; nur ein zweihandgroßes Loch hatte man gelassen, das jetzt durch einen rostigen Eisenschieber geschlossen war. Der Zugwind machte, daß dieser Schieber beständig hin und her klapperte, was mir alsbald unerträglich wurde. Ich wollte also durch eingeklemmtes Papier nach Möglichkeit Ruhe schaffen und zog den Schieber in die Höhe. In dem dunklen Loch dahinter lagen abgenagte Knochen. Es war nichts Ängstliches, nur Überreste eines Mahls, das ein Gefangener von besserem Appetit als ich selber an dieser Stelle eingenommen hatte; aber ich kann doch nicht sagen, daß ich angenehm dadurch berührt worden wäre.

Ich trat nun an das Fenster und, durch die Gitterstäbe hinunterblickend, mußte ich jetzt den letzten Rest der Vorstellung aufgeben, daß ich mich in einer Kaserne befände. Auf dem von allen vier Seiten eingeschlossenen Hofe, zum Teil unter den Säulen, die ihn kolonnadenartig umstanden, saßen zwanzig oder dreißig Graujacken und zupften Wolle. Ich wußte nun, wo ich war. Auch an der allerdirektesten Bestätigung sollte es alsbald nicht fehlen. Monsieur Bourgaut erschien mit einem Tische in der Tür, drehte sich mit demselben wieder dreimal herum, schob ihn in eine der Ekken und sagte dann, als er meiner in der Fensternische gewahr wurde: »Retirez-vous; vous ne connaissez pas ces gens là bas; ce sont des condamnés.« Es überlief mich ein wenig. Im Verlaufe meiner Kriegsgefangenschaft bin ich später Tag um Tag mit »Condamnés« zusammengewesen und habe dabei erfahren, daß auch ein wegen Trunkenheit oder Disziplinarvergehen zu drei Tagen Gefängnis Verurteilter diesen für unser Ohr entsetzlichen Namen führt. Damals aber waren mir die Condamnés noch einfach »Verdammte«, und ich hatte durchaus das Gefühl, mich »tra la perduta gente« zu befinden.

Ich wurde gefragt, welches Nachtessen ich zu nehmen wünsche? Ich bat nur um etwas Tee. Mr. Bourgaut äußerte sich zustimmend (leider wieder in längerer Rede) und empfahl sich. Es begann nun zu dämmern; in ihren schweren Holzschuhen klappten und polterten die Condamnés über alle Treppen und Gänge des ehemaligen Schlosses hin; die Riegel wurden vorgeschoben; nur mein Zimmer blieb zunächst noch offen. Die Tür war leise angelegt.Ich schritt in der Diagonale auf und ab, überlegte, berechnete, balancierte, ein letzter Tagesschimmer leuchtete noch einmal über den Dachfirst gegenüber; dann wurd' es dunkel. Ich setzte meine Marschübungen fort. Plötzlich stutzte ich, als ich von der Tür her zwei feurige Punkte auf mich gerichtet sah. Ich erschrak, aber nur, um im nächsten Momente mich desto freier zu fühlen. Eine prächtige Katze hatte ihren halben Körper durch die Türklinse geschoben und folgte unter leisem Spinnen, mit dem Ausdruck der Verwunderung, meinem endlosen Auf und Ab. Ich rief »Miß, Miß«, besann mich dann aber rasch, daß die französischen Katzen eine andere Anrede verlangen, und legte in das landesübliche »mimi« meinen allerzärtlichsten Ton. Ich hatte wohl Grund dazu. Der Anblick meines liebsten Freundes hätte mir nicht so viel Trost gegeben. Ich wußte jetzt, daß ich die nächste Nacht schlafen würde. Und danach vor allem stand mein Sinn.

Selbst Mr. Bourgaut, der noch einmal wiederkam, um mir meinen Abendtee zu bringen, konnte mich in diesem Vorsatz und dieser Hoffnung nicht stören, so wenig auch die Worte, mit denen er sich mir empfahl, geeignet waren, meiner Nachtruhe Vorschub zu leisten. Er nahm nämlich eine gewisse feierliche Haltung an und erklärte dann,um vieles deutlicher und akzentuierter als gewöhnlich: »Demain matin, Mr. le Général, en présence des autorités civiles et militaires, *décidera votre sort.*«

Dies »décidera votre sort« hatte einen ziemlich finstern Klang, und ein naheliegendes Reimwort antwortete in mir darauf; aber das Physische war doch in diesem Augenblicke mächtiger als alles andere; ich trank meinen Tee, und fünf Minuten später schlief ich fest.

Ich weiß nicht wie lange. Aber mitten in der Nacht fuhr ich auf. Der Körper hatte sich ein Genüge getan, und die unruhige Seele, die bis dahin vergeblich den wie tot Schlafenden gerüttelt und geschüttelt hatte, hatte ihn jetzt plötzlich ins Leben zurückgeweckt. Es war »demain matin«. Ich hörte nur eins: »décidera votre sort.« Welches? Eine furchtbare Angst ergriff mich, und mit übergeschäftiger Phantasie fing ich an zusammen zu addieren, was alles gegen mich sprach. Es gab eine hübsche Summe. Lunéville, Nancy, Toul waren die drei Punkte, von woher man die Preußen erwartete. Ich *kam* von Toul. Der ganze Weg, den ich gemacht, war ein Defilee. Man hatte Waffen bei mir gefunden. Das rote Kreuz, das an meinem Arm prahlte, war ich nicht befugt zu tragen, wenigstens nicht nach Anschauung unserer Feinde. Meine Legitimationspapiere, die alle mehr oder weniger auf Anrufung der preußischen Militärautoritäten zu meinem Schutz und zu meiner Unterstützung hinausliefen, sprachen mehr gegen als für mich. Wie federleicht wogen dagegen die paar Aufzeichnungen meines Notizbuches, die alles waren, was ich direkt und unverzüglich zu meiner Verteidigung beibringen konnte! Ich sah nur schwarze Kugeln in die Urne fallen und – mon sort *fut* décidé. Eine halbe Stunde lag ich so, oder vielleicht länger, ich weiß es nicht. Dann hatt' ich mich mit der Gewißheit meines Schicksals auch wieder gefunden. Eine Fassung kam über mich, deren ich mich nicht für fähig gehalten hätte. Ich war fertig mit allem und bat Gott, mich bei Kraft zu erhalten und mich nicht klein und verächtlich sterben zu lassen. Genug davon. War es Erschöpfung, oder war es die Ruhe vollster Ergebung, – ich schlief wieder ein.

Mit dem Morgengrauen war ich wach. Ob mir's ein Traum eingegeben, gleichviel, es stand plötzlich für mich fest, daß *alles* davon abhänge, einen wenigstens vorläufigen Beweis zu führen, daß ich nicht preußischer Offizier sei. Von dem Momente ab, wo es mir geglückt sein würde, diese Annahme zu erschüttern, werde man nichts mehr übereilen, und erst über die nächsten vierundzwanzig Stunden hinweg, müsse sich, bei Nachforschung und ruhiger Überlegung, meine absolute Unschuld wie von selbst ergeben. Um 6 Uhr saß ich an dem langen Tisch, den Mr. Bourgaut am Abend vorher zurechtgerückt hatte, um 8 Uhr war ich in Brouillon und Abschrift mit einem langen Memoire fertig, das bereits um 9 Uhr auf dem Bureau des Generals lag. »Donnez-moi du temps et vous me donnez tout«, hieß es darin. Den Beweis meiner Nichtmilitärschaft hatte ich bis zur Evidenz geführt. Woher mir in einer fremden Sprache, die ich stets über Gebühr vernachlässigt hatte, die Möglichkeit kam, ohne Diktionär oder sonstiges Hilfsmittel, ein solches Memoire zu schreiben, weiß ich nicht. Oder sag' ich lieber: ich weiß es.

Der Vormittag verging, der Nachmittag, der Abend. Les

autorités civiles et militaires waren *nicht* zusammengetreten. Es fiel mir wie eine Last von der Brust, ich atmete auf, und als mir mein zappelmännischer Mr. Bourgaut, mit dem ich mich, trotz seiner schießenden schwarzen Augen, mehr und mehr auszusöhnen begann, am Abend den Tee brachte, flüsterte er mir freundlich zu: »Tout va bien; tranquillisez-vous!« »Tranquillisez-vous«. Das klang besser als »décidera votre sort.« Ich schlief fest. Auch der nächste Tag verging ohne Kriegsgericht. Ich durfte jetzt annehmen, daß ich gerettet sei. Ich fühlte mich dem Leben wiedergegeben.

Ich blieb noch eine kurze Zeit in Langres, während welcher Epoche hin und her verhandelt wurde, was man eigentlich mit mir machen solle? Meine vollkommenste Unschuld war evident, dennoch konnte man sich nicht entschließen, mir ohne weiteres die Freiheit zurückzugeben. Es geschah, was immer in solchen Fällen zu geschehen pflegt: *eine* Autorität schob einer *andern* die Verantwortlichkeit zu. Es wurde beschlossen, mich von der Brigade an die Division zu verweisen. Ehe dies aber ausgeführt wurde oder auch nur bestimmt zu meiner Kenntnis gelangte, vergingen noch drei Tage. Diese waren mein Idyll zu Langres.

An dem ersten dieser drei Tage wurde mir in aller Morgenfrühe »Monsieur Louis«, der Sohn des Hauses, durch Papa Bourgaut vorgestellt, und von diesem Moment an war ich nicht mehr Alleinbewohner meines Gefängnisses, sondern teilte es mit »mon cher Louis«. Es war ein allerliebster Junge, dreizehnjährig, frisch, naiv, voller Begabung, namentlich nach der Seite des Künstlerischen hin. Der Umstand, daß gerade die großen Ferien waren, machte es ihm möglich, zwölf Stunden des Tages mein Gesellschafter zu sein. Ich gewann den Jungen lieb, aber zwölf Stunden war doch fast zu viel.

Wunderbares Leben, das in solchem Gefängnis, wenigstens zeitweilig, an der Tagesordnung ist. Sehr viel anders, als es der Draußenstehende sich ausmalt. Wir begannen in der Regel mit einer Stunde deutschen Unterricht. Er hatte Lesebücher, darin auch viele deutsche Gedichte eingestreut waren, unter andern Claudius' »Abendlied«. Und so lasen wir denn:

Der Mond ist aufgegangèn,
Die goldenen Sternlein prangèn,

immer mit dem Akzent auf der letzten Silbe, was einen unendlich komischen Eindruck machte. Nach dem deutschen Unterricht kamen Rätsel und Rebus an die Reihe, worin er mir unendlich überlegen war. Dann schritten wir zu den verschiedensten Gesellschaftsspielen; wir arrangierten mit großen Zwei-Sousstücken eine Art Boccia, die darauf hinauslief, das ausgeworfene Zwei-Sousstück zu treffen oder ihm möglichst nahe zu kommen; dann gingen wir zum jeu au bouchon über, das, dem eben absolvierten Boccia verwandt, *die* Pointe verfolgte, einen mit Sousstücken belegten *Pfropfen* zu treffen, bis zuletzt jenes bekannte Geduldspiel, das im Französischen jonchets, im Englischen und Holländischen »Spilleken«, im Deutschen aber *Zitterspiel* heißt, alles andere in den Hintergrund drängte. Wir spielten es mit Schwefelhölzern, oft mehrere Stunden lang; an einem dikken Exemplar, das eigentlich aus drei durch Phosphormasse zusammengeklebten Hölzchen bestand, hing in der Regel der Sieg. Es galt als Zehner.

Waren wir dann ermüdet von dem vielen Spielen, so wußte cher Louis durch eine Art ernsteren Sport die Nerven wieder zu beleben. Er hatte ein kleines Pistolet, dessen Lauf nur etwa die Dicke einer Rabenfeder besaß und gegen welches die rostigen Schlüsselbüchsen meiner Jugend wahre Monstrekanonen waren. Dieses Pistolet handhabte cher Louis nun mit ebensoviel Kühnheit wie Geschick. Er holte eine Schachtel mit Amorces, d.h. also mit Knallpapieren, deren jedes nur die Größe eines kleinen Stückchens englischen Pflasters hatte. Diese Amorces verwendete er doppelt: zunächst als *Zünd*pulver, indem er eins der Stückchen Papiere auf die *Pfanne* legte, dann aber namentlich auch als eigentliche Explosionsmasse, indem er aus etwa sechs oder acht Amorces die Knallsubstanz sandkorngroß herausschälte und mit diesen sechs oder acht Körnchen die Waffe lud. Ein Schrotkorn, das dem Kaliber entsprach, wurde aufgesetzt. Nun hefteten wir eine Papierscheibe an die Wand, und während Papa Bourgaut unten in seinem entlegenen Bureauzimmer Listen schrieb und revidierte, standen wir hier oben mit unserer Mordwaffe und feuerten auf fünf Schritt ins Schwarze, daß der Kalk von den Wänden flog.

Endlich am Mittag des fünften Tages – ich hatte all die Zeit über von Kaffee und Tee gelebt – erschien mein »Gardien-chef« (Bourgaut), um mir mitzuteilen, daß ich am nächsten Morgen nach Besançon transportiert werden würde. Er hielt eine lange Rede, noch länger als gewöhnlich. Ich konnte nicht völlig folgen und bat ihn, mir den Inhalt aufzuschreiben. Er war bereit. Zum Unglück schrieb er aber ebenso rasch, wie er sprach, und ich war wenig gebessert. In dieser Verlegenheit blieb mir, nach dem Verschwinden des Papas, nur der Appell an cher Louis. »Louis, dites moi, qu'est ce que ça?« Der Junge las, las wieder, drehte das Papier, endlich schüttelte er den Kopf und sagte ruhig: »Ce n'est pas français.« In naiver Weise, ohne Beimischung von eigentlicher Unbescheidenheit, sprach sich darin das Gefühl jener Überlegenheit aus, das immer die Söhne über den Vater haben. Nach Scheiterung beim Sohne mußte ich am Ende, wohl oder übel, an die erste Instanz zurück. Papa Bourgaut nahm die Anfrage weiter nicht übel und faßte nunmehr epigrammatisch die Situation dahin zusammen: »Renvoyé dans votre pays par la Suisse, ou autorisation supérieure pour séjourner en France.« In diesen paar Worten lag ein ganzer Himmel. Das »Renvoyé« ergab sich danach als das stärkste Strafmaß, das mir zudiktiert werden konnte, wohl aber war mir die Möglichkeit gegeben, im Lande bleiben und meine Schlachtfelderstudien fortsetzen zu können. Ich war wie genesen, betrachtete mich als frei, und hundert freundliche Bilder des Wiedersehens stürmten auf mich ein. Das Gefühl des Glückes war so groß, daß ich die Frage, »ob ich unter diesen Umständen wohl geneigt sei, ein ordentliches Abendmahl einzunehmen«, sofort mit einem herzlichen »ja« beantwortete. Acht Uhr wurde festgesetzt und seitens der Familie Bourgaut der Wunsch ausgesprochen, daß ich das Mahl in ihrem Familienzimmer einnehmen möchte. Ich rüstete mich also mit aller möglichen Feierlichkeit, klopfte meinen Rock an allen vier Bettpfosten aus, streichelte den hart mitgenommenen Samtkragen und knöpfte die Uhr ein, die, bis dahin ordnungsmäßig deponiert, mir für diese feierliche Gelegenheit wieder eingehändigt worden war.

Punkt 8 Uhr trat ich in den Salon, ein großes Hinterzimmer, das sich bis dahin meinen Blicken verborgen hatte. Es war sehr sauber gehalten, auf der Herdstelle brannten große Scheite Buchenholz; während über dem Kamin, in einer Art von Aureole, die Photographien aller derer hingen, die dem Hause Bourgaut anverwandt oder zugetan waren. Ich musterte sie alle und versuchte mich in Hypothesen über Charakter und Lebensstellung. Wir nahmen endlich Platz, cher Louis, der etwas neckisch und übermütig war, wurde ein paarmal mit »ce n'est pas poli« zur Ruhe verwiesen, die gute Laune erlitt aber durch solche Zwischenfälle keine Einbuße, und die Riesentaube, die mir endlich durch Madame Bourgaut vorgesetzt wurde und freilich einer ganz anderen Geflügelgattung anzugehören schien als jener furchtbare Sperlingsbraten, der bei uns zu Lande unter diesem Namen serviert zu werden pflegt, war nur imstande, die gute Laune zu steigern. Das Fest stand auf seiner Höhe, als beim dritten oder vierten Glase Wein eine mittelalterliche Dame eintrat, die den Namen »Tante« führte. Sie war sehr stark, unverheiratet und von heiteren Gesichtszügen. Wir sprachen von »cher Louis«, dessen Pate sie war, und die Bemerkung drängte sich mir auf, ob ihr Liebling, eben unser Freund Louis, nie Geschwister gehabt habe? Als dies verneint wurde, ging ich zu der heiklen, übrigens von der Statistik oft aufgeworfenen Frage über: wie es nur komme, daß die Franzosen meist zwei, die Deutschen meist vier und die Engländer meist vierzehn Kinder hätten? Diese letztere Zahl, mit der ich es nicht allzu genau zu nehmen bitte, gab nun das Signal zu allgemeiner Heiterkeit. Die Tante, die zu fühlen schien, daß sie es wohl verdient hätte, in England geboren zu sein, befand sich auch comble du bonheur, und ihr Lachen fing an, mich mehr oder weniger zu beunruhigen. Es war nur möglich, durch irgendeine Diversion weiterem Unheil vorzubeugen; ich brachte also ein halbes Dutzend Toaste aus, gleichviel was, ließ Frieden, Freiheit, Völkerglück leben, stieß mit allen an, mit der Tante dreimal, und trat dann, etwas abrupt, meinen Rückzug an, ohne das Ende der Festlichkeit abgewartet zu haben.

Oben rollte ich meine paar Sachen in die Reisedecke hinein und warf mich aufs Bett. In zwölf Stunden hoffte ich in Besançon, in vierundzwanzig Stunden in Freiheit zu sein.

Es war anders beschlossen.

4. VON LANGRES BIS BESANÇON

Ei, wie geputzt! das schöne junge Blut!
Wer soll sich nicht in euch vergaffen?
Faust

Besançon, wie schon angedeutet, erschien mir lediglich als Etappe zurück in die Freiheit. Ganz abgesehen von den direkten Zusicherungen Mr. Bourgauts, glaubte ich, nach einem gewissen ästhetischen Gesetz, die Lösung des Konflikts innerhalb der nächsten vierundzwanzig Stunden erwarten zu müssen. Mein Leben hatte mir bis dahin immer den Gefallen getan, sich nach künstlerischen Prinzipien abzurunden, derart, daß ich nicht nur Exposition, Schürzung und Lösung des Knotens jederzeit bequem verfolgen, sondern auch in einem gewissen Verwickelungsstadium genau vorhersagen konnte: nun kommt noch *das*, dann dämmert es wieder, und dann wird es Tag. So, guter Dinge, stand ich auch vor *diesem* Erlebnis. Der dritte Akt, der tragisch werden wollte, schien mir mit allen Fährlichkeiten überwunden, selbst der vierte Akt (die Tante und der Taubenbraten) lag glorreich hinter mir, und ich blickte auf Besançon wie auf ein bloßes Schlußtableau, in dem, nach dem Vorbilde des Fürsten, der plötzlich seinen Stern zeigt und alles glücklich macht, ein alter wohlwollender General auftreten und mir sagen würde: »Mr. F., wir beklagen die Ungelegenheiten, die wir Ihnen gemacht haben; Sie sind ein lieber Mensch; reisen Sie glücklich.« Es ging aber diesmal alles verquer; von regelrechter Entwicklung keine Rede. Immer neues Wirrsal. Erst als ich ganz resigniert war, wurd' es besser.

Ich fahre jetzt in Darstellung meiner Erlebnisse fort. Sechs Uhr früh am anderen Morgen trat ich in den Hof des Gefängnisses; die Gendarmen warteten schon. Ein kurzer

Abschied; dann ging es im Geschwindschritt bis an den Bahnhof. Diesmal *bergab*. Die frühe Morgenstunde sicherte einigermaßen vor der Zudringlichkeit der Bevölkerung.

Es war naßkalt; ein heftiger Regen hatte erst gegen Morgen aufgehört; alle Türen des Wartesaals standen offen. Ich fand hier Gesellschaft, die gleich mir ins Land hinein transportiert werden sollte, aber nicht nach Besançon. Einer von ihnen war ein gefangener Unteroffizier vom 32. Regiment (Meiningen). Wir fröstelten alle, die Gendarmen in ihren Mänteln nicht ausgenommen. Nach etwa halbstündigem Warten setzten wir uns in ein Kupee (immer 2. Klasse) und fuhren südwärts. Ich fragte, ob ich mich mit meinem Landsmann in deutscher Sprache unterhalten könne, was ohne weiteres zugestanden wurde. In welche Lebensschicksale man in solchen Zeiten Einblick gewinnt! Dieser gefangene Unteroffizier, seines Zeichens eigentlich ein kleiner Kaufmann aus Köslin, war vierundzwanzig Jahre alt und seit zwei Jahren verheiratet. Mit dem Moment seiner Einberufung hatte er seinen Kramladen geschlossen und seine Frau den Schwiegereltern zurückgeschickt; er selbst war zum 32. Regiment beordert worden. Bei Wörth am Knie verwundet, hatte er nach seiner Wiederherstellung sich mit einigen Kameraden durchzuschlagen und die preußischen Marschlinien wieder zu gewinnen gesucht, war aber auf diesem Wege »beim Absuchen eines Dorfes« (denn die armen Kerle hatten nichts) von Franktireurs umstellt und nach kurzem Kampfe, wobei ihm die linke Hand zerschmettert wurde, als »Marodeur« eingefangen worden. Da saß er mir nun gegenüber, keinen Pfennig in der Tasche, blaß, rotblond, mager, ein krankes Eichkätzchen, nur weniger warm bekleidet. Er hatte nichts als seinen Waffenrock, seine zerschossene Hand und eine Photographie seiner Frau, die er mir zeigte. Ich gab ihm etwas Geld, was er anfangs nicht nehmen wollte; »er brauche nichts, allabendlich werde er in ein französisches Hospital abgeliefert, wo ihn die ›Schwestern‹ bis diesen Tag gütig gepflegt und verbunden hätten.« Es kam kein Klagelaut über seine Lippen; man transportierte ihn nach Marseille. »Da ist es wärmer«, setzte er hinzu, während ihn die Morgenfrische kalt überlief.

Mein Gespräch mit dem landsmännischen Unteroffizier mochte eine Viertelstunde gedauert haben; es war nun Zeit, mich meinen eigentlichen Begleitern zu widmen. Sie ließen mir auch keine Wahl; namentlich der eine, ein alter Chasseur d'Afrique, der zwanzig Jahre in Algier gewesen war, bemächtigte sich meiner. Wie ein Sturzbach brach es über mich herein. Wer dabei geneigt sein möchte anzunehmen, daß solche Passivität, solch bloßes Stillhalten, zu dem ich mich verurteilt sah, am Ende nicht als große Anstrengung betrachtet werden könne, der irrt. Ein taubes, *teilnahmloses* Übersichergehenlassen wird von dem Sprecher sehr bald als solches erkannt und als persönliche Beleidigung empfunden; es handelte sich also für mich darum, immer auf dem qui vive zu sein und jeden Augenblick zu wissen, was obenauf schwamm. Ich wurde ganz erschöpft, und mit eigentümlichen Empfindungen gedachte ich einer Strachwitzschen Douglas-Ballade:

> Sie ritten vierzig Meilen fast
> Und sprachen Worte nicht vier.

Beneidenswerter Douglas! Wir hatten noch nicht vier Meilen gemacht und waren längst in die Tausende hinein.

Endlich heuchelte ich Schlaf, schloß mit krampfhafter Gewalt die Augen, als vermöcht' ich durch gesteigertes Zudrücken auch eine größere Garantie der Ruhe zu gewinnen, und rasselte nun in wachen Träumen ins Land hinein. Etwa halben Wegs erreichten wir Gray, einen größeren Ort, wo angehalten wurde. Es gab ein wirres Durcheinander, dem ich mich, durch Ausharren auf meinem Platze, zu entziehen suchte; aber ich sollte nichtsdestoweniger in die bunte Szene, als eine Art Mitspieler, hineingezogen werden. Das Kupee stand offen, Hunderte, die ein Unterkommen suchten, starrten hinein und verschwanden wieder, sobald sie die Plätze belegt oder besetzt sahen, bis plötzlich aus einer dieser auf und ab wogenden Gruppen ein herzliches Lachen und zugleich die Worte zu mir herklangen: »Bon jour, Monsieur; vous souvenez-vous de Domremy?« Einen Augenblick, weil ich das Wort »Domremy« nicht deutlich gehört und *ohne* dies Wort keinen Schlüssel zum Verständnis hatte, starrte ich wie verwirrt in die beständig grüßende und nickkopfende Soldatengruppe hinein, bis es mir endlich wie Schuppen von den Augen fiel. Der vorderste, in roter Schärpe und Hahnenfeder, war einer jener Herren, die meine Verhaftung vor dem Hause der »Pucelle« herbeigeführt, hinterher aber freilich die Rechnung wie quitt machend, durch ihren Beistand mich vor den Insulten des Dorfpöbels gerettet hatten. Gerade eine Woche war seitdem vergangen. Die ganze Franktireursschaft von Domremy zog jetzt südwärts, um sich dem großen, unter Garibaldi zu bildenden Freikorps anzuschließen. Unser Wiederzusammentreffen, so weit von dem Schauplatz unserer ersten Begegnung entfernt, weckte allgemeine Heiterkeit, auch bei denen, die bloß flüchtig davon hörten, und alles drängte herbei, um die augenblickliche Bahnhofssehenswürdigkeit von Gray wie einen alten Bekannten zu grüßen.

Hier in Gray ging auch der 32er Unteroffizier auf eine andere Bahnlinie über; wir anderen fuhren, unter Beschreibung einer Kurve, zunächst auf Auxonne zu. Dies ist abermals ein Kreuzungspunkt; wir mußten die Wagen wechseln und hatten eine halbe Stunde Zeit, um ein kleines Dejeuner zu bestellen. Ein interessanteres Frühstück hab' ich all mein Lebtag nicht eingenommen. Es traf sich, daß wir unter den ersten im Wartesalon waren, also einen guten Platz und einen Imbiß erhalten konnten, eh' der Rest, der, von einer Seitenlinie her, ziemlich gleichzeitig mit uns eintraf, seinen Sturm auf das Büfet ausführen konnte. Es waren etwa fünfhundert Soldaten, die sich alle auf Dijon, Belfort und Besançon zu dirigierten. Wenn ich sage fünfhundert Soldaten, so gibt dies freilich eine nur sehr unvollkommene Vorstellung von dem »Wallensteins Lager«, das sich auf zehn Minuten hier in Szene setzte. Theaterhaft bunt drängten sich Linie, Gardes mobiles und Legionäre; die Hauptmasse bildeten die Franktireurs. Ich konnte sie nicht ansehen, ohne immer wieder an einen lesenswerten Aufsatz Hugo v. Blombergs zu denken: »Über das Theatralische im französischen Volkscharakter«. Welche natürliche Begabung sich zurechtzumachen, sich zu drapieren und ornamentieren! Es war nicht einer unter ihnen, von dem man nicht hätte sagen können: seht, welch ein Bild! Bei jedem ein Überschuß von Rot, aber immer kleidsam, als Gürtel, Schärpe, Aufschlag. Viele hatten ein Gefühl davon, wie hübsch sie aussahen, und schritten an dem breiten Pfeilerspiegel des Wartesalons nie vorüber, ohne einen Blick hineinzutun und sich »befriedigend« zu finden. Alle Jahrgänge waren vertreten und neben rotbäckigen jungen Leuten, die kaum die Kinderschuhe ausgezogen, bewegten sich Weißköpfe, alte Troupiers, die ersichtlich froh waren, aus dem langweiligen Alltagsleben heraus und wieder in frisches Wasser hineinzukommen. An Haß oder Hohn gegen den »Prussien«, als den sie mich natürlich sofort erkannten, war gar nicht zu denken; sie waren zu gutmütig dazu, vielleicht auch zu sehr mit sich selbst beschäftigt. Eine Frage aber drängte sich mir beständig auf: Wer regiert diese Truppe? Sie schienen absolut führerlos zu sein.

Nach halbstündigem Aufenthalt ging es weiter auf Besançon zu. Wir kamen bald in seine Nähe und fuhren gegen

2 Uhr in den weiten Kessel hinein, in dem die Stadt gelegen ist. Die Befestigungen derselben umgürten nicht unmittelbar die Stadt, sondern sind auf den einschließenden Bergen gelegen. Bis zum Ausbruch des Krieges, vielleicht bis zur Kapitulation von Sedan, war »la Citadelle de Besançon« das eigentlich beherrschende Fort. Von dem Augenblick an aber, wo es feststand, daß der Krieg auch hier seinen Schauplatz suchen werde, mußte man sich wohl oder übel überzeugen, daß die Zitadelle zwar die Stadt beherrsche, ihrerseits aber von den nahegelegenen Kuppen *höherer* Berge beherrscht *werde*. Man schritt denn auch sofort zur Befestigung und Armierung dieser eigentlich dominierenden Punkte und in diesem Augenblicke mag Besançon als eine der am besten befestigten Festungen des Landes gelten.

Der Weg vom Bahnhof bis zur Kommandantur war wieder so weit wie möglich; wir mußten durch die ganze Stadt hindurch. Ich habe Besançon nachher noch öfter passiert (beispielsweise wenn die Verhöre stattfanden) und ich fasse gleich an dieser Stelle zusammen, wie es sich mir *überhaupt* präsentierte. Daß es zur Hälfte aus Uhrmachern besteht (20 000) und als der eigentliche Konkurrenzort von Genf zu betrachten ist, setze ich als bekannt voraus. Die Stadt macht einen sehr guten Eindruck, wohl zumeist deshalb, weil sie einen bestimmten Charakter, ein Gesicht für sich hat. Alle charakteristischen Städte wirken viel anheimelnder, als die architektonisch-korrekten; ja die *malerische* Schönheit – ich erinnere nur an Kopenhagen – ist so entschieden siegreich über die *bauliche*, daß wir zuletzt jede Stadt schön nennen, die wie ein reizendes *Bild* uns berührt.

Als eine solche präsentiert sich auch Besançon. Seine Quaderhäuser, mit keinem anderen Fassadenschmuck als einem Balkon oder einem Bogen am Fenster, sind freilich weder sonderlich originell noch pittoresk; desto mehr jedoch sind es seine Kirchen. Vor allem die alte Kathedrale.

Aber nicht sie allein. In der Mitte der Stadt erhebt sich ein moderner Bau, die Johannis- oder Magdalenenkirche. Ich bin, was den Namen angeht, meiner Sache nicht sicher. Desto sicherer steht das Bild vor meinem Auge. Pfeiler mit korinthischem Kapitäl schaffen eine griechische Front, aus der zugeschrägt ein tumulusartiger Turm aufwächst, der gewiß der Schrecken jedes geschulten Architekten ist. Aber nicht des Malers. Man verweilt mit Interesse bei dieser Baumeisterlaune, und ein goldenes, weithin leuchtendes Kreuz, das aus Stäben reich geflochten wie eine Riesen-Filigranarbeit das Ganze bedeutungsvoll abschließt, adelt es und gibt ihm den kirchlichen Charakter.

Wir hatten endlich die Kommandantur, die hier den Namen »la Division« führt, erreicht und nahmen in einem Vorzimmer auf einem Armensünderbänkchen Platz. Ein beständiges Kommen und Gehen von Adjutanten und Ordonnanzen; so vergingen fast zwei Stunden. Die Gendarmen, die nach ihrem Mittagbrot verlangten, wurden ungeduldig. Endlich erschien ein blasser Herr, dessen ausgearbeiteter, beinahe kahler Schädel in einem argen Größen-Mißverhältnis zu dem kleinen Gesichte stand. Die Augen waren klug und lebhaft. Er musterte mich scharf und rasch mit einem bloßen Streifblick, wie Leute das tun, die für das Beleidigende des Anstarrens eine feine Empfindung haben. Er überreichte dann dem Gendarmeriebrigadier mehrere Papiere; ich hörte meinen Namen und gleich darauf die ruhige Weisung: »à la Citadelle«.

5. DIE ZITADELLE VON BESANÇON

Misery acquaints a man with strange bedfellows.

Shakespeare (Tempest)

Ich hatte dies »à la Citadelle« keineswegs erwartet, vielmehr von unmittelbarer Freilassung und Unterbringung in einem Hotel geträumt; nichtsdestoweniger erschreckte mich diese Order nicht geradezu. Ich entsann mich eines Besuches, den ich vor vielen Jahren einmal auf der Spandauer Zitadelle gemacht hatte, und knüpfte an Festungshaft, die für mich ohnehin nur vierundzwanzig Stunden dauern konnte (so wähnte ich), die Vorstellung von Nachmittagskaffee und einer Partie Sechsundsechzig. Welche Illusionen!

Der Berg war wieder sehr hoch. Wir passierten zunächst im Hinaustreten aus der Stadt ein triumphbogenartiges, höchst pittoreskes Portal, hinter dem sich (schon am Abhange des Zitadellberges) die Kathedrale, eine mächtige Jesuiterkirche, erhob. Ich suchte mir ihr Bild einzuprägen, reckte den Hals und stieg immer höher; alles im Geschwindschritt. In Freiheit – bei attestierter Herz- und Lungenschwäche – hätte ich geglaubt, auf dem Platze bleiben zu müssen; *hier* ging es. Auf dem niedrigen aber breiten Mauerwerk, das den Weg einfaßte, streckten sich die dienstfreien Mannschaften der Zitadelle und schliefen in den allerwunderlichsten Positionen. Die meisten lagen auf dem Bauch und hatten ein oder auch beide Beine rechtwinklig in die Höhe. An ihnen vorbei, über eine Zugbrücke hin, mündete der Weg endlich auf einen Vorplatz, den allerhand Bauten unregelmäßig umstanden. An der einen Steinwand, dicht neben einem schmalen Torwege, hing ein Brett mit verwaschener Inschrift: Prison militaire.

Das sah nicht sehr einladend aus; meine Hoffnungen sanken jetzt rapide, wie das Wetterglas bei Erdbeben. Die Ablieferung erfolgte unter den üblichen Formalitäten, und ein alter Sergeant führte mich an ein langgestrecktes Haus mit fünf Türen, deren Inschriften auf Prévenus, Disciplinaires und Condamnés lauteten. Es hatte aber mit diesen Unterschieden nichts auf sich, alles wurde durcheinander geworfen. Nachdem wir in die verschiedenen Türen hineingeguckt, kehrten wir endlich zur ersten zurück, und der Sergeant belehrte mich dahin, daß ich hier zu wohnen haben werde. Es war ein gewölbter Raum von bedeutender Tiefe, in dem damals zwölf Pritschen standen; auf der zwölften befand sich ein Berg von Strohsäcken; ein Dutzend Gefangene gingen im Zimmer auf und ab oder saßen auf den Bettständen umher. Mein Eintreten machte nicht das geringste Aufsehen; man war an solche Erscheinungen gewöhnt. Ich legte mein kleines Bündel (mein Reisegepäck war in Toul geblieben) auf ein Wandbrett und setzte mich, um mich von der Anstrengung des Bergsteigens zu erholen. Die erste Anfrage, die an mich erging, war: »ob ich mich für die ›Abendsuppe‹ einschreiben lassen wolle«, was ich ohne weiteres ablehnte, da ich doch mindestens dieselben Ansprüche wie in Neufchateau und Langres auch an *dieser* Stelle glaubte erheben zu können. Ich begab mich denn auch in das Bureau des Vorstandes, welcher letztere den Titel »Monsieur le Principal« führte und stellte ihm mein Anliegen vor, das auf ein Zimmer und selbständige Beköstigung lautete, aber rundweg abgeschlagen wurde. Dies sei unmöglich. In einem prison militaire existiere dergleichen nicht.

Gut. Ich kehrte auf meinen Bettplatz zurück, kreuzte die Hände überm Knie und starrte ins Blaue, soweit dies an diesem Orte möglich war. Nach einer halben Stunde, auf ein Signal, das mir entgangen war, stürzte alles auf den Hof und kehrte nach zwei Minuten mit der schon erwähnten

»Abendsuppe« zurück, die ich so stolz abgelehnt hatte. Ich sollte indes nicht zu kurz kommen. Ein junger badischer Gefreiter, mit dem ich mich gleich in den ersten Minuten bekannt gemacht hatte, stellte einen glücklich eroberten Kübel vor mich hin und forderte mich auf zu kosten. Ich mußte es schon Artigkeits halber. Es war heißes Wasser, mit Brot und Kartoffel, durch etwas Salz und Zwiebel schmackhaft gemacht. Ich aß und nahm von da ab an der allgemeinen Gefangenenkost teil. Sie bestand in einer Fleischsuppe morgens und einem halben Laib Brot. Wein, Käse und die Abendsuppe waren erlaubte Extras, für die aber gezahlt werden mußte. Mir wurde später (als ich leicht erkrankte) *Tee* bewilligt; aber dabei blieb es. Ich habe dies ohne besonderes Herzeleid ertragen und an mir selber wieder die alte Wahrnehmung gemacht, daß die sogenannten »verwöhnten Leute«, wenn sie nicht absolute Gecken sind, sich in den Wechsel der Glücksumstände am leichtesten finden. Die Bekanntschaft mit den Finessen und Delikatessen des Lebens macht zuletzt ziemlich gleichgültig dagegen; ihr Wert ist ein relativer, oft geradezu ein imaginärer, und die flüchtigste Erkenntnis davon macht es einem verhältnismäßig leicht, *diese* Art von Opfern zu bringen.

Es hatte freilich bei *dieser* Art von Opfern nicht sein Bewenden; Härteres, *sehr* Hartes wurde mir zugemutet. Indessen es sei drum. Die Dinge liegen hinter mir, und es tut nicht gut, ja es schädigt einen geradezu, die ganze petite misère eines solchen Daseins auf den Tisch zu legen. Misère weckt Mitleid, aber auch dégoût. Es ist, als ob es auch von *diesen* Dingen hieße: aliquid haeret. Ich lasse Gras darüber wachsen und führe lieber Erlebnisse vor, über die leichter und lachender zu berichten ist. Ich beginne mit Schilderung einzelner Persönlichkeiten, die mir das Schicksal zu Bettgenossen gab. Mit einigen war ich die ganze Zeit über, volle achtzehn Tage zusammen, andere schieden früher, teils um ihre Freiheit wiederzufinden, teils um in Kriegsgefangenschaft landeinwärts geführt zu werden.

Ich lasse dem *deutschen* Elemente, das anfangs ziemlich stark vertreten, zuletzt nur noch in einzelnen Exemplaren vorhanden war, den Vortritt. An der Spitze desselben, nicht seinen Jahren, aber allem andern nach, stand der junge badische Gefreite, »le caporal badois«, dessen ich schon erwähnt habe. Wir schlossen eine Freundschaft, soweit dies der Altersunterschied zuließ.

Er war aus Pforzheim, eines reichen Fabrikanten Sohn, und würde, frischen, braven Herzens wie er war, nach dem Vorbilde der »vierhundert Pforzheimer« gewiß tapfer gefallen sein, wenn ihn das Schicksal in eine ähnliche Situation gestellt hätte. Aber gleich im ersten Gefecht, das er mitzumachen hatte, war ihm der Auftrag geworden, nicht in Gemeinschaft mit dreihundertneunundneunzig andern, sondern *ganz allein*, eine Munitionskolonne aus Saint-Dié, wenn ich nicht irre, herzubeordern; auf diesem Einsamkeitsmarsche war er durch ein Dutzend Franktireurs umstellt und gefangen genommen worden. Seine äußere Erscheinung ließ ihn im ersten Augenblick kaum als reicher Leute Kind erkennen. Der badische Waffenrock, den er trug, saß noch schlechter als ein preußischer (was viel sagen will), und infolge dicker Leibbinden und Unterhosen hatte sich das ganze Brust- und Rückenstück des Rockes nach oben geschoben. Der Eindruck davon verschwand aber in demselben Moment, wo er lachte, und er lachte viel. Er präsentierte dann vier Schneidezähne, die, nur an den Rändern leise lädiert, eine feine kaum haarbreite Goldeinfassung erhalten hatten. Unverkennbar ein zahnärztliches Meisterstück und mutmaßlich enorm teuer. Diese vier Zähne wirkten wie die Visitenkarte eines Bankiersohnes. Wir waren fast vierzehn Tage zusammen und plauderten das Mannigfachste durch. Er schwärmte für Preußen, hielt uns ohne weiteres für ein Heldengeschlecht und hatte bei seinem ersten Verhör dem Colonel eine Rede in diesem Sinne gehalten, die freundlich aufgenommen und ein paar Tage später in den Lokalblättern von Besançon in nuce gedruckt worden war. Ich muß hinzufügen, daß er geläufig französisch sprach. Dies alles war gut; aber weitaus am meisten interessierte es mich doch, wenn er leuchtenden Auges über den Juwelenhandel einen kleinen Vortrag hielt. Dann erschloß sich mir eine neue Welt. Gerade auf diesem Gebiet hatte ich wenig Gelegenheit gehabt, mich zu orientieren. So jung er war, so sprach er doch von Smaragden, wie andere junge Leute von schönen Augen sprechen. Er schilderte mir einen Besuch in einem Pariser Juwelenladen, den er im Sommer 1870, kurz vor Ausbruch des Krieges, gemacht hatte, wobei ihm die Sorglosigkeit, mit der die Besitzer ihr Geschäft betrieben, das Imponierendste gewesen war. Auf eine bloße Empfehlungskarte hin, hatte man ihm für 6000 Franks Smaragden mit nach Pforzheim gegeben, alles rasch und sans phrase, während junge und alte Juwelenkäufer (meist Juden) an den andern Tischen des Lokals standen, die Diamanten aus ihren Baumwollpaketen herausnahmen, nebeneinander auf die flache Hand legten und minutenlang sich in den Anblick dieser Herrlichkeit vertieften; dabei zugleich jede kleinste Wert- und Schönheitsnuance erkennend. »Das *Bijouterie*geschäft«, so schloß er wohl, »hat seine Reize, aber es ist klein, ärmlich, prosaisch neben dem *Steinhandel.*«

Ein *zweiter* Deutscher unserer Kolonie führte den Namen: »le cocher de Bismarck«. Er trug ein echt preußisches Kutscherkostüm mit Stulpstiefeln, Wappenknöpfen und breiter Goldborte, und war in der Nähe von Epinal, auf Spionage hin, verhaftet worden. Eine wunderliche Figur, gutmütig und schlau zugleich; bei Fritzlar im Hessischen zu Hause. Was ihn mir interessant machte, war, daß er siebzehn Jahre lang als Kunstreitergroom die Loissets, die Franconis, die Cinisellis begleitet hatte. Ich darf sagen, in jeder Stadt Europas über 50000 Einwohner war er gewesen; er wußte in Petersburg, Konstantinopel und Lissabon gleich vortrefflich Bescheid, sprach ein gutes Französisch, ein leidliches Englisch und hatte von allen andern Sprachen wenigstens eine oberflächliche Kenntnis. Ich muß bemerken, daß er niemals den Gesellschaften als solchen, sondern immer nur einem einzelnen hervorragenden Mitgliede derselben als Reitknecht und Pferdepfleger angehört hatte. Die längste Zeit über war er bei einem ungarischen Schärpen- und Reifenspringer gewesen, von dem er mit ungeheuchelter Hochachtung sprach. Er betrachtete dies alles als ernsthafte *Kunst*, lobte die Ordnungsliebe, die Sauberkeit, die Gewissenhaftigkeit seines Herrn, stellte der Mehrzahl der Damen die glänzendsten Tugendzeugnisse aus und ließ mich wieder recht empfinden, wie sehr wir Draußenstehenden auf diesem wie auf ähnlichen Gebieten mit unsern Vorstellungen in die Irre gehen. Die Welt ist oft schlechter als wir sie nehmen, aber noch öfter vielleicht ist sie besser.

Der dritte, zu dem ich in Beziehung trat, war »le maître d'école«, ein Deutsch-Franzose. Ich konnte mich anfangs nicht mit ihm befreunden, teils weil er etwas Sonderbares, beinahe Unheimliches in seinem tiefliegenden Auge hatte, teils weil ich das Bild des »Schulmeisters« aus den »Geheimnissen von Paris« nicht los werden konnte. Es kam dazu, daß er sich beim Sprechen etwas zierte und durch Korrektheit und obligate Nasaltöne den »maître d'école« beglaubigen wollte. Er war, wie so viele andere, denunziert und verhaftet worden, weil er mit einem preußischen Offizier gesprochen hatte. Endlich kam der ersehnte Tag der Freiheit; daheim in Lothringen saß seine Frau mit sechs Kindern. Aber wie hinkommen? Er fragte mich, ob ich ihm das Reisegeld geben könne. Ich tat es ohne weiteres. In solchen

Zeiten empfindet man doppelt: gib, auf daß *dir* gegeben werde. Dem Manne traten die Tränen in die Augen, und er dankte mir herzlich, übrigens ohne sich das Geringste zu vergeben. Der eigentliche Gewinner war ohnehin *ich*. Hatte ich dem Manne einen Dienst geleistet und seine Dankbarkeit erworben, so war *ich* ihm doch ungleich mehr verpflichtet, daß er mir die Gelegenheit dazu gegeben hatte. Die Kunde von dieser Großtat lief wie ein Feuer durch die ganze Zitadelle von Besançon; ich war auf einen Schlag »etabliert«, man gab mir ungesucht eine exzeptionelle Stellung und der alte Sergeant, auf den ich wohl noch zurückkomme, adressierte sich immer mit den Worten an mich »un homme comme vous«. Ich hatte Ursache, mich alles dessen zu freuen; zugleich empfand ich schmerzlich die furchtbare Macht des Geldes. Wen diese Worte etwas verwunderlich anblicken, der vergesse nicht, daß unter Blinden der Einäugige König ist. Es schlug vielleicht manch gütigeres Herz auf der Zitadelle von Besançon; aber was frommte es, solange sich diese Güte nicht »berechnen« und nicht in Zahlen ausdrücken ließ.

Neben dem Schulmeister schlief »le bon tireur«, ein schöner Mann, an dem nur auszusetzen war, daß er es zu sehr wußte. Er kam aus Rom, hatte ein Jahr lang der Legion von Antibes angehört und diente jetzt, wie viele andere seiner alten Kameraden, in einem Marschbataillon. Die Geschenke hübscher Frauen, dazu die zahlreichen Prämien, die er sich als brillanter Schütze erworben (er trug immer einen breiten Leibgurt, der in Front die Lederhülsen für mindestens dreißig Patronen aufwies), hatten ihn sichtlich verwöhnt und gaben seinem elastischen Gange, seiner beinahe eleganten Tournure doch ein Maß von Prätension, das zu seiner Stellung nicht paßte. Er war wegen Hochfahrenheit zahllose Male bestraft und saß jetzt hier, weil er auf den Zuruf seines Capitaines »vous êtes un lâche« geantwortet hatte »pas plus que vous«. Er machte beständig Vorstellungen an den General, in denen er eine ähnliche kecke Sprache führte und sich auf sein gutes Recht steifte, »weil er zuerst beleidigt worden sei«. Auf meine Bemerkung, daß solche Eingaben, in so selbstbewußtem Tone abgefaßt, in Preußen ganz unmöglich seien, antwortete er nur mit superiorem Lächeln: »Je sais, je sais: vous avez encore le régime du bâton; nous sommes plus libres en France«. Er ließ sich das auch nicht ausreden.

Eine andere Figur war »le raconteur«, der Liebling und das Ferment der ganzen Gesellschaft. Er machte mir das Bett, gab mir sein Strohkissen, deckte mich mit seiner Decke zu, so daß ich eigentlich nicht weiß, wie er sich durch die kalten Nächte durchgeschlagen hat. Er war ein ausgesprochener Humorist und hatte, neben seinem Spaßmachertum, vor allem auch jene Herzensgüte, ja jene Feinheit der Empfindung, die den wirklichen Humoristen allemal charakterisiert. Er erzählte sehr gern, aber im Erzählen beobachtete er beständig, ob er vielleicht Anstoß gäbe, oder durch ein Zuviel die Geduld erschöpfe; glaubte er derartiges wahrzunehmen, so schwieg er sofort und wartete ab, bis er ermuntert wurde, den Faden wieder aufzunehmen. Er hatte ein Paar Diensthosen verkauft, um seine Kameraden in Wein freihalten zu können; darauf hin war er, nachdem ihn eben *diese* Kameraden angezeigt hatten, zu sechs Monaten verurteilt worden. Für mich ein offenbarer Vorteil. Ich liebte ihn förmlich. Bei weiterer Schilderung meiner Tage in Besançon komme ich auf ihn zurück.

Der letzte, von dem ich zu sprechen gedenke, war »le penseur libre«, ein kleiner, kratzbürstiger Kerl, nah an fünfzig, seines Zeichens ein »Kommissionär in Hülsenfrüchten«. Er war eingesperrt worden, weil er den Preußen eine Ladung Mehl verkauft hatte. In einem scharfen Gegensatz zu dieser merkantilen Beschäftigung stand sein geistiges Leben. Er war Philosoph; sein Lieblingsschriftsteller Victor Cousin, dessen gediegene Übersetzungen der klassischen Literatur, griechisch wie lateinisch, er besaß, beziehungsweise auswendig konnte. In einer Anzahl kleiner blauer Notizbücher, die er als Vademecum auch mit ins Gefängnis genommen, hatte er sich die Weisheit des Altertums für den Hausgebrauch zurechtgemacht. Gleich den zweiten Tag fragte er mich, ob es mir recht sei, Senecas Betrachtungen über den Tod, über das ruhige sich Schicken ins Unvermeidliche, zu lesen? Ich hielt es für artig, »ja« zu sagen, und mußte nun zwei Stunden lang meinen Kopf und meine Augen anstrengen, um mich in diesen »Blaubüchern« zurechtzufinden, die für mich wenigstens das Schicksal aller blue books teilten, ziemlich langweilig zu sein. Solche Gedanken aus sich heraus zu gebären, sie *selbständig* zu haben, kann Trost verleihen und das Gemüt adeln; es zurecht gemacht an sich herantreten sehen, ist mindestens unfruchtbar. Da wirkt ein Gesangbuchvers von Paul Gerhardt doch anders! Es blieb nun aber nicht bloß bei Seneca. Dieser furchtbare penseur libre hatte, mit Hilfe seines Victor Cousin, eine eminente Kenntnis von Plato, Tacitus, Plutarch und vielen andern noch, und vielleicht niemals hat ein deutscher homme de lettres vor einem französischen Hülsenfruchthändler eine so kümmerliche Rolle gespielt wie ich. Er wußte alles, ich wußte nichts. Glücklicherweise war ich nicht in der Stimmung, über diese konstanten Niederlagen mich besonders zu grämen. Auch bin ich ihm das Zeugnis schuldig, daß er mich nie ironisch behandelte und sein offenbares Übergewicht keinen Augenblick mißbrauchte.

Ich versuche nun, nachdem ich den Leser mit den »Spitzen der Gesellschaft« bekannt gemacht habe, ihm im weiteren einen Tag zu schildern, wie wir ihn in der Zitadelle zuzubringen pflegten.

Um 6 Uhr rasselte draußen das Schlüsselbund, die

schwere Tür wurde geöffnet, der Sergeant trat ein, und das Abzählen begann, um festzustellen, daß über Nacht nichts von der Herde verlorengegangen sei. Wir waren zuletzt zweiundzwanzig in einem ursprünglich für höchstens zwölf Personen bestimmten Raum. Dem Überwerfen der notwendigsten Kleidungsstücke folgte draußen auf dem Hof der Waschprozeß; abgetrocknet wurde an den Bettlaken, die von der Nacht her noch etwas Wärme konservierten. Einige Aristokraten der Gesellschaft, zu denen ich leider nicht gehörte, hatten es bis zu einem Handtuch gebracht. Nur ein Stück »Monstre-Savon« war mir von Langres her geblieben.

Nun begann der Morgenspaziergang, und zwar in einem mit Flußkieseln bestreuten Hofe, der vierzig Schritt lang und fünfzehn Schritt breit sein mochte. Von diesen fünfzehn Schritt in der Breite waren aber wieder fünf Schritt zu einer Art Terrasse abgeschnitten, welche letztere ein Allerheiligstes bildete, das von uns nicht betreten werden durfte. Es war die »Gartenanlage« der Zitadelle, auf deren Beeten etwas Kerbel und Petersilie, an der Wand aber ein wie verkrüppelte Georginen aussehendes Strauchgewächs wuchs. Es trug Tomatenäpfel, die nicht reif werden wollten.

Wie es für etwa achtzig Menschen möglich wurde, auf diesem Stückchen Hof ein oder zwei Stunden lang spazieren zu gehen, weiß ich nicht; gleichviel es geschah. Der blaue Himmel, die Morgenfrische taten meinen Sinnen wohl; nur wurde dies Behagen, durch unliebsame Töne aus der Ferne her, häufiger unterbrochen, als mir angenehm sein konnte. Es war in der Regel 7 Uhr; eine Salve krachte herüber; das Echo antwortete in den Bergen. Eine Gruppe trat dann zusammen, einer warf den Zigarrenrest in die Luft und sagte ruhig: Heute werden drei erschossen. Ich konnte nicht gleichgültig dabei bleiben; wie ein physischer Schmerz ging es mir oft durch die Brust.

Die Promenade wurde fortgesetzt; die meisten lachten, plauderten; wenige trugen schwer. Zwischen 8 und 9 hieß es in viertelstündigen Pausen: »à l'eau«, »du pain«, »la commission«, Schlachtrufe, die jedesmal ein halbes Dutzend Personen abriefen, die nun Wasser und Brot für die Gesamtheit herbeizuschaffen, oder aber (»la commission«), die *Extras* in Empfang zu nehmen und zu verteilen hatten. Alle diese Rufe waren aber bedeutungslos neben dem Rufe »à la soupe«, der ungefähr um 9½ Uhr laut wurde. Nun stürzte alles der Küche zu und kam mit Schüsseln und Kübeln zurück, die eine leidlich gute Fleischbrühe enthielten; die einzig warme Mahlzeit, die vorschriftsmäßig und gratis verabreicht wurde. Ein gutes Stück Fleisch war wie ein Gewinn in der Lotterie.

Nach der Suppe begann eigentlich wieder eine mehrstündige Einschließung, die von 10 Uhr früh bis 4 Uhr nachmittags zu dauern hatte. Dies wurde aber nie in voller Strenge innegehalten, einesteils wohl, weil wir ohnehin über alle Gebühr hinaus eingepfercht waren, andernteils, weil wir tagelang Regenwetter hatten und die uns dadurch auferlegte, totale Einsperrung an den klaren Tagen, schon um unserer Gesundheit willen, wieder ausgeglichen werden sollte. Ein starker Bruchteil der Gesellschaft zog sich aber um 10 oder 11 von selbst, aus eigenem Antrieb, in die Kasemattenräume zurück, um sich zu strecken oder Briefe zu schreiben oder Dame zu spielen. Dies letztere geschah in ziemlich ingeniöser Weise. Auf jeder Pritsche befand sich ein mit Bleistift oder Tinte aufgezeichnetes Damenbrett, dessen Steine einerseits aus den leicht beschaffbaren Kieseln des Hofes, andererseits aus rund geschnittener Brotkruste bestanden. Alle Franzosen spielten es gern und mit besonderem Geschick. Mitunter verirrte sich ein Zeitungsblatt in unsere Mitte; hinter dem letzten Bettstand, der mit seinen aufgetürmten Strohsäcken wie ein Schirm wirkte, etablierte sich auch wohl eine geheime Piquetpartie; unbeweglich daneben saß der penseur libre und las Abhandlungen über die Frage: »Wann einer Zeugenaussage zu trauen sei und wann nicht.«

Endlos waren diese Stunden von 10 bis 4; sie hatten aber doch ihre Unterbrechungen, einmal, wenn der Kommandant der Zitadelle und der Rondenoffizier ihren Umgang hielten, namentlich aber, wenn »Neue« eintrafen oder die in bloßer Untersuchungshaft gehaltenen aus dem Verhör in der Stadt zurückkamen. Durch diese Elemente hingen wir mit der Welt zusammen und folgten dem Laufe der Politik und des Krieges. Ob das Berichtete wahr war oder nicht, war der Mehrzahl völlig gleichgültig; es unterhielt doch. Den einen Tag war General Moltke erschossen, den nächsten Tag gefangen, den dritten hatte er einem Kriegsrate präsidiert; der König, der Kronprinz, Prinz Friedrich Karl, alle waren sie einige Tage lang tot, um dann wieder unter den Lebenden zu erscheinen. Es fiel keinem ein, sich über diese Widersprüche zu verwundern; man nahm sie als selbstverständlich hin; ja, man war vielleicht dankbar dafür. Der Stoff wuchs auf diese Weise. Etwa in der Mitte des Monats erschien Garibaldi in Besançon; drei, vier Tage später hieß es, »die Preußen rücken an«; mit beiden Nachrichten hatte es ausnahmsweise seine Richtigkeit. Es wurde viel von »in die Luft sprengen« gesprochen, und im großen und ganzen bemächtigte sich des deutschen Elements ein wenig behagliches Gefühl bei der Aussicht, von den eigenen landsmännischen Granaten totgeschossen zu werden. Ich machte dem liebenswürdigen Kommandanten der Zitadelle, der sich oft halbe Stunden lang mit mir unterhielt, eine halb scherzhafte Vorstellung darüber, worauf er ruhig antwortete: »Ja, diese *Obergewölbe* sind in fünf Minuten weggeblasen.« Der Trost, der uns daraus erfloß, war begreiflicherweise gering.

Die Preußen (es war die badische Division) hatten sich uns inzwischen mehr und mehr genähert. Am 23. hieß es: Heute gibt es eine Schlacht; acht Kilometer von hier, bei Chatillon *müssen* sie zusammenstoßen. Und in der Tat, es kam zu einem Gefecht. Wir hörten deutlich den Donner der Kanonen und von dem Tisch unseres Gefängnisses aus, der uns gestattete, durch die obersten Scheiben hindurch, über die Festungsmauer fortzusehen, folgten wir einzelnen Bewegungen nachrückender französischer Bataillone. Einige von uns schwuren, den Lichtstreifen fliegender Granaten deutlich an dem schwarzgrauen Regenhimmel gesehen zu haben. Um 5 Uhr abends kam Meldung aus der Stadt: »1200 Badois sont captivés; ils arriveront ce soir encore.« Zwei Stunden später trafen auch wirklich die Gefangenen ein. Es waren aber nur fünf. Als ein echter Oberländer gefragt wurde: »wo denn die 1200 seien«, antwortete er ruhig: »'s is halt a Trost, wenn mer mit 500 ins Gefecht geht, kann mer nit 1200 verliere.« Ich übersetzte es, was sofort allgemeine Heiterkeit erweckte. Von Groll keine Spur.

So war es Sonntag den 23. Oktober. Ähnlich an anderen Tagen. Wir lebten von Gerüchten. Erst die »Abendsuppe«, die bei Dunkelwerden serviert wurde, machte regelmäßig der politischen Diskussion und – dem Tage selbst ein Ende. Mit dem Moment, wo die Blechlöffel wieder hinter dem Brett steckten, fiel der Vorhang. Die Nacht begann.

Nun rasselte, wie am Morgen, das Schlüsselbund; der Sergeant, ein alter grognard, passierte abermals unsere Reihen mit hochgehobener Laterne, zählte die Häupter seiner Lieben und verschwand dann mit einem freundlich-bärbeißigen: »Bon soir, messieurs.« Eine halbe Stunde später lag alles ausgestreckt unter den Decken, jeder mit einer Nachtmütze über der Stirn, und nur »le raconteur« hockte noch auf seinem zusammengerollten Zeugbündel und wartete auf das Signal zum Erzählen. Er war die Scheherezade dieses Kreises, dem die Aufgabe oblag, den Sultan »Volk« in Schlaf zu erzählen. Es gab ein halbes Dutzend Lieblingsgeschichten: le dragon vert, le curé et le saint esprit, Mylord à Paris, – alle liefen sie auf Liebesabenteuer, auf Spott gegen die Geistlichkeit und auf Ridikülisierung der Engländer hinaus. Das letztere war meist das wirksamste. Unendliche Heiterkeit begleitete diese Vorträge, und nie hätte ich es für möglich gehalten, in einem Kasemattengefängnis einem solchen Übermaß von guter Laune, von Lachen und Ausgelassenheit zu begegnen. Ich stimmte dann und wann mit ein, ohne recht zu wissen, um was es sich handelte. Das Lachen selbst war so herzlich, daß es mit fortriß.

Diese Erzählungen dauerten oft zwei Stunden. Um 8 Uhr hielten dann mehrere Trommeln und Hörner, eine Art großer Zapfenstreich, ihren Umgang um die Zitadelle, und in dem Moment, wo sie schwiegen, klangen von Besançon die Abendglocken der Kathedrale herauf. Ein paar leidenschaftliche Raucher fuhren manchmal mit dem Streichholz über die Wand hin, um die verglimmende Pfeife neu zu beleben; ein flüchtiges Licht blitzte durch den dunklen Raum; noch ein paar Züge, dann schliefen auch sie. Alles still.

Nacht lag über der Zitadelle von Besançon.

6. RÜCKBLICKE

> So lang der Wirt nur weiter borgt,
> Sind sie vergnügt und unbesorgt.
>
> *Faust*
>
> *
>
> Es kann die Ehre dieser Welt
> Dir keine Ehre geben,
> Was dich in Wahrheit hebt und hält,
> Muß in dir selber leben.

Ich war achtzehn Tage in Besançon; am 29. Oktober verließ ich es, um, quer durch Frankreich hindurch, über Lyon und Moulins, dann über Poitiers und Rochefort nach der Insel Oléron im Atlantischen Ozean geschafft zu werden. Die letzten drei Tage auf der Zitadelle waren mir in verhältnismäßigem Komfort vergangen; ich hatte sie, infolge eingetretener Intervention, im Offiziergefängnis zugebracht, wo ich in allem, was Speis' und Trank angeht, in der angenehmen Lage gewesen war, meiner Gewohnheit gemäß oder, wie es im Französischen heißt, »im Einklang mit meinem ancien régime« leben zu können. Ein Ausdruck, der mich jedesmal amüsierte. Über diese »guten Tage von Besançon« berichte ich in aller Kürze im Eingange des nächsten Kapitels; aber *hier* schon, als am passendsten Platz, versuche ich die Eindrücke wiederzugeben, die ich in fast dreiwöchentlichem Zusammenleben mit französischen Soldaten und Zivilpersonen verschiedenster Art von dem Charakter des Volkes, von den Vorzügen und Schwächen desselben empfangen habe.

Es ist die Pflicht zu sagen, daß diese Eindrücke die allerangenehmsten waren und daß ich mir keine Nation denken kann, die in *so* vielen ihrer aufs Geratewohl gewählten Repräsentanten imstande wäre, ein günstigeres Urteil hervorzurufen. Im allgemeinen wird man sagen können, daß je nach den Landesteilen, in denen man lebt, auf zehn oder sieben oder fünf Individuen immer ein unleidlicher Mensch kommt; hier lebte ich mit siebzig oder achtzig Gefangenen zusammen, die in der Zeit meiner Anwesenheit zwei- oder dreimal wechselten (so daß ich etwa zweihundert verschiedene Personen kennenlernte), und nicht die geringste Unannehmlichkeit, geschweige Unart habe ich zu erfahren gehabt; sie waren alle verbindlich, rücksichtsvoll, zuvorkommend, dankbar für jeden kleinen Dienst, nie beleidigt durch Widerspruch, vor allem *ohne Schabernack und ohne Neid*. Wir könnten, nach *dieser* Seite hin, viel von ihnen lernen. Es offenbarte sich mir ein unerschöpflicher Schatz von Gutmütigkeit, leichtem Sinn und heiterer Laune. Lauter Sanguiniker. Viele waren eitel, andere ruhmredig. Wenn ich aber den Rodomontaden dieser letztern scherzhaft erwiderte, hatte ich jedesmal die Lacher auf meiner Seite. Von nationaler Gereiztheit keine Spur, wiewohl sie alle, ohne Ausnahme, voll lebhaften patriotischen Gefühls waren. Auch ihr *Bildungsgrad*, um das noch zu bemerken, hatte mindestens, bei sonst gleichen Voraussetzungen, das Niveau des unsrigen, wie ich denn überhaupt glaube, daß wir uns nach *dieser* Seite hin allzu selbstgefälligen Vorstellungen hingeben. Wir glauben eine Art *Schulmonopol* zu besitzen, und es gibt Leute unter uns, die, einen alten »Dieterici« in der Hand, womöglich den Beweis führen möchten, daß jenseit der deutschen Grenze alles Lesen und Schreiben aufhöre, wie etwa 20000 Fuß hoch das Atmen aufhört.

Ich *meinerseits* habe indessen immer nur gefunden, daß die Bewohner anderer Kulturländer, besonders der westlichen, nicht schlechter lesen, wohl aber erheblich besser schreiben können, als die Menschen bei uns. So in England, Schottland, Dänemark; so auch wieder in Frankreich. Die statistischen Zahlen um deshalb zu befehden, fällt mir nicht ein; sie werden schon richtig sein. Es wird unzweifelhaft, namentlich in England und Frankreich, ganze Volksschichten geben, die ich nicht kennenlernte, *unterste* Schichten, die von der Schule unberührt, mithin auch unerobert blieben; die Zahlen sollen also bestehen bleiben. Aber gestützt auf eben diese Zahlen wächst für viele unter uns ein falsches *Gesamt*bild empor, ein Bild, das von vornherein verschoben und immer ins *Dunkle* retuschiert, schließlich einfach zu einem Zerrbild wird. Hinterm Berge wohnen auch Leute. – Ich kehre nun zu meinen Mitgefangenen zurück.

Sie waren liebenswürdig, gutherzig, neidlos (so etwa sagt' ich); aber so angenehm der Eindruck war, den sie als Individuen hervorriefen, so traurig war der Eindruck, den jeder einzelne als Teil des Ganzen machte. Sie boten das Bild völliger Zerfahrenheit, zu nichts eine Herzensstellung einnehmend als zu »La France« und zur Ruhmesgeschichte ihres Landes. Dies ist etwas, aber nicht viel; oft mehr eine Gefahr als ein Segen. Losgelöst von allem Tieferen wird auch die Vaterlandsliebe (die *dann* nur eine gewisse Form persönlicher Eitelkeit ist) leicht zu einer Karikatur, überschlägt sich und gewinnt den Charakter des Hohlen, einer schillernden Seifenblase, eines Nichts. Diese Wahrnehmung hatte ich sehr oft. Ein fester, schöner Glaube existierte an nichts, weder an die Dinge der sichtbaren noch der unsichtbaren Welt. Die Geistlichkeit wurde beständig verhöhnt, der Kaiser war ein Spott, die Marschälle ein Gegenstand der Verachtung; ich begegnete keiner anderen Überzeugung als der einen, daß *alles käuflich sei*. Sedan war ein »job« im großen Stil; nur MacMahon behielt seinen diamantnen Glanz. Der französische Soldat hielt aus bei ihm wie der österreichische (1866) bei Benedek. Aber diese *eine* leuchtende Ausnahme zeigte nur die Zweifelstrübe, in der man alles andere erblickte, desto deutlicher. Regierung, Kirche, Gesetz, alle drei waren nach ihrer Meinung nur da, um das Volk in Banden zu schlagen und *sich selbst* zu behaupten und zu bereichern. Alles einzelne sich selber Zweck, nie im Dienst einer Idee, nie im Dienst des Ganzen! Der Eindruck war kläglich und zeigte den tiefsten Verfall. Wie oft sprach es still in mir: glücklich das Land, das diesen Heimsuchungen noch nicht erlegen ist. Das Furchtbare einer Revolution, sie sei nun berechtigt gewesen oder nicht, habe ich nie so lebendig empfunden wie hier. Die klugen Engländer! Sie haben dasselbe getan, aber sie haben *eines* vermieden: *das Brechen mit der Tradition.*

So viel über meine Mitgefangenen. Auch noch ein Wort über Wahrnehmungen, die ich während der schlimmen Tage (denn sie waren nicht alle schlimm) an mir selber machte.

Ich hob schon hervor, wie gleichgültig mich der Wechsel der äußern Glücksumstände, der Wegfall des sogenannten Komfort berührte; ich fand bald heraus, daß sich bei einer dünnen Fleischbrühe, einem Glase Landwein und einigen Schnitten Weißbrot sehr wohl leben lasse, im Grunde genommen besser als bei Mayonnaisen und Nußtorte. Beiläufig eine furchtbare Zusammenstellung, die durch einen zwischengeschobenen Rehrücken nicht besser wird. Tag um Tag wurde ich an den Ausspruch eines gefeierten Wiener Arztes erinnert, der mir vor Jahren versicherte, »daß er erst Herr seiner Zeit und seines Geistes geworden sei, seitdem er von einer Tasse Bouillon, etwas Brot und einigen Rüben oder Erdäpfeln lebe«. Ich meinerseits trank viel *Tee*, aber nur um mich zu erwärmen und durch Wärme gesund zu erhalten; von Wohlgeschmack konnte bei dem seltsamen Gebräu, das auf der Zitadelle von Besançon den Namen »Tee« usurpierte, keine Rede sein.

So gleichgültig wie gegen allerhand »Lebensbedürfnisse«, die schließlich eben *keine* Lebensbedürfnisse sind, beobachtete ich mich auch gegen gewisse Ansprüche und Feinfühligkeiten des *Ehrenpunktes.* Was mir, vier Wochen früher, ganz speziell auch auf *diesem* Gebiete als eine Lebensunerläßlichkeit erschienen wäre, erschien mir jetzt als Luxus und weil als Luxus auch als entbehrlich und abtubar. Dies überraschte mich, als ich erst dazu kam, über diese Dinge nachzudenken, am meisten; doch haben mir andere seitdem versichert, daß sie dieselbe Gleichgültigkeit gegen all diese mannigfachen Formen und Szenen der Erniedrigung, die eben keinem Gefangenen erspart werden, empfunden hätten. Das Durch-die-Straßen-Geschleppt-, das Angegafft- und Angestarrtwerden, das Geschrei und Gejohle des Pöbels, die zudringlichen Fragen, das Hutabziehen- und Geradestehenmüssen, das Abgezähltwerden bei erhobener Laterne, all das war lästig, bedrücklich, zuzeiten *sehr* unangenehm; ich kann mich aber keines Momentes entsinnen, wo ich all dies als ehrenrührig empfunden hätte. Die Gefangenen, auf ihrem Transporte quer durchs Land, wurden meistens gekettet; ich wartete ruhig auf den Moment, wo mir ein gleiches Los zufallen würde. Es blieb aus, es blieb mir erspart. Ich weiß aber, daß auch *das* mich in meinem Gleichmut wenig gestört haben würde. Man hat das Gefühl des völligen Preisgegebenseins, des Überantwortetseins auf Gnade und Ungnade, und empfindet deutlich, daß die Übergriffe, die sich der Machthaber erlaubt, wohl die *Ehre dieses Machthabers, nicht aber die eigene treffen können.* Vieles zudem, was Flitter ist, wird in solchen Momenten als Flitter erkannt. Das Meiste, worin wir stecken, ist *konventionell!* Der Stein des Gassenbuben, der gegen uns erhoben wird, mag alles treffen, nur unsere Ehre nicht. Wie eine Zauberformel, die hieb- und schußfest macht, schützt uns das alte: Sancta simplicitas.

Ich litt nicht unter dem Wegfall dessen, was man mit größerem oder geringerem Recht als die künstlich gesteigerten Ansprüche einerseits des Wohllebens, andererseits eines gewissen Gefühlsluxus ansehen kann, aber ich litt dafür unter dem Wegfall *solcher* Dinge, die sich der gebildete Mensch recht- und *pflicht*mäßig zur zweiten Natur gemacht hat, unter dem Wegfall der Sauberkeit und alles dessen, was zum geistigen Bedürfnis gehört.

Die Unmöglichkeit einer gewissen, wenn auch bescheidentlichen Pflege des Körpers wurde peinlich genug von mir empfunden, und diese Empfindung, glaub' ich, hat man nicht als etwas künstlich Hinaufgeschraubtes anzusehen. Es ist Pflicht, auf eine Reihenfolge oder eine bestimmte Zubereitung von Schüsseln, wie bescheiden diese immerhin sein mögen, auf launenhafte, unmotivierte Angewöhnungen, vor allem auf alles, was den Charakter der *Verwöhnung* trägt, verzichten zu können, aber es ist *nicht* Pflicht, *nicht* in der Ordnung, sich gegen die Wasch- und Wasserfrage in allen ihren Stadien in gleicher Weise gleichgültig zu stellen. Es gibt freilich, und dies ist nicht ironisch gemeint, einen äußersten Erhabenheitsstandpunkt, wo auch *dies* wieder als ein Äußerliches und Gleichgültiges abfällt, wie die Geschichte der Märtyrer und der Heiligen lehrt, aber mit diesem Maße hat der moderne Mensch nicht Anspruch gemessen zu werden. Für uns liegen die Dinge so, daß mit dem Gefühl des äußerlichen Unsauberseins mehr und mehr auch die Vorstellung einer gewissen innerlichen Unreinheit über uns kommt, ein Gefühl, das uns gradatim allen Mut und alle Zuversicht raubt und uns schließlich dahin bringt, im tiefsten Mißtrauen gegen uns selbst, jede Unbill als etwas Selbstverständliches und Wohlverdientes hinzunehmen.

Ich litt hierunter, während der ersten Wochen in Besançon, wie schon angedeutet, ziemlich erheblich; worunter ich aber doch noch mehr litt, das war, daß auch meinem Geiste alles frische Wasser genommen wurde, sich drin zu erlaben; die Berührung mit geistig Ebenbürtigem hörte auf, und ich verfiel der Phrase, dem Geschwätz, der Trivialität. Es bildete sich eine Konversationsform aus, die ich als Greffier-, Schließer- und Gendarmenunterhaltung bezeichnen möchte, eine unsagbar schreckliche Form geistigen Verkehrs, immer dasselbe, so daß ich zuletzt genau berechnen konnte: »jetzt kommt das«. Der Wiederkäuungsprozeß erreichte Grade, daß man sich das Leben hätte wegwünschen mögen. Das Aufsagen meines auswendig gelernten Spruches von: »Reise auf den Kriegsschauplatz, Anwesenheit in Toul und Verhaftung in Domremy«, weil es sich hierbei um *Tatsächliches* handelte,um Realitäten, die niemand besser kannte als ich, war dabei lange nicht das Schlimmste. Das Schlimmste war die Konjekturalstrategie und die in den Wolken schwebende hohe Politik, die ich nolens volens treiben mußte! Fragen, über die sich Generalstab und Kabinett bis diese Stunde den Kopf zerbrechen, hatte ich längst gelöst. Ich ließ beständig Armeen marschieren, diese Armeen immer neue Kurven und Schleifen bilden, Hunderttausende von Franzosen wurden bald hier, bald dort gefangen genommen, und nur drei Generale ließ ich als widerstandsfähig und selbst gefahrdrohend für uns gelten, die alten Wintergenerale: Dezember, Januar und Februar. So viel als Stratege. Meine eigentlichsten Untaten verübte ich aber doch als Taschen-Bismarck. Ich schrieb die Waffenstillstands-Paragraphen, entwarf Präliminarien, setzte den Tag des Friedensabschlusses auf vierundzwanzig Stunden ganz genau fest und zog die künftige Grenzlinie zwischen Frankreich und Deutschland mit einer Sicherheit, die nur durch meine genaue Berechnung der Kriegskosten übertroffen wurde. Ich habe (sonst gewissenhaft und beinahe peinlich in Sachen der Unterhaltung) während dieser Gefängniswochen wahre Berge von Schwatzsünden auf mein Haupt geladen und muß dennoch schließlich mich selber wieder dahin rechtfertigen, daß ich nicht gut anders konnte, wenn ich nicht durch kühle Reserviertheit alle Wohlgeneigtheit meiner Machthaber einbüßen wollte. Ich hatte beständig ein Gefühl der Scham und des Unwürdigen, das in diesem

Auftischen vager, fundamentloser Hypothesen und willkürlicher Redensarten lag, und dennoch

> ... war es Sünde,
> So es noch einmal vor mir stünde,
> Ich tät es wieder, tät es *doch*.

II. ABTEILUNG

»*Comme Officier Supérieur*«

I. VON BESANÇON BIS LYON

An der duftverlornen Grenze
Jener Berge tanzen hold
Abendwolken ihre Tänze.

*

Trübe wird's, die Wolken jagen
Und der Regen niederbricht.

Lenau

Die letzten dreimal vierundzwanzig Stunden meiner Gefangenschaft in Besançon hatten, wie zu Eingang des vorigen Kapitels bereits bemerkt, ein heitereres Kleid getragen als die voraufgehenden Wochen, freundlichere Tage bereiteten sich für mich vor, wenngleich ich, in demselben Moment, in dem sie begonnen, die bis dahin immer noch gehegte Hoffnung auf das Bourgautsche »renvoyé dans votre pays« zu Grabe tragen mußte. Meine *Freisprechung* erfolgte, aber nicht meine *Freilassung*. Ich habe bei diesen Vorgängen noch einen Augenblick zu verweilen.

Am fünfzehnten Tage meiner Gefangenschaft erschien der Zitadell-Kommandant, mein besonderer Freund und Fürsprecher, in der großen Kasemattenhalle, um mir mitzuteilen, daß sich das Kriegsgericht inzwischen von der Wahrheit meiner Aussagen, will also sagen von meiner vollständigen Unschuld, überzeugt habe. Der General indessen sei nichtsdestoweniger der Ansicht, daß ich als Kriegsgefangener im Lande verbleiben müsse. Wie aus meinem Notizbuche, meinen Papieren und meinen eigenen Angaben hervorgehe, sei ich nicht nur mit vielen preußischen Offizieren bekannt, sondern habe auch »militärische Augen«, denen die Zustände und Vorgänge im Lande, die Befestigungen und Truppenbewegungen nicht entgangen sein würden. Daraufhin sei es unmöglich, mich in meine Heimat zu entlassen; ich würde vielmehr, mit einer Anzahl badischer Gefangener, nach der Insel Oléron im Atlantischen Ozean transportiert werden.

So freundlich diese Worte gesprochen wurden, so trafen sie mich doch zunächst sehr hart. Ich hatte mich eben immer noch mit Illusionen getragen. Der Kommandant nahm dies wahr, und gütigen Sinnes fuhr er fort: »Ich bin im übrigen erfreut, die böse Nachricht, die ich Ihnen bringen mußte, durch eine gute einigermaßen balancieren zu können. Se. Eminenz der Kardinal hat sich für Sie verwandt. Sie werden infolge dieser Verwendung als officier supérieur angesehen und bei Ihrem Eintreffen auf île Oléron einer relativen Freiheit teilhaftig werden; Sie werden sich auf der Insel ungehindert bewegen können. Die Bevölkerung des Westdepartements, besonders der Inseln, ist liebenswürdig, gastfrei, human. Ich werde Ihnen zudem eine Empfehlung an einen Freund und Verwandten mitgeben. Ihre Abreise wird sich noch einige Tage hinausschieben; bis dahin aber werden Sie bereits all der Vorrechte teilhaftig sein, die Ihnen von diesem Augenblick an zuständig sind. Mr. le Principal (dies war die euphemistische Bezeichnung für den Greffier) wird das Weitere veranlassen.« Ich dankte; ein Soldat nahm mein Bündel,und unter Händeschütteln von meinen Mitgefangenen Abschied nehmend, übersiedelte ich nunmehr unverzüglich in das auf einem anderen Zitadellhofe gelegene aristokratische Viertel.

Ich blieb hier noch drei und einen halben Tag. Das Leben gewann wieder Reiz; ich konnte schreiben, Zeitungen lesen, mich sammeln, ungestört meinen Gedanken nachhängen. Es waren glückliche Tage. Meine besondere Freude war der Kommandant, dem ich, wie schon erwähnt, von Anfang an so viele Freundlichkeit zu verdanken gehabt hatte. »He took a fancy for me.« Freilich hatte ich für diese Freundlichkeit auch meinerseits schwer zu zahlen, denn eine Nachmittagskonversation, die nie unter zwei Stunden, einmal aber volle *vier* Stunden dauerte, war eine Anstrengung für mich, an die ich mit einem leisen Schauder zurückdenke. Es trat dabei schließlich, Mal für Mal, ein Zustand völliger Erschöpfung ein, in dem ich schon längst nicht mehr einen Gedanken, aber zuletzt auch kein einzig Wort mehr finden konnte. Wie immer dem sei, es war wohlgemeint, und ich befand mich genau in einer Lage, in der mir das Wohlwollen eines Menschen, noch dazu eines Vorgesetzten, *alles* bedeuten mußte.

Am 29. Oktober, drei und eine halbe Woche nach meiner Gefangennehmung in Domremy, wurde ich in meine eigentliche Kriegsgefangenschaft »far in the West« abgeführt. Die Reise quer durchs Land, so lehrreich, so anregend, so bedeutungsvoll sie war, war doch ein neues Schrecknis. Wer als Kriegsgefangener durch Frankreich geschleppt worden ist, weiß, was das sagen will. Die Begegnungen und Erlebnisse auf dieser zehntägigen Reise gebe ich nun in diesem zweiten Abschnitt.

Sechs Uhr früh (am 29.) traten wir auf dem Hofe an, außer mir noch fünf kriegsgefangene Badenser. Im Geschwindschritt ging es den Berg hinunter, an Jesuitenkirche und Kommandantur vorbei, auf den Bahnhof hinaus. Die Bevölkerung ließ uns ruhig ziehen. Der Nebel fiel fast wie ein Regen.

Von Besançon bis Lyon werden noch nah an dreißig Meilen sein. Die Landschaft bot anfangs nichts Besonderes, nur wo wir Flüsse zu passieren hatten, zeigten sich Bilder von eigentümlichem Reiz. An den Ufern hin, oft auf Landzungen, die sich bis in die Mitte des Stroms erstreckten, erhoben sich schloßartige Gehöfte mit Rundturm und Spitzdach;

hohe italienische Pappeln, die alle noch ihr herbstlich gelbes Laub trugen, bildeten die Avenuen oder standen in Gruppen um das Gehöft umher; es berührte mich, als wäre ich all diesem auf Galerien, in breitem goldenen Rahmen schon mal begegnet.

So ging es fünfzehn oder zwanzig Meilen weit. Da änderte sich das Bild. Wir hatten die Jurakette blau und duftig zur Linken, nach rechts hin dehnte sich ein Flachland, eine fruchtbare Niederung, von Waldstreifen und kleinen Höhenzügen kulissenartig durchzogen. Am fernen Horizont, nach eben dieser Seite hin, hing der gelbglühende Ball der Sonne und lieh allem ein entzückendes Licht; es war, als sähe man eine der weitgedehnten Veduten Claude Lorrains. Dann kam eine große Stadt, *Bourg* (Hauptort im Departement Ain), dessen berühmte Kirche Brou, mit den reichen Mausoleen des Hauses Savoyen, umblitzt vom Widerschein der sich neigenden Sonne, an dem nach Osten hin wolkengrauen Himmel stand.

Von Bourg traten wir ersichtlich in eine mehr südliche Landschaft ein. Namentlich die Architektur, das Aussehen der Dörfer, gewann einen abweichenden Charakter, alle Gotik hörte auf, und das Flachdach, die italienische Vigne, wurde allgemein.

Zwischen 4 und 5 gelangten wir in den Bereich der Rhone. Alles Land war überschwemmt, Häuser und Bäume wuchsen wie aus einem großen See heraus, bis wir in der Dämmerstunde die aufgeworfenen Erdbefestigungen und bald darauf auch den ersten, weit vorgeschobenen Bahnhof Lyons erreichten. Als wir in der *zweiten* Bahnhofshalle hielten, war es dunkel; dazu regnete es. Dies galt immer als ein Glück. Es war gleichbedeutend mit Wegfall jeder Volkseskorte.

Vom Bahnhofe aus ging es zunächst eine Steintreppe hinauf; damit hatten wir das Niveau der Stadt gewonnen, die in gedämpftem, flackerndem Lichterglanze vor uns lag. Wir passierten eine Rhonebrücke (so schien es mir wenigstens), tausend Gasflammen warfen hüben und drüben ihren Schein in den breiten Strom, einige erleuchtete Pfeiler, wie Wahrzeichen für die Schiffahrt, schienen daraus hervorzuragen. Dann kam ein großer Platz; nach links hin schimmerte ein Standbild halb nebelhaft, und in einiger Entfernung an ihm vorbei marschierten wir in eine der langen Straßen hinein, die von verschiedenen Seiten her auf den Platz mündeten. Nach zehn Minuten hielten wir vor dem Gefängnis, pochten und traten in den Hof.

Es goß jetzt in Strömen. Die Gendarmen und einige unliebsame Gestalten, die trotz ihrer Uniformen stark an 1793 erinnerten, sprachen lebhaft hin und her; endlich wurde ich aufgefordert, einzutreten. Die armen Badenser wollten folgen, aber man stieß sie unter Geschrei in den Hof zurück. Ich erachtete jetzt den Augenblick für gekommen, ein Schreiben vorzuzeigen, das mir, kurz vor meinem Aufbruch von Besançon, unterschrieben und untersiegelt eingehändigt worden war und sozusagen meine französische Ernennung zum »officier supérieur«, zugleich die Aufforderung an alle Militär- und Zivilbehörden enthielt, »mir die meinem Range schuldigen Ehren« (»dû à mon rang«) zu erweisen. Das Papier wurde gelesen; der diensttuende Sergeant indes, ein frecher, verlebter, verliederter Kerl, hatte wenig Lust, Notiz davon zu nehmen, und erklärte, es sei unmöglich. Inzwischen waren andere Beamte erschienen, unter ihnen der eigentliche »gardien-chef«, ein geborner Pariser, an dem nichts auszusetzen war, als daß er für seine Stellung zu sanft und zu gebildet sprach. Auch das kann zu einem Fehler werden. Man denke sich einen Scharfrichter, der seinem Opfer zuflüstert: »Das Leben ist der Güter höchstes nicht«. Wie immer dem sei, die wohlakzentuierte Rede meines neuen »Prinzipal« hatte wenigstens das Gute, daß Platz für mich geschafft und eine Art »Fremdenstube« zu meiner Aufnahme hergerichtet wurde. In diese trat ich jetzt ein. Im ersten Augenblick erschrak ich, denn sie war nichts als eine vergrößerte Alte-Wäschkiste, auf die ganz und gar die Beschreibung paßte, die Falstaff in den »Merry wives of Windsor« von einem solchen Wirtschaftsstücke entwirft. Eine unglaubliche Lokalität! Bettlaken, Strümpfe, Chemisen aller Arten und Grade lagen in den Ecken aufgeschichtet, dazwischen halberbrochene Bücherkisten, Koffer von Seehundsfell, die längst die letzte Borste eingebüßt; an den Riegeln aber hingen rote Militärhosen (letzte Garnitur), verstaubte Uniformstücke, ein verrosteter Degen und Spinnweben in langen Fahnen. Besonders bedrohlich erschien mir ein großer aufgeplatzter Sack mit Kalbshaar, der mitten im Zimmer lag und eine Art Gebirgsstock für alles übrige bildete. Einen ähnlich ängstlichen Eindruck machte das Bett, aber der gardien-chef, der selbst empfinden mochte, wie wenig das alles zu den Ansprüchen eines officier supérieur stimmte, half aus eigenen Mitteln nach und erschien mit einem braunkarierten Plumeau, mir dadurch für meinen Lyoneser Aufenthalt einen Komfort und einen Luxus schaffend, den ich während all der Wochen meiner Gefangenschaft, weder vorher noch nachher, gehabt habe. Enfin – ich kauerte mich in meinem Bett zurecht, zog meinen Körper gerade ausreichend zusammen, um unter dem etwas knapp bemessenen Federkissen Platz zu finden, und schlief ein, während die Spinnweben leise über mir wehten.

2. LYON

Hört ihr's wimmern hoch vom Turm?
Das ist Sturm!

*

Nicht daß man in schweigende Nacht
mich warf,
Macht mir das Herz so schwer,
Als daß ich dich nicht hören darf,
Mein tief aufdonnerndes Meer.
Strachwitz

In aller Frühe war ich wach, machte meine Toilette und sah alsbald eine junge Frau, die Besitzerin eines nahegelegenen Cafés, erscheinen, die nach meinen Befehlen fragte. Ich bestellte möglichst viel, da ich nachgerade einzusehen begann, daß der officier supérieur sein Patent weniger aus dem Portefeuille als aus dem Portemonnaie zu beweisen habe und daß überall rätselvoll-geheime Beziehungen zwischen den Gefängnisautoritäten und den nahegelegenen Restaurants beständen. Wer *diese* für sich hatte, hatte sich alsbald auch die Geneigtheit jener erworben; mit Liberalität gelangte man fast bis an die Grenzen der Libertät.

Die Freundlichkeit der jungen Frau, die all die Tage über fast immer selbst kam und an der fremdländischen Unterhaltungsweise ersichtlich ein Gefallen fand, tat mir wohl und war jederzeit wie ein Lichtschein, der in den grauen Dämmer meines Gefängnisses fiel. Ich sog mir noch einen *besondern* Trost daraus, da ich offen bekennen will, die Tage meines Aufenthalts in Lyon unter einem beständigen Herzschlagen zugebracht zu haben. Ich war durch lange Unterhaltungen, die ich in Besançon geführt, noch mehr durch die Lyoner Journale, die ich während der letzten Tage auf der Zitadelle regelmäßig zu lesen pflegte, über die Stimmung der Rhonehauptstadt vollkommen aufgeklärt und hatte mit allem Fug und Recht das bange Gefühl, mich auf einem Krater zu befinden. In Besançon hatten die Obrigkeiten geherrscht, hier herrschte bereits die Masse oder stand doch jeden Augenblick auf dem Punkt, die Herrschaft an sich zu reißen. Vor drei Tagen war das Redaktionslokal des »Salut public«, vor fünf Tagen die Wohnung des für imperialistisch geltenden Divisionsgenerals vom Volke gestürmt worden; ich konnte, angesichts dieser Tatsachen, die Frage nicht los werden: »Was nun, wenn diese Septembriseurs in die Gefängnisse einbrechen und furchtbar Musterung halten?« Hinterher ist über solche Anwandlungen von Furcht gut lachen, im Momente selbst aber war die Situation alles andere eher als lächerlich.

Es geschah überdies allerhand, das nicht gerade angetan war, das fehlende Gefühl der Sicherheit mir wieder zu geben. Verschiedene Leute aus der Stadt, vielleicht Freunde des Gefängnisvorstandes, kamen, um mit mir zu politisieren; sie waren alle artig, fast verbindlich in ihren Formen, aber ersichtlich aufgeregt und zerstreut.

Endlich sollt' ich erfahren, was die Ursache war: *»Bazaine hatte kapituliert«*; die Nachricht drang bis in meine vergitterte Zelle. Einige Stunden später ward es mir gegenüber wieder bestritten, aber nur, weil man es bestreiten wollte. Ich war übrigens fast ebenso aufgeregt wie die Franzosen, die kamen und gingen.

Die letzten Besucher hatten mich eben verlassen, und ich suchte es mir in einer Art Gartenstuhl, während ich die Füße auf den aufgeplatzten Sack mit Kalbshaar stellte, möglichst bequem zu machen, als draußen, von den Türmen der unmittelbar anstoßenden Kathedrale hernieder, ein Läuten begann, wie ich es all mein Lebtag nicht gehört habe, vielleicht auch nicht wieder hören werde. Eine tiefgestimmte Riesenglocke gab alle zehn Sekunden einen Schlag, eine zweite Glocke, in regelmäßigen Schwingungen, rollte klangvoll und gewaltig dazwischen; hinein aber in dies großartig ernste und zugleich melodische Konzert klang das disharmonische Geschrei und Geächz kleiner und allerkleinster Glocken, wie wenn in Posaunentöne hinein ein halbes Dutzend Pickelflöten kreischt. Es war tiefe Klage, lauter Hilferuf, leises Gewimmer; eine unbeschreibliche Angst bemächtigte sich meiner, hörbar schlug mir das Herz. Was war es? War ein Feuer ausgebrochen? Nein! Kein Lichtschein rötete den Himmel, keine Wagen und Spritzen rasselten über das Pflaster hin; nur ein lautes Geschrei von Menschenstimmen kam die Straße herauf, immer näher. Ich war ganz sicher, daß sich ein Volksaufstand vorbereitete, daß »la terreur« heranziehe und seine Herrschaft proklamiere. Was war zu tun? Ich sah stumm vor mich hin und wartete ab. So ging es eine Viertelstunde, dann war alles wie abgeschnitten; die Glocken schwiegen, das Gekreisch draußen war vorübergezogen, alles still.

In Fieberhast lief ich alle Möglichkeiten durch; endlich hatt' ich es: der andere Tag (2. November) war *Totentag*. Dies Glockenwehklagen hatte den Tag aller Seelen eingeläutet.

Der Allerseelentag verlief ruhig, weniger Geräusch als sonst war äußerlich wahrnehmbar; nur im Gefängnis selber belebte sich's über den Alltagsverkehr hinaus. Das machte, sieben norddeutsche Schiffskapitäne waren von Marseille her als Gefangene eingetroffen und warteten in einem kleinen Bureauzimmer auf den Bescheid des Lyoner Divisionsgenerals, der über ihren weiteren Verbleib entscheiden sollte. Man schwankte zwischen Tours, Clermont und Moulins. Es war um die Mittagsstunde, als ich, durch freundliche Vermittlung des gardien-chef, Gelegenheit fand, meinen Landsleuten mich vorzustellen. Wir verplauderten eine angenehme halbe Stunde, gegenseitig unsere Herzen ausschüttend. Es waren sämtlich Pommern und

Mecklenburger, der Mehrzahl nach große, breitschultrige Leute, aber alle von jenem sentimentalen Zug, dem man bei starken Naturen, namentlich auch bei Seeleuten, so oft begegnet. Sie hatten alle etwas Trauriges, Verschleiertes im Auge, und nur die Wahrnehmung beruhigte mich (sie waren eben beim zweiten Frühstück), daß ihr frischer, meerentstiegener Appetit unter dieser Stimmung keinen Augenblick gelitten habe. Mehrere Limburger Käse, die sie in flachen runden Schachteln, genau so wie man Feigen verschickt, mit sich führten, verschwanden im Umsehn. Einer, ein Kleiner, mit geniertem Blick, nahm an der allgemeinen Sentimentalität nicht teil; er war offenbar der Klügste und hatte sich, auf mir unerklärliche Weise, sogar mit *neuen* deutschen Zeitungen auszurüsten gewußt. Vielleicht ein kühner Griff in ein Marseiller Lesekabinett! Als die Reihe des Erzählens an mich kam und mein herkömmliches Sprüchel: »Toul, Jungfrau von Orleans, Vaucouleurs und Domremy« diesmal in deutscher Sprache von mir aufgesagt worden war, fragte der Kleine nach meinem Namen. Ich nannte ihn. Er lächelte listig-vertraulich und überreichte mir gleich darauf eine neueste, höchstens fünf oder sechs Tage alte Nummer der »Hamburger Börsenhalle«, worin ich in einer Berliner Korrespondenz die Geschichte meiner Verhaftung las. Ich kann wohl sagen, daß das einen sonderbaren Eindruck auf mich machte.

Wir politisierten auch ein wenig. Das Hauptgespräch drehte sich natürlich um die Kapitulation von Metz. Ich sagte ihnen, ›die Sache würde neuerdings wieder bestritten‹, worauf der Kleine mir zuflüsterte: »Wir wissen nur zu gut, daß es wahr ist; wir haben es, sozusagen, an uns selber erfahren. Die Nachricht war noch keine zwei Stunden in Marseille bekannt, als wir von Oran her landeten und durch die Stadt mußten. An diesen Marsch will ich denken. Die Aufregung war furchtbar; das Hafenvolk drohte uns, drängte sich an uns, warf mit Steinen, neben uns her aber, in dichten Kolonnen, zogen die Mobil- und Nationalgarden und trugen große schwarze Fahnen, zum Zeichen der Trauer. Wir waren froh, als wir unter Dach und Fach waren.«

Einer der Kapitäne, ein großer, schöner Mann, mit einem langen schwarzen Sappeurbarte, war nicht nur verheiratet, sondern hatte auch seine kleine blonde Frau, eine Rostockerin, mit auf die Fahrt genommen; eine »Hochzeitsreise nach Konstantinopel« in glücklicher Mischung des Nützlichen mit dem Angenehmen. Die Frau regierte natürlich, und zwar nicht nur *ihren* Mann, sondern auch die sechs andern, was bei der besondern Stellung, die sie einnahm, keinen Augenblick zu verwundern war. Sie sprach ein leidliches Französisch, machte deshalb den Interpreten und focht für die *Gesamtheit* alle Kämpfe siegreich durch. Ihr Ehegespons war ihr eigentlich nur »beigegeben«. Dies hatte seine gute Seite, aber doch auch seine schlimme. Überall, wo die sieben Kapitäne eintrafen, wurden sechs ins Militärgefängnis abgeführt; der siebente aber, der junge Gemahl, folgte seiner Frau in das beste Hotel der Stadt und bezog Zimmer mit ihr. Er war ihr Adlatus. Dies, um es zu wiederholen, hatte unzweifelhaft sein Angenehmes, aber ebensowenig ließ sich verkennen, daß der so Bevorzugte seiner Königin gegenüber einer gewissen hofstaatlichen Abhängigkeit bereits völlig verfallen war. Er wußte es übrigens selbst und trug es mit ritterlichem Anstand.

Wir trennten uns, nachdem wir einen gemeinschaftlichen Café noir eingenommen hatten, der in richtiger Rollenverteilung meinerseits aus Kaffee und Kognak, seitens der Kapitäne aus Kognak und Kaffee hergerichtet worden war.

Unter allen Gefangenen, mit denen ich durch Monate hin in Berührung gekommen bin, waren die Schiffskapitäne (diese wie andere, denen ich später begegnete) immer die behäbigsten, die am besten situierten, und dennoch flößten sie mir stets eine ganz besondere Teilnahme ein. Dies mochte darin seinen Grund haben, daß jeden einzelnen sein Schicksal völlig unvorbereitet, wie ein Blitz aus heiterem Himmel, getroffen hatte. Selbst *ich,* bei aller Friedfertigkeit meines Berufs, war doch immerhin mit dem Bewußtsein in Frankreich eingerückt, daß eben Krieg sei und daß ich die Chancen und Gefahren des Krieges bis zu einem gewissen Grade zu teilen haben werde. Anders diese Kapitäne. Sie hatten in tiefem Frieden ihren heimatlichen Hafen verlassen, in tiefem Frieden Gibraltar und die Dardanellen passiert und sahen sich, ohne die geringste Kenntnis von dem, was sich inzwischen in der Welt zugetragen hatte, plötzlich unter Breitseiten genommen und fortgeführt. Man kann sagen, sie waren noch eher Kriegs*gefangene,* als sie vom Kriege selber wußten.

Noch am Abend des Allerseelentages teilte mir mein gardien-chef mit, daß ich am andern Morgen weiter eskortiert werden würde, wahrscheinlich nach Moulins. Er lud mich zugleich ein, ihn auf eine halbe Stunde in seiner Wohnung zu besuchen. Ich folgte der Einladung und erfuhr die Auszeichnung, daß mir zu Ehren eine große papperne Kathedrale, die von einem Zellengefangenen angefertigt worden war, durch ein kleines Wachslicht erleuchtet wurde. Ich bewunderte alles, verbreitete mich ausführlicher über Architekturformen, Wachslichte und Isolierhaft und nahm dann Abschied von meinem freundlichen Wirt und Chef.

Ich kroch zum letzten Male unter das Plumeau und schlief wie in meinen besten Tagen.

3. MOULINS

> Was ist das?! Deutlich (nur getrübt
> Vom Dunst der hin und wieder schiebt)
> Ein Tisch, ein Licht, in Turmes Mitten,
> Und nun, nun kömmt es hergeschritten,
> Ganz wie ein Schatten an der Wand,
> Es hebt den Arm, es regt die Hand, –
> Nun ist es an den Tisch geglitten.
>
> *Annette Droste-Hülshoff*

Sieben Uhr am andern Morgen nach Moulins. Die Stadt (Lyon) war noch ziemlich still; auf dem großen Platze, an dessen einer Seite unsere Straße mündete, sah ich jetzt das Reiterbild des ersten Kaisers im Morgenlichte aufragen; an der Stelle aber, wo ich bei meiner Ankunft tausend im Wasser sich spiegelnde Lichter gesehen zu haben glaubte, exerzierte jetzt eine ganze Brigade Mobilgarde in breiten Zugfronten; was mir bei Dunkel und niederfallendem Regen als das Bett der Rhone erschienen war, war eine breite, mit Bäumen und Obelisken besetzte Esplanade. Man achtete unserer wenig; einige Hälse drehten und reckten sich nach uns, ein paar Minuten später hatten wir unsere Plätze im Kupee eingenommen.

Das Land war ziemlich reizlos auf vielen Meilen hin. Ich begann schon die Ursache davon in mir selber zu suchen und einfach anzunehmen, daß das Auge des Gefangenen tot sei für die Schönheiten der Natur, als ich plötzlich, etwa an der Grenze des Departements Allier, gewahr wurde, daß es doch an der Landschaft und nicht an mir selber gelegen haben müsse. Wir traten mehr und mehr in ein entzückendes Stück Natur ein, das ich vielleicht am besten als das »Land um Vichy« bezeichne, denn an diesem berühmten Brunnen- und Badeort kamen wir auf Entfernung von wenigen Stunden vorüber.

Ich muß die Szenerie dieses Departements Allier, die mir ganz eigentümlich zu sein schien, näher zu beschreiben suchen. Alle Landschaft, die ich bis dahin in Frankreich gesehen hatte, in Lothringen, Champagne, Franche Comté, war durch wenige Linien wiederzugeben: weite Höhenzüge und weite Täler dazwischen. Eine Landschaft derart entbehrt nicht eines gewissen großen Stils, aber immer wiederkehrend, immer in derselben Weise mit Wein oder Laubholz besetzt, wirkt sie zuletzt monoton und gibt sich – weil alles große Flächen bietet, selbst die Berghänge – um vieles öder, trister, als sie in Wahrheit ist. Hier plötzlich nun traten wir in ein Gebiet ein, das sich vorgesetzt zu haben schien, diese bisherigen Eindrücke alle auf einen Schlag zu balancieren. Die Hügel schoben und *drängten* sich so *dicht* aneinander, als wären sie aus einer Riesenspielzeugschachtel genommen, während sie in Zahl und Form mich beständig an die endlosen Kuppen und Kegel des *historischen Dreiecks* zwischen Main und Tauber erinnerten. Aber diese *Gedrängtheit* der Landschaft war doch nur *eine* Seite derselben; schöner und charakteristischer noch berührte mich der tiefe, flußdurchschlängelte Wiesengrund, der sich um jeden Hügel sorglich herumlegte und diesen, wie mit Bewußtsein, zu einer kleinen Berginsel gestaltete. Dazu hatte alles einen satten, *braungrünen* Ton, der mich mehr als einmal an Ruysdael erinnerte, von dem ich noch vier Wochen vorher einiges Treffliche in Nancy gesehen hatte.

Bei St. Germain des Fosses war ein längerer Aufenthalt; wahrscheinlich die Station, von wo aus in ruhigen Zeiten die Diligencen und Journalieren nach Vichy hinüberfahren; riesige halbabgerissene Affichen deuteten darauf hin. Eine Stunde später fuhren wir in den Bahnhof des bischöflichen Moulins ein.

Ein Bischofssitz! Das war eins. Vor allem aber heimelte der Name mich an; was konnte reizender klingen als *Mou-*

lins. Ich stellte es mir vor als von Wind- und Wassermühlen umgeben, die einen still und lauschig, die andern rasch und plauderhaft, und dazwischen eine Bevölkerung von Klosterschülern und Mühlknappen, die einen schwarz, die andern weiß, aber alle gleichmäßig heiter, ihr Leben teilend zwischen Singen und Angeln. Nie war eine Vorstellung falscher gewesen.

Schon auf dem Bahnhofe (es war 4 Uhr nachmittags) wurden wir umringt. Der Weg führte durch eine Vorstadt, die zu gutem Teile aus dem Stadtpark und ähnlichen Anlagen bestand; hier, auf zahllosen Bänken, war die Kindermuhme und ihr Anhang zu Hause. Hier tobte der Gamin statt des erwarteten stillen Klosterschülers, und ehe fünf Minuten um waren, hatten wir ein Gefolge, das nach Hunderten zählte. Allerhand Blaukittel gesellten sich hinzu, drohende Worte aussprechend, und während wir sonst daran gewöhnt waren, unsere Gendarmen das neugierig andrängende Volk beiseite schieben zu sehen, zeigten sie hier eine unverkennbare Verlegenheit und ließen den tobenden Menschenhaufen gewähren. So ging es in die Stadt hinein, ein paar steile Gassen hinan, dann hatten wir die Straßenfront des Gefängnisses, ein Stück Mauer mit einem eingebauten Conciergenhaus, erreicht. Unter Gezische und den üblichen Schmeichelworten verschwanden wir in dem niedrigen Portal.

Hier war kaum Aufenthalt. Wir traten alsbald auf einen Hof hinaus, der von verschiedenen Baulichkeiten, kreuz und quer und hoch und niedrig, umstellt war, und warteten unseres Loses. Der Gendarmeriewachtmeister, dem ich meine mehrerwähnte »Bestallung« schon vorher überreicht hatte, machte inzwischen vor dem Bureaupersonal meinen Anwalt; einer der Herren zuckte verlegen die Achseln, kam mir aber bis zur Schwelle entgegen und bat mich einzutreten. Ich folgte. Es zog auf dem Hofe empfindlich; nichtsdestoweniger wär' ich lieber draußen geblieben, so stickig war die Luft des kleinen Zimmers, in dessen einer Ecke ich Platz nahm. Ein eiserner Ofen, gegen dessen ganzes Geschlecht ich eine Todfeindschaft unterhalte, stand glühend in der Mitte, und das Kohlengas legte sich wie betäubend um meine Sinne. Ich wurde aber mit Gewalt aus diesem Zustand gerissen; ein elegant gekleideter Herr, stark, kurzhalsig, das Bild des Apoplektikus, erschien in der Tür und trat auf mich zu. Er musterte mich; das Kinn saß ihm in einem türkisch geblümten Schal, das bekannte rote Band blühte im Knopfloch; so entspann sich folgende knappe Unterhaltung:

»Vous êtes arrêté«?

»Oui.«

»Où donc?«

»A Domremy.«

»Comme espion?«

»Oui.«

»Que vous êtes?!«

Ich hatte nicht Geistesgegenwart genug, einfach zu schweigen, sondern lehnte diese Bezeichnung kurz ab. Dies war offenbar ein Fehler. Indessen man ist klüger, wenn man vom Rathause kommt. Die Unterredung selbst habe ich hierher gesetzt, weil sie die *einzige* Insolenz ist, der ich während der ganzen Zeit meiner Gefangenschaft ausgesetzt gewesen bin. Ich hatte viel zu ertragen, auf noch mehr zu verzichten, aber nach *dieser* Seite hin wurde ich geschont.

Inzwischen hatten die Beamten, denen mein Patent wieder viel Sorge gemacht hatte, über mich »befunden« und waren schlüssig geworden, daß ich, in meiner Eigenschaft als »officier supérieur«, in der Infirmerie des Hauses untergebracht werden solle. Man entschuldigte sich einigermaßen, daß man nichts Besseres habe; das ganze Gefängnis sei ein alter Donjon der Grafen von Bourbon; sehr mittelalterlich, eine Art »Bastille«. »Tout-à-fait dans le style avant 1793«, setzte der eine lächelnd hinzu.

Wir stiegen nun eine Art Wendeltreppe hinauf, wie sie alle alten Türme haben, gerieten auf einen holprigen Steinflur, der von der Seite her durch ein kleines rundes Türfenster ein spärliches Licht erhielt, und tappten nun auf eben diese Lichtstelle zu. Es war die »Infirmerie«. Der Schließer schob einen Riegel zurück, und wir traten ein. Ich konnte im ersten Augenblick, bei dem Dunkel, das auch *hier* noch vorherrschte, nur wahrnehmen, daß wir uns in einem ungewöhnlich großen Raum befanden; ob Saal, Halle oder Kornboden, war zunächst nicht zu unterscheiden. Schreck und Heiterkeit wechselten in meiner Stimmung; alles war gespenstisch und lächerlich zugleich. T. A. Hoffmann hätte hier eine glückliche Stunde feiern können. Auch in mir überwog bald ein gewisses poetisches Interesse jede andere Regung. Der Schließer führte mich an einen Bettstand, der für mich hergerichtet worden war, legte mein Gepäck zu Füßen und wünschte mir gute Nacht.

Ich setzte mich neben mein Bündel auf die Eisenkante des Bettes, um zunächst einige Orientierung zu gewinnen. Dies dauerte auch nicht lange. Es war eine mächtige, quadratische Halle, in der ich mich befand, mit tiefen Fensternischen und zahlreichen Bettständen, alle mit dem Kopfende der Wand zu. Mitten durch den Raum, nach Art einer Brücke, war ein großer Bogen gespannt, der ein zweites Stock trug. Unter diesem Bogen, genau im Zentrum des Ganzen, stand ein flacher Kochofen, aus dessen drei Löchern ein Lichtschein aufstieg, derselbe, der uns, als wir noch draußen umhertappten, den Weg hierher gezeigt hatte. Jetzt sah ich, bei eben diesem Schimmer, daß drei vermummte Gestalten um den Ofen her saßen. Mitunter, wenn einer der drei mit einem Schüreisen in die Glut fuhr, wurd' es auf einen Moment etwas heller, und ich konnte dann erkennen, daß es blutjunge Leute waren, die hier fröstelnd und zusammengekauert sich an der spärlichen Glut zu wärmen suchten. Ich trat jetzt an sie heran. Einer erhob sich, um mir seinen Stuhl anzubieten, was ich auch annahm. Ich versuchte nun eine Konversation; die Antworten blieben aber einsilbig, bis aus einer Ecke am Fenster her endlich meine Unterhaltungsversuche aufgenommen und ich verbindlich eingeladen wurde, »doch mehr ins Licht zu rücken«.

Dies hätt' ich nun wohl gleich bei meinem Eintreten getan, wenn die Ecke am Fenster damals schon eine Lichtecke gewesen wäre; sie war es aber erst während der letzten Minute geworden, wo, nach mehreren gescheiterten Versuchen, eine Art Küchenlampe glücklich in Brand gesetzt worden war. Ich dankte jetzt dem Sprecher zunächst und rückte dann in den Lichtkreis ein, der einen Durchmesser von vier Schritt haben mochte; alles andere lag nach wie vor in Dämmer.

Ich befand mich nunmehr in dem Westend der Infirmerie, in dem »aristokratischen Viertel«, das, wie ich bald erfahren sollte, ausschließlich aus den beiden »cuisiniers« des Gefängnisses bestand. Im ersten Augenblicke wußte ich nicht, ob sie Hausbeamte oder Mitgefangene wären; doch ließen ihre eigenen Mitteilungen mich nicht lange in Zweifel darüber. Mein-und-dein-Fragen, falsche Wechsel, unmotivierte Schwüre, so schien es mir, hatten sie hierher geführt. Es war ein Junger und ein Alter. Der *Junge* war Koch von Fach, hatte in Homburg, Aachen, Baden-Baden die große Schule durchgemacht und peinigte mich durch lange Schilderungen des Koch- und Badelebens, die er mit Fistelstimme und einer unheimlich geschraubten Begeisterung vortrug. Gemütlicher war der *Alte*. Er war über sechzig, trug eine Brille mit ungewöhnlich großen Gläsern und war seines Zeichens ein lateinischer Sprachlehrer aus Moulins. Seit Jahr und Tag kochte er nun als Auxiliar-cuisinier die Gefangenensuppe und behandelte den Wechsel der Dinge en philosophe. Dabei republikanisierte er scharf. Ich mußte immer an »Vater Karbe« denken. Den Verdacht, daß er eigentlich ein verkleidetes altes Weib sei, was das Gespenstische steigerte, bin ich übrigens nie ganz los geworden. Doch mag das auf sich beruhn.

Dieser Alte dirigierte nun die Infirmerie. Er hatte Streichhölzer, Salz, zwei Handtücher und ähnliche Luxusartikel; sein eigentliches Ansehn beruhte aber doch auf seiner »Bibliothek« und vor allem auf jener Küchenlampe, die ich ihn eben hatte anzünden sehen. Diese Lampe wurde denn auch von ihm selber wie von allen Mitgefangenen gehegt und gepflegt; alles putzte an ihr herum, um sie hübsch blank zu erhalten, und rührend war es geradezu, mit welcher Liebe und Zartheit ihr defekter Zylinder behandelt wurde. Anderthalb Stunden lang, wie ich mich am andern Tage überzeugen konnte, drehte sich alles um *ihn*. Der Zylinder (ein sogenannter Bauchzylinder) hatte nämlich, außer den ihm rechtmäßig zustehenden zwei Löchern oben und unten, noch zwei Seitenlöcher gerade an der Bauchstelle, und diese Havarie immer wieder auszubessern war die Aufgabe aller Insassen der Infirmerie, besonders der beiden Cuisiniers. Es wurden zwei Stückchen Papier geschnitten von der Größe einer Kartoffelscheibe und am Rande hin mit angefeuchteten Oblatenschnitzeln besetzt. Dies kunstvoll hergerichtete Pflaster wurde dann auf die große Wunde gelegt, der gestörte Luftzug war nun wieder hergestellt, und alles drängte sich an den Tisch, um das abermals gelungene Werk zu begrüßen. So war es am zweiten Tag.

Auch gleich der erste Abend, trotzdem alles schon geschehen war, ließ mich noch Einblick gewinnen in eine »Reparatur«. Der Alte, der (schon von Metier wegen) an Klassizität meinem penseur libre in Besançon wenig nachstand, unterhielt mich eingängig noch eine halbe Stunde; dann ging ich zu Bett. Am Fenster brannte das Lämpchen und hatte seinen Lichtkreis. In diesem Lichtkreis saß der lateinische Lehrer und Auxiliarkoch und las in Rabou's »La grande Armée«. Weißhaarig, die große Brille auf der großen Nase, sah er aus wie eine Eule. In dem weiten Rest des Zimmers herrschte Dämmerung. Das Feuer in dem Kochofen wurde immer kleiner; wenn einer der drei Umsitzenden aufstand und auf und ab schritt, tanzten riesige Schatten an Wand und Decke hin. Es war wie die Laterna magica in Kindertagen. Das Getrappel über uns, wo Gefangene auf und ab liefen, um sich zu erwärmen, hörte endlich auf; alles wurde still. Nur die Zylinderlampe brannte dankbar die Nacht hindurch.

Als ich aufstand, waren die Cuisiniers nicht mehr zugegen; der Küchendienst hatte sie bereits abgerufen. Statt ihrer machten sich jetzt die Drei, die am Abend vorher beim Kochofen so tapfer ausgehalten hatten, im Zimmer zu schaffen, wuschen, fegten, lüfteten und beeilten sich, mir meine Wünsche zu erfüllen, mein Leben erträglich zu machen. Ich ließ Wein und Kognak kommen und half dadurch ihrem Eifer nach. Sie versicherten sämtlich, daß ihre Krankheit (wir waren ja in einer »Infirmerie«) darunter nicht leiden würde. Der eine, ein Luxemburger, hatte die Gelbsucht. Ich lasse dahingestellt sein, ob der Hausarzt später die Zustände gerade *dieses* Patienten verbessert gefunden hat.

Um 10 Uhr war ich so weit, mich, ein Buch in der Hand, in eine der großen Fensternischen setzen zu können. Diese Nischen hatten über sieben Fuß Tiefe. Zu Füßen des alten Donjon lag Moulins, jetzt so schön und lachend, wie ich es mir vordem gedacht hatte. Um die goldenen Spitzen seiner Kathedrale spielte das Frühlicht, und durch den Schimmer hin flogen die Tauben.

Ich begann zu blättern. Es war das Buch, das der Alte bis spät in die Nacht hinein emsig studiert hatte: »La grande

Armée«. Ich las fünfzig Seiten: das Lager bei Boulogne, die Kapitulation von Ulm, Austerlitz, zuletzt Jena, – nach diesem hatte ich genug; ich war verstimmt. Und ich glaube mit Grund. »Solche Bücher«, sagt' ich mir, »schreibst du selbst. Sind sie *ebenso,* so taugen sie nichts. Die bloße Verherrlichung des Militärischen, ohne sittlichen Inhalt und großen Zweck, ist widerlich.« Damit klappte ich das Buch zu und sah wieder auf die Kathedrale hinüber.

Dann machte ich meinen Spaziergang von Tür zu Fenster und von Fenster zu Tür, bis um Mittag die ersehnte Nachricht kam, »morgen früh weiter ins Land hinein«.

Wohin, wußte niemand.

4. GUERET

> Der König, der nie stirbt, soll aus der Welt
> Verschwinden? der dem Schwachen beisteht,
> Der den Neid nicht kennet, denn er ist der Größte!
>
> *Jungfrau von Orleans*

Nach meiner Berechnung mußte die Weiterreise auf *Tours* gehen, also nach dem Sitz der »provisorischen Regierung«. Ich wünschte dies und hatte bereits eine Anrede an den Minister Cremieux fertig, der dann, dacht' ich, seinem Kollegen Gambetta ein paar Worte zuflüstern und, nach zustimmendem Kopfnicken dieses letztern, meine Freilassung anordnen würde. All dies scheiterte aber vorweg an *einer* unerbittlichen Tatsache: es ging *nicht* auf Tours. Die nächste Etappe hieß *Gueret.*

Die Fahrt dorthin war insoweit eine höchst angenehme, als das Landschaftsbild, das ich zum Beginn des vorigen Kapitels zu beschreiben versucht habe, sich fortsetzte. Dicht ineinander geschobene Berg- und Hügelpartien, schmale

Wiesengründe, Wasserläufe, dazwischen Tunnel, Brücken, Viadukte, die Kuppen und Abhänge mit Kastanien, Nußbaum und den verschiedensten Obstarten, aber *nicht* mit Weingeländen besetzt, – so ging es durch diese schönen, aber verhältnismäßig wenig fruchtbaren Landschaften hin, die den Namen des Departements »La Creuze« führen.

Am Mittag schon, bald nach 1 Uhr, trafen wir in Gueret ein. »Ein freundliches Städtchen«, hatten uns die Gendarmen gesagt, die ihrer Sache selbst so sicher waren, daß sie die Karabiner, die mir immer mehr fürs Volk als für uns da zu sein schienen, auf dem Bahnhof ließen, also uns nahezu unbewaffnet in die Stadt begleiteten. Diese steckte reizend in den Bergen; hier und dort wuchs ein Turm, eine Esse über die Pappeln hinaus, und graue Rauchwolken lagen wie schwebend, fast unbeweglich, in der stillen, regenschweren Luft. Wir passierten eine Plantage, einzelne Gehöfte, niemand zeigte sich; mit dem Eintreten in die Stadt aber gestaltete sich das Bild wie immer. Hunderte von Jungen, die in dem scheinbar menschenleeren Ort wie Pilze aus der Erde wuchsen, umdrängten uns im Nu; alte Weiber, von denen jedes einzelne in eine beliebige Macbethaufführung ohne die geringste Kostümveränderung hätte eintreten können, erschienen in allen Türen, und unter dem Geschrei: Bismaarck, Bismaarck (immer mit langgezogenem a) verschwanden wir endlich im Gefängnistore. Ich muß übrigens hinzufügen, daß das Ganze doch mehr den Charakter einer Volksbelustigung hatte. Gueret bezeichnete in dieser Beziehung die Grenze. Von da ab wurde es immer besser, bis zuletzt, auf dem Küstenstriche des Westens, jeder Beisatz von Verbissenheit aufhörte.

Das »Bureau« des Gefängnisses bestand aus drei Personen, aus dem Schließer, dem gardien-chef und der Frau dieses letzteren, einer großen braunäugigen Person von etwa sechsunddreißig, die nach der Art, wie sie uns musterte, eine Vergangenheit haben mußte. Selbst mit einer Lücke neben dem einen Augenzahn wußte sie geschickt zu kokettieren; sie gehörte eben zu denen, denen *alles* dienen muß, die oberen und die unteren Mächte. Ihr Beistand schien mir gewichtig. Ich machte einen Versuch, mich ihrer zu versichern, doch hatte sie Verstand und Erfahrung genug, um einen jungen Badenser mit Vollbart und roten Backen vorzuziehen.

Inzwischen war mein vielzitiertes Beglaubigungspapier (»comme officier supérieur«) wieder vorgezeigt worden und schuf hier eine völlige Verwirrung. Man wußte offenbar nicht, was man daraus machen sollte. Die ganze Szene erinnerte mich lebhaft an die Vorgänge, die sich in kleinen Badeörtern mit Filialapotheken regelmäßig zu wiederholen pflegen, wenn Lehrling, Gehilfe, Prinzipal das aus der großen Stadt kommende Rezept nicht entziffern, das neueste Modemittel nicht erraten können und nach langem Getuschel und Aufwand einiger Fremdwörter endlich erklären: ein solcher Arzneikörper existiere nicht. So schien auch der gardien-chef entschlossen, nicht geradezu die Existenz eines officier supérieur, aber doch die Verpflichtung seinerseits bestreiten zu wollen, in *seinem* Gefängnisse einen solchen unterzubringen. Man kam endlich überein, gar nichts zu tun und *mir* die Initiative zu überlassen.

Wir stiegen nunmehr die Treppe hinauf; ein großer viereckiger Raum wurde geöffnet, die Badenser traten ein, und man wartete ersichtlich, ob ich folgen würde. Ich folgte aber *nicht.* Dies machte einen Eindruck, und in rascher Ausnutzung des Moments bat ich jetzt um ein apartes Zimmer. Man weigerte sich auch nicht, blieb aber der Rolle treu, alles der historischen Entwicklung zu überlassen, und ließ mich zunächst, das Weitere abwartend, in eine nebenangelegene Zelle eintreten. Sie war absolut kahl. Ich sagte ruhig: »Ah, c'est bon; seulement la fourniture là, – elle n'est pas très complète.« Dieser Hohn wirkte; der gardien-chef lächelte verlegen, und ehe er sich noch besinnen konnte, schob ich ein: »Du feu me paraît indispensable; naturellement je le payerai.« Das war das erlösende Wort, und ohne Säumen wurde ich nunmehr in ein *drittes* Zimmer geführt, das als Schmuckkästchen der Gesamtlokalität zu gelten schien. Es war gewiß auch das beste, was man hatte, aber immer noch trist genug. Das Bett bestand aus einem Strohsack, der Kamin war ein großes schwarzes Loch, und das Geflecht des Binsenstuhls hing wie ein Strohwisch nach unten. Es wirkte beinahe unheimlicher als der Nachbarraum; dennoch hatte ich nachgerade Erfahrung genug, um gleich zu erkennen, daß hier die Elemente zur Entwicklung gegeben waren. Es kam nur auf die rechte Hand an. Ich stellte mich also vor den Schließer hin, versicherte ihm, daß ich einen starken Appetit hätte und ihn bitten müsse, mir ein Diner und eine Flasche vom besten Wein zu bestellen. Ich fügte einen Frank für seine vorläufige Bemühung hinzu. Ersichtlich betroffen, willigte er ein. In der Tür rief ich ihn zurück und flüsterte vertraulich: »Sie sorgen wohl für ein *Feuer* und ein gutes *Bett*.« Er versprach alles. Ich hatte meinen Zweck erreicht. Diner und Wein, die mir gleichgültig waren, fielen ihm schließlich als gute Prise zu, aber drei wollene Decken sah ich sich über die Matratze breiten, und im Kamin flackerten und prasselten alsbald die großen Scheite von Kastanienholz. Eine Stunde später war das Zimmer wie umgewandelt. Ich saß auf dem Stuhl, der sein Geflecht wiedergewonnen hatte, wiegte mich hin und her und blickte träumend in die immer ruhiger werdende Flamme. Liebe, freundliche Gesichter traten mir entgegen; ich sah deutlich die großen klugen Augen meines Lieblings; es war mir, als spräch' es lieb und traut in mein Ohr. So saß ich im Gefängnis zu Gueret, schwere Tage hinter mir, schwere Tage vor mir, und schrieb Verse in mein Notizbuch.

O trübe diese Tage nicht,
Sie sind der letzte Sonnenschein,
Wie lange, und es lischt das Licht,
Und unser Winter bricht herein.

Dies ist die Zeit, wo jeder Tag
Viel Tage gilt in seinem Wert,
Weil man's nicht mehr erhoffen mag,
Daß *so* die Stunde wiederkehrt.

Die Flut des Lebens ist dahin,
Es ebbt in seinem Stolz und Reiz,
Und sieh', es schleicht in unsern Sinn
Ein banger, nie gekannter Geiz;

Ein süßer Geiz, der Stunden zählt
Und jede prüft auf ihren Glanz;
O sorge, daß uns keine fehlt
Und gönn' uns jede Stunde *ganz*.

Der andere Morgen war hell und sonnig; aber ein scharfer Wind pfiff. Ich mußte trotzdem in den Hof hinunter, um meine Morgentoilette zu machen. Es war also immer noch dafür gesorgt, daß die Bäume nicht in den Himmel wuchsen. An einem steinernen Brunnentrog badete ich den Oberkörper; eine »Brosse à dents« und ein geschliffenes Flacon mit Esprit de Menthe (Souvenirs von Langres her), die ich beide auf den breiten Rand des Steintrogs legte, nahmen sich in dieser Umgebung ziemlich wunderlich aus.

Etwa um 10 Uhr erhielt ich Besuch, der dann fast bis zum Moment meiner Weiterreise keinen Augenblick abriß. Der erste, der erschien, war ein Arzt, ein Mann von etwa sechzig, klugen Auges, mit Doktorhut und Doktorstock. Er habe gehört, so führte er sich ein, daß ich aus Berlin sei; »ob ich den berühmten Professor Wirscho kenne?« Ich stutzte einen Augenblick, fand mich aber schnell zurecht und erkannte, daß unser Virchow gemeint sei. Das gab nun ein Hin und Her. Er sprach lebhaft und voll Verbindlichkeit gegen die Deutschen, deren Wissenschaftlichkeit er auf allen Gebieten anerkannte. Auch in der Medizin. Nach so viel empfangenem Lob glaubte ich schließlich, auch ein übriges tun zu müssen und bemerkte, ›daß die Pariser Schule wohl ebenbürtig sei‹. Dies machte indessen gar keinen Eindruck auf ihn, und nur zum Zeichen, daß er meine Worte wohl verstanden habe, begann er seinen nächsten Satz mit der leicht hingeworfenen Bemerkung: »Naturellement, l'école de Paris c'est la première du monde« und fuhr dann in seinen Auseinandersetzungen, namentlich in einer Parallele zwischen Virchow und anderen deutschen Physiologen fort. Es war spezifisch französisch. Ich bemerke noch, daß er sich lebhaft nach dem Dr. Jacoby in Königsberg erkundigte, der überhaupt, neben Bismarck und Moltke, die in ganz Frankreich am meisten besprochene Persönlichkeit war. Jeder kannte ihn und jeder knüpfte Hoffnungen an ihn. Der Ertrinkende greift nach einem Strohhalm.

Sehr bald nach dem Doktor erschien der *Vikar.* Ein großer, schöner Mann, blond, von den freundlichsten Augen und dem gefälligsten Wesen. Überhaupt war ich von hier ab in keinem Gefängnis mehr, in dem ich nicht den Besuch eines Geistlichen, oft von zweien, empfangen hätte. Dies ist eine sehr schöne Sitte. Freilich müssen die Geistlichen danach sein. Wenn sie kommen, um einem die Hölle heiß zu machen, oder auch nur, um einen Sermon zu halten, steif, langweilig, salbungsvoll, so sind sie unerträglich; wenn sie kommen, wie diese französischen Aumoniers, so kann kein Herz so roh, so verschlossen, so religionslos sein, daß es nicht Freude empfände an so menschlich schönem Zuspruch.

Dieser Vikar war nun von einer ganz besonderen Liebenswürdigkeit, fein, klug, unterrichtet. Schade, daß ich erst um eine Stunde später erfuhr, wer er eigentlich war; unsere Unterhaltung würde sonst einen noch freieren Verlauf genommen haben. Er lenkte nämlich bald ins Politische hinüber, verwarf das *Empire* in lebhaften Ausdrücken, ein Bild zwanzigjähriger Korruption vor mir entrollend, beleuchtete dann die *Republik,* die in Frankreich eigentlich ohne wahren Boden, vielmehr abwechselnd ein Schatten oder ein Schrecken sei, und versicherte mich dann einmal über das andere, daß alles Heil lediglich in Wiederanknüpfung an den abgerissenen Faden, lediglich in Legitimismus, in *Henri-Quint* zu finden sei; der Orleanismus werde dann *später* (durch die Verhältnisse legitim geworden) die große Erbschaft antreten. Wie mir das im Ohr klang! Nach dem wüsten Geschrei in Lyon und Moulins endlich wieder eine Menschenstimme! Ich fühlte mich wie mir selbst zurückgegeben und vergaß fast, daß ich in einem Gefängnis sei. Ich sage »fast«. Es wäre besser gewesen, ich hätt' es *ganz* vergessen; neue weitere Aufschlüsse würden der Lohn gewesen sein. Aber ich konnte das alles in jenem Augenblick nicht wissen! Neben dem lebhaftesten Interesse, mit dem ich folgte, lief doch immer wieder die Frage her: Wer ist es, der diese Sprache führt? Will man dich aushorchen? Sollen sich neue Verlegenheiten für dich bereiten! So blieb ich vorsichtig, abwägend, auf meiner Hut; ich bekämpfte sogar einzelne seiner Sätze, Auslassungen über Henri-Quint, die ich wenigstens *prinzipiell* ohne weiteres hätte unterschreiben müssen. Wie gesagt, ich hätt' es rückhaltlos wagen können. Der junge Vikar, der anderthalb Stunden lang die Grundsätze der Legitimität vor mir verfochten hatte, war ein Vicomte d'Ussel, ein jüngerer Sohn der gleichnamigen, im Departement la Creuze begüterten Grafenfamilie. Der Legitimismus der Familie war übrigens kein Geheimnis, ihr

Ansehen nur um so *größer*. Der Respekt, mit dem ich, noch am andern Tage, ein halbes Dutzend Personen darüber sprechen hörte, war sehr unrepublikanisch.

Dem Besuche des Vikars folgte der des Geistlichen selbst, eines Mannes von fünfzig, heiter wie jener (der Vicomte), aber von ersichtlich anderer politischer Richtung. Er kam vorwiegend, um mir mitzuteilen, daß er seit drei Monaten einen Berliner Gast auf seiner Pfarre beherberge: den Pater Rouard, Prior des Dominikanerklosters zu Moabit. Bei Ausbruch des Krieges habe derselbe Berlin verlassen, um nicht das von *Konfessions* wegen bereits Erlebte von *Nationalitäts* wegen noch einmal zu erleben. Wie gern hätte ich ihn gesehen! In solchen Momenten wiegt nicht das, was trennt, sondern nur das, was verbindet. Aber es war zu spät. Ehe sich eine Annäherung ermöglichte, waren wir bereits auf dem Wege nach Poitiers.

5. POITIERS – ROCHEFORT

> JETTER. Diese Kerle sind wie Maschinen. in denen ein Teufel sitzt.
> VANSEN. Sie sehen nicht aus, als wenn sie so bald Brüderschaft mit uns trinken würden.
>
> *Egmont*

Um 4 Uhr nach Poitiers. Wie schön der Name in meinem Ohre klang! Aber seitdem Moulins meine Erwartungen so arg getäuscht hatte, hatt' ich den Mut verloren, meiner alten Neigung zu leben und auf Namen und Namensklang zu bauen.

Wir hatten eine stärkere Begleitung als gewöhnlich. Die Folge war, daß *ein* Kupee (oder wie es in Frankreich heißt, ein »Compartiment«) für die Gesamtheit von Gefangenen und Gendarmen nicht ausreichte und eine Teilung vorgenommen werden mußte. Der »Brigadier« und ich sonderten uns aus und bezogen ein Nachbarkupee. Dies war zunächst sehr angenehm; man hatte freie Bewegung, konnte rechts und links in die Landschaft hineinblicken und rechts und links die Stationen mustern. Dazu kam ein direktes Angewiesensein auf einen Begleiter, der nach Sprache, Haltung, Benehmen eher ein »Brigadier« in *unserem* als in französischem Sinne war. Er hatte etwas Distinguiertes, war leicht, gefällig, unterrichtet, dabei ohne alle Renommisterei, weder persönliche noch nationale. Unter allen Gendarmen, die ich in Frankreich kennengelernt habe (wenigstens vierzig an der Zahl), war er unstreitig der Sanspareil; die ganze Klasse verdient es aber, daß ich ihr an dieser Stelle, wo ich ohnehin bald von ihr Abschied nehmen werde, eine warme Lobrede halte. Sie waren alle gut. Im ersten Moment in der Regel nüchtern, steif, selbst ein wenig schroff, kehrten sie nach zehn Minuten regelmäßig die gemütliche Seite heraus, waren mitteilsam, ertrugen Widerspruch, luden mich zu ihrem Frühstück ein (was ich auch in der Regel annahm) und erwiesen sich als absolut unbestechlich, selbst in Kleinigkeiten. Sie mieden, klugerweise, auch den Schein. So oft ich einen Versuch machte, mich am Büfett zu revanchieren, meine Anerbietungen wurden stets artig aber entschieden abgelehnt. Ich war *ihr* Gast, nicht sie die meinigen. Dazu ein wahres Elite-Korps, schöne Männer zwischen dreißig und vierzig, vielfach aus den Kürassier-Regimentern, am liebsten aus der Artillerie genommen; alles Leute, die in der Krim, in Italien und Mexiko mitgefochten hatten, von Algier und Kabylien gar nicht zu sprechen. Wenige, die *nicht* die Solferino-Medaille trugen. Alle die liebenswürdigen Züge des alten Soldaten waren bei ihnen heimisch; nie verstimmt, nie feindselig, immer ein Schutz, immer zu Zuspruch geneigt; – dabei (vielleicht ihr hervorstechendster

Zug) von einer unsagbaren Verachtung gegen die Populace und gegen die Militärspielerei, die sich vor ihren Augen breit machte. Möglich, daß sie *später,* als sich die aus dem Boden gestampften Armeen mit rühmlicher Bravour in den Tod stürzten, eine veränderte Stellung zu dieser Frage einnahmen; im Dezember lagen die Dinge anders als im Oktober.

Ich kehre nunmehr zu meinem »Brigadier« zurück. Er erzählte mir viel von der Familie des Vicomte d'Ussel, dessen älterer Bruder sein Eskadronchef gewesen war, lobte die Gesinnung und Noblesse des alten Adels und tat mir durch die Einfachheit und Leichtigkeit seiner Unterhaltung geradezu wohl. Er war auch der einzige, der Verstand und Takt genug besaß, sich in große politische Gespräche gar nicht einzulassen.

All dies machte die Fahrt nach Poitiers zu einer sehr angenehmen; aber sie hatte doch auch ihre unangenehme Seite. Bis dahin immer warm zusammengepfercht, mußte hier die freiere Bewegung und die frischere Luft mit einer sehr empfindlichen Kälte bezahlt werden, die nur wuchs, wenn ich auf die mondbeschienene, fast wie in einem dünnen Schneeschleier daliegende Landschaft sah. Ich wurde der Schönheit dieser Bilder nicht recht froh und segnete die Stunde, als wir endlich zwischen 10 und 11 durch die glitzernden Felsmassen hindurchfuhren, auf deren Höhe sich Poitiers erhebt. Das allgemeine Frösteln spornte zur Eile; im Geschwindschritt ging es, über wohl hundert Steinstufen, die Berglehne hinan, bis wir, durch ein Gewirr von Gassen hindurch (natürlich völlig unbelästigt) das Gefängnis erreichten.

Es war 11 Uhr; alles schlief. Die verschiedenen Beamten in zum Teil fragwürdigen Kostümen erschienen staffelförmig, nach dem Grade ihres Ranges; der vornehmste zuletzt. Die üblichen Fragen und Schreibereien erfolgten rasch; ich bat um ein Kaminzimmer, wurde geschäftsmäßig nach der Ausreichendheit meiner Kassenbestände befragt und erhielt das Gewünschte ohne weiteres, nachdem ich die ausreichenden Garantien gegeben hatte. Diese nüchtern-geschäftsmäßige Behandlung, wie immer in Geldsachen, war auch hier das Beste. Daran muß ich noch, wie vorhin ein Lob der französischen Gendarmerie, so hier ein Lob der französischen Beamten knüpfen, soweit ich sie kennengelernt habe, sowohl hier in Poitiers, wie *überhaupt*. Sie waren nämlich nie ärgerlich und gereizt, nie *schlechter Laune* und sind mir nach *dieser* Seite hin geradezu als ein Muster erschienen. Es spricht sich darin entweder eine gewisse *Wohlerzogenheit* oder ein tiefgehender, längst Allgemeingut gewordener *humaner* Zug oder aber drittens eine richtige Vorstellung vom *Metier*, von der Beamtenpflicht, aus. Wahrscheinlich wirkt alles drei zusammen. Alle diese Beamten wurden unseretwegen aus dem ersten Schlaf geholt; die Unbequemlichkeit war groß; aber ich habe keine unfreundliche Miene, keine gerunzelte Stirn gesehen. Im Gegenteil, man war artig und zeigte eine gewisse Teilnahme. Es war *Dienst* und damit abgemacht.

Unser Gefängnis zu Poitiers war das besteingerichtete unter allen, die ich kennenlernte; es hatte etwas von der Opulenz eines großen Bahnhofs oder eines Musterkrankenhauses. Am andern Morgen erschien ein Mitgefangener, um ein Kohlenfeuer zu machen und überhaupt auf acht Stunden in meinen Dienst zu treten. Es war ein Pariser, ein allerliebster Kerl, der sich auf die Kunde hin, »daß ich aus Berlin sei«, zu diesem Dienst gemeldet hatte. Wir wurden bald gute Freunde. Er hatte nämlich in Constantine, ich glaube ein halbes Jahr lang (von 1864 auf 65) Offiziers-Burschendienste beim Ulanenleutnant v. Prittwitz getan, der damals, nach Paris kommandiert, auch nach Algier gegangen war, um die Kämpfe gegen Kabylien mitzumachen. Von diesem seinem ehemaligen Herrn sprach er nun mit der größten Anhänglichkeit, betrachtete jene Wochen als die beste Zeit seines Militärdienstes und schilderte mir in lebhaften Farben das Aufsehn, das sein »Lieutenant« gemacht habe, als er das erste Mal in vollem Ulanenaufputz durch die Straßen von Constantine gegangen sei, um sich dem General zu präsentieren. Ich versprach, bei meiner Rückkehr nach Berlin, seinem Herrn von ihm zu erzählen. Vielleicht lösen diese Zeilen mein Wort ein. Sein Name war Louis Charbault, Voltigeur im 93. Regiment.

Die andern Begegnungen in Poitiers waren die herkömmlichen, so daß ich – und um so lebhafter, als der schlechtziehende Kamin meine Zelle mehr und mehr mit Kohlengas zu füllen begann – mit wahrer Freude die Nachricht begrüßte: um 4 Uhr nach *Rochefort.* Die Fahrt war der vom Tage vorher sehr ähnlich, nur mit dem einen Unterschiede, daß wir diesmal wieder »gekeilt in drangvoll fürchterliche Enge« saßen, was ich, als das kleinere von zwei Übeln, freudig willkommen hieß. Um 11 Uhr Ankunft. Rochefort ist noch zwei Meilen von der Küste entfernt, aber die Flut dringt bis hierher vor und macht es zu einer Seestadt. An den Brücken, am Bollwerk hin, lagen Briggs und Dreimaster; ihr Raaen- und Spierenwerk schimmerte phantastisch im Mondenlicht. Im Gefängnis wiederholten sich die Szenen vom Tage zuvor. Es war bitterkalt. Der Schließer, trotz später Stunde, brachte mir noch ein Abendbrot, das aus Landwein, großen Birnen und einigen Nüssen bestand. Gut gemeint, aber wenig geeignet, mich zu erwärmen. Ich wikkelte mich in mein Reiseplaid, ganz dicht und fest, wie man ein Kind wickelt, und schob mich vorsichtig unter die Dekken, aus meinem Überzieher gleichzeitig eine Art Kuppel aufbauend, die sich über Brust und Kopf wölbte. So schlief ich endlich ein, träumend von Schneestürmen und daß ich am Wege eingeschlafen und erfroren sei.

6. MARENNES

> Es rauscht kein Wald, mit hartem Schrei
> Nur fliegt die Wandergans vorbei,
> Am Strande weht das Gras.
>
> *Th. Storm*

*

> Gebt uns ein Lied!
> »Wenn ihr begehrt, die Menge.«
> Nur auch ein nagelneues Stück.
>
> *Faust*

Bedrückend, wie der Traum, war das Erwachen. Bleiern lag es um meine Stirn; als ich mich erheben wollte, fiel ich kraftlos zurück, das Gespenst des Nervenfiebers stand vor mir. Wer einmal das Heraufziehen dieses schweren Gewitters an sich beobachtet hat, behält eine Erinnerung davon auf Lebenszeit. Ich kam aber drüber hin; wahrscheinlich hatte mich der Kohlendampf vom Tage vorher nur betäubt und ließ meinen Zustand schlimmer erscheinen, als er war. Es war Mittag, als ich in den Hof hinunterstieg, um mich in frischer Luft zu erholen.

Ich mochte während dieses Spazierganges auf alle, die mich sahen, einen ziemlich tristen Eindruck gemacht haben, denn bei meiner Rückkehr in den großen Korridor überraschte mich die Meldung, daß ich umquartiert worden sei. Der Direktor habe es so angeordnet. Ich ging, um zunächst meinen Dank auszusprechen, und stieg dann treppauf in meine neue Behausung. Es war das Arbeits- und Wohnzimmer des Sohnes (jetzt bei der Armee in Paris), das man mir eingeräumt hatte, und der langentbehrte Anblick des Wohnlichen tat mir in diesem Augenblick der Erschöpfung und des Kleinmuts unendlich wohl. Der Gesunde kann diese Dinge leicht entbehren; dem Kranken sind sie ein Labsal. Ein Schreibtisch, ein Bücherbrett, ein paar Bilder, über die Fliesen waren Teppichstreifen gelegt; im Kamin brannte ein hohes Feuer, auf dem Sims standen ein paar Vasen, dazwischen ein Spiegel. Ich sah hinein. Das erste Mal seit fünf Wochen! Ich konnte nicht finden, mich verbessert zu haben.

Zu seiten des Kamins stand ein breiter Stuhl; ein gesticktes Kissen war in die Rückenlehne gelegt. Ich suchte unter den Büchern, wählte eine »Archéologie chrétienne« und rückte nun vor das Feuer. Von Notre Dame und der Reimser Kathedrale lesend, vergingen die Stunden; ehe noch der Abend kam, war ich genesen. Der Direktor erschien, um nach meinem Befinden zu fragen. Wir sprachen von unseren Söhnen, der seine *in* Paris, der meine *davor*; die Väter saßen hier friedfertig beieinander. Wir kamen auch auf das Gefängniswesen. »Das Reglement ist gut, aber kein Reglement erschöpft alle Fälle und Möglichkeiten; es heißt eben auch da: der Buchstabe tötet, der Geist macht lebendig.« Wie sehr empfand ich die Wahrheit alles dessen. Einer solchen ideellen Auffassung ihres schweren und wichtigen Berufs bin ich bei den französischen Gefängnisvorständen *mehrfach* begegnet. Sie erkannten ihre Pflicht darin, zu erheben, nicht niederzudrücken; keine Sentimentalität, aber Humanität. Alle diese Männer *empfanden sich als Träger einer Aufgabe* und nahmen eine Stellung zu dieser.

Die Insel Oléron, für die wir, meine badischen Mitgefangenen wie ich selbst, bestimmt waren, konnte von Rochefort aus zu *Schiff*, die Charente hinunter, ohne weitere Zwischenstationen in höchstens vier, fünf Stunden erreicht werden; die Behörden zogen es aber vor, uns – unter Ausschluß dieses *Fluß*weges – soweit wie möglich den *Land*weg machen zu lassen, d.h. also, bis zu einem äußersten, vorspringenden Punkte hin, dem dann die Insel auf kaum Kanonenschußferne gegenüber liegt. Diese Bevorzugung des Landweges vor dem Wasserwege schuf uns noch eine Etappe. Diese Etappe war *Marennes*.

Der Weg von Rochefort bis Marennes betrug wenig über zwei Meilen; es war also eine gute Gelegenheit gegeben, unser durch Eisenbahnfahrten nur mäßig in Zirkulation gehaltenes Blut durch einen vierstündigen Marsch wieder frisch und umlaufslustig zu machen. Die Nachricht davon wurde auch mit allgemeinem Jubel aufgenommen; ich als »officier supérieur« indes erhielt die Zusicherung eines Wagens, womit ich denn auch, trotz aller Wertschätzung energischen Blutumlaufs, schließlich sehr einverstanden war.

Um 9 Uhr setzte sich die Kolonne in Bewegung. Ich sage absichtlich die Kolonne, denn wir waren am Tage vorher durch zwölf andere Gefangene, meist Matrosen und Schiffsjungen, verstärkt worden und musterten jetzt im ganzen achtzehn Mann. Es war ein vollständiger Zug. Erst zwei berittene Gendarmen, dann mein Fuhrwerk, dann die Kolonne, dann wieder Gendarmen, dann Volk. So ging es bei schönstem Wetter aus Rochefort hinaus; die Luft war frisch, aber nicht scharf; die Sonne fiel auf die generalsartigen Wachstuchhüte der Gendarmen und ließ diese hell erglänzen. Die Stimmung aller war wie der Morgen.

Ich marschierte eine Viertelmeile mit, weil ich, zunächst wenigstens, wie alle anderen das Bedürfnis nach Bewegung hatte; dann nahm ich meinen Platz auf dem Gefährte ein. Es war ein zweirädriger Bau, von dem ich unentschieden lasse, ob der Verbrecherkarren oder die norwegische Karriolpost in ihm vorwog; was das Balancierbrett anging, das dem Kutscher und mir als Sitz diente, so war es ganz und gar skandinavisch, nur der Skudsjunge fehlte. Statt dessen hatte auf dem rechten Brettflügel ein Alter in einem Schafpelz mit langhaariger *Ziegenfell*-Pelerine Platz genommen. Dies sah unendlich komisch aus. Er plauderte viel, aber sehr geschickt, und suchte namentlich alle langen Sätze zu vermeiden, ganz ersichtlich, um mir die Konversation zu erleichtern.

So ging es fast eine Meile, wo wir in einem großen Dorfe, ich glaube St. Agnair, eine erste Rast machten. Die Auberge hatte ganz den Charakter einer spanischen Posada; alles war räucherig und geschwärzt, ein Hängekessel über dem Feuer, Heiligenbilder, die Weiber alt und häßlich, und inmitten dieser Wüstheit ein großes Bauer mit Kanarienvögeln, deren hellgelbes Gefieder wunderbar kontrastierte mit dieser Fülle von Schwarz und Rauch. Ich bestellte Kaffee und geriet beim Anblick einer großen Kaffeemühle, die herbeigeschleppt wurde, in solche Freudigkeit, daß ich auf einem Schemel am Feuer Platz nahm und energisch zu drehen begann, während in das Gesumm des brodelnden Wassers hinein die Scheite knackten und die Kanarienvögel sangen.

Nach einer guten halben Stunde ging es weiter, immer in demselben Aufzuge. Das landschaftliche Bild aber wurde von hier ab ein völlig anderes. Bis St. Agnair hin waren wir durch eine einfache Flachlandsgegend gezogen, die ebenso gut auch bei Alt-Landsberg oder Jüterbog hätte liegen können; jetzt erst traten wir in ein Terrain ein, das diesen Küsten eigentümlich ist, in die »Marais« (Meersümpfe), angeschwemmtes, dem Meere entwachsenes Land, das aber immer noch zweilebig geblieben ist und in seinem Luch- und Sumpfcharakter nicht recht weiß, wozu es sich halten soll. In anderen Gegenden ist dies angeschwemmte Land, wie beispielsweise an der schleswig-holsteinischen Westküste, ein vorzüglicher, die besten Ernten gebender Boden, hier aber erweist er sich als stumpf, lehmarm, unfruchtbar und trägt nur eine kümmerliche Kruste, gerade stark genug, um ein mittelmäßiges Gras zu produzieren und eine ziemlich ausgedehnte Viehzucht zu gestatten. Dabei ungesund wie alle Sumpfgegenden.

Die schon mit südlicher Kraft wirkende Sonne an diesem Küstenstriche hat es aber doch ermöglicht, in diesen »Marais« eine eigene Industrie groß zu ziehen, die nicht nur vielfach die Bevölkerung nährt, sondern auch landschaftlich diesen Gegenden einen besonderen Stempel aufdrückt. Das ist die Seesalzfabrikation. In große, flache Teiche wird, mit Hilfe der Flut, wenn ich nicht irre, das Seewasser geleitet und durch den einfachen Prozeß der Verdunstung auf Seesalz hin bearbeitet. Mit großen Krücken, den »râbles«, werden die Kristalle herausgefischt und dann in daneben befindlichen, meist backofenartigen Strohhütten aufbewahrt. Auf Meilen hin sieht das Auge nichts wie Wiesen, Teiche und Strohdächer. Sehr monoton, aber sehr eigentümlich.

Nach abermals anderthalb Stunden erreichten wir eine scharfe Biegung der Chaussee; die Straße begann ein wenig zu steigen, und der Turm von Marennes, eine hohe gotische Spitze, wurde sichtbar. Wir hatten von dieser Wegebiegung aus nur noch eine gute halbe Stunde; das belebte wieder. Die etwas aus Schritt und Tritt gekommene Kolonne ordnete sich, die Gendarmen, die sich nach deutschen Kommandos erkundigt hatten, kommandierten unter Lachen: »links, rechts, links, rechts«, und von der Front her erscholl jetzt der Ruf: *singen*. Ich drehte mich um und nickte ihnen zu, wurde aber in demselben Augenblick von dem bangen Gedanken erfaßt: was wird es jetzt geben, *was* wird gesungen werden? Richtig, die Wahl überstieg noch meine kühnsten Erwartungen; ein Badenser intonierte: »Ich weiß nicht, was soll es bedeuten«, und die Matrosen fielen sofort heiser und wehmutsvoll ein: »daß ich so traurig bin«. Sie waren aber alles andere eher wie traurig; namentlich der eine, ein bildhübscher Kerl, der unserem Steffeck in seinen besten Tagen wie ein Zwillingsbruder ähnlich sah, hatte in St. Agnair dem »vin blanc« erheblich zugesprochen, und hin und her wankend machte er jetzt allerdings den Eindruck einer gewissen Auflösung, aber nicht in Schmerz.

Endlich war man mit allen Versen durch, eine kleine Räusperungspause trat ein, die uns bis auf tausend Schritt an die im Mittagslichte hell daliegende Stadt führte. Ein Wäldchen, Birken und Eichen, eine sauber gehaltene »Plantage«, lag uns bereits zur Rechten, und schon begannen einzelne Spaziergänger sich unserem Zuge anzuschließen. Das gab neuen Künstlermut, und siehe da, ein alter Anhaltiner Marketender, der beim Butteraufkauf in der Nähe von Laon von Franktireurs gefangengenommen worden war, kommandierte jetzt mitten aus der Kolonne heraus: »Die Wacht am Rhein.« Ich mußte laut auflachen. Eine auf die größte Dummheit gesetzte Prämie hätte keine bessere Wahl zustande bringen können. Die Kolonne war aber so unkritisch wie möglich; ein halbes Dutzend Stimmen unterstützten die Forderung, und unter der in jeder Strophe aufs neue abgegebenen Versicherung, daß »lieb Vaterland ruhig sein könne«, zogen wir, hundert Meilen westwärts des Rheins, als *Kriegsgefangene* in Marennes ein. Die halbe Stadt hatte sich schon vorher uns zugesellt. Es war, wie wenn die Puppenspieler irgendwo einziehen. Ich als Direktor. Mein Alter mit der Ziegenfellpelerine sah aus wie der Zauberer der Gesellschaft. Unzweifelhaft erstes Mitglied.

Das Gefängnis nahm uns auf; Besuche kamen, wir waren weit mehr eine Sehenswürdigkeit, als wie Feinde. Der Souspräfekt begrüßte mich; ein feiner, blaß und kränklich aussehender Herr, der mich lebhaft an Mr. Chilandri, den Souspräfekten in Neufchateau, erinnerte. Was lag alles dazwischen! Tod und Leben.

Wir hatten ziemlich freie Bewegung, jede kleine Annehmlichkeit wurde gewährt, freilich für Summen, die ans Lächerliche grenzten. Ich bezahlte ein Hammelkotelett wie ein Diner bei Very. Gegen Abend erschienen der Maire und sein erster Sekretär in meiner Zelle. Es kam Licht. Die beiden Herren nahmen auf einer Bank Platz, ich auf dem Bettrand; so plauderten wir. Sie waren, als *Schäfer verkleidet,* bei Sedan von den Preußen gefangengenommen worden und hatten beide auf dem Punkte gestanden, ihre Schlachtenamateurschaft mit dem Leben zu bezahlen. Herzog Wilhelm von Mecklenburg hatte sie gerettet und freigegeben. Da waren sie nun wieder in Marennes. Als Dritter im Bunde saß ich daneben! Meine Amateurschaft für romantische Plätze hatte mich auf französischer Seite in dieselbe bedrohliche Situation gebracht. Wir tauschten unsere Erlebnisse aus, zugleich unsere Befriedigung *darüber,* daß wir es überhaupt noch konnten.

Dann trennten wir uns; der Schließer entschuldigte sich, daß er »schließen« müsse; eine halbe Stunde später schloß ich die Augen.

In der Nacht horchte ich auf, ob ich nicht den Wogengang des »Atlantic« hörte, dem ich jetzt auf eine halbe Stunde nahe war. Mitunter schien es mir, als rausche und grüße es herüber.

Aber es war nur der Wind, der durch den Kamin fuhr.

III. ABTEILUNG

Ile d'Oléron

I. DIE INSEL OLÉRON

Auf dem erhöhteren Fels erscheint ein
zerfallenes Vorwerk,
Mit Schießscharten versehn; sei's, daß
hier immer ein Wachtturm
Ragte, den offnen Strand vor Algiers
Flagge zu hüten,
Sei's, daß gegen den Stolz Englands
und erfahrene Seekunst
Erst in der jüngeren Zeit es erbaut der
Napoleonide.

Platen

Zwischen den Mündungen der Loire und Gironde, aber mehr in Nähe dieser letzteren, buchtet der Atlantische Ozean ziemlich tief ins Land hinein und schafft hier eine Küstenformation, die eine Landung des Feindes begünstigt. Es handelte sich also seit lange darum, das Land an dieser verwundbaren Stelle fest zu machen. La Rochelle und Rochefort, die an dieser Bucht gelegen sind, wurden Festungen. Dies genügte aber nicht. Die *Annäherung* mußte bereits erschwert werden, und hierzu boten die vorgelegenen Inseln die beste Gelegenheit. Die kleineren wurden ihrem ganzen Umfange nach in Forts verwandelt, die größeren wurden mit einem Kranz von Werken umgeben. Dieser größeren Inseln waren zwei: Isle Ré und Isle d'Oléron, von denen man jene als ein Außenfort von La Rochelle, diese von Rochefort ansehen kann. Zwischen beiden, als ein Punkt von besonderer Wichtigkeit, liegt noch die kleine Insel Aix. Zu allen Zeiten hatte diese Inselgruppe eine Bedeutung in der Geschichte des Landes; schon das Mittelalter kannte ein »*Oleronisches Seerecht*« (ich glaube das älteste), und was die Befestigungswerke angeht, so fügte jede neue Regierung seit den Tagen Ludwigs XIV. das eine oder andere hinzu.

Eine ganz besondere Wichtigkeit gewannen diese Inseln während des fünfundzwanzigjährigen Kampfes Englands gegen die Republik und das Empire. Hier spielte der letzte Akt des Kaiserreichs. Zwischen Isle Ré und Isle d'Oléron, die Ausgänge schließend, lag die englische Eskadre unter Admiral Hotham, die Auftrag hatte, eine Flucht des Kaisers zur See zu hindern; in vorderster Reihe der Bellerophon, Kapitän Maitland. Am 3. Juli war der Kaiser in Rochefort, am 12. Juli auf Isle d'Aix, wo er am 14. die berühmt gewordenen Zeilen an den Prinzregenten richtete: »En butte aux factions qui divisent mon pays, et à l'inimitié des plus grandes puissances de l'Europe, j'ai consommé ma carrière politìque. Je viens, comme Thémistocle, m'asseoir sur le foyer du peuple britannique; je me mets sous la protection de ses lois, que je réclame de Votre Altesse Royale, comme celle du plus puissant, du plus constant, du plus généreux de mes ennemis.«

Den Tag darauf begab sich der Kaiser an Bord des Bellerophon, um Frankreich *nicht* wiederzusehen. Am 26. Juli lag er auf der Reede von Plymouth; am 16. Oktober, am Jahrestage der Schlacht von Leipzig, landete er auf St. Helena.

Seit 1815 wurde die Inselgruppe vor Rochefort und La Rochelle nur immer als Detentionsort genannt, zumal während der ununterbrochenen Kriege jenes zweiten Kaiserreichs, das sich mit den Worten introduziert hatte, der Friede sein zu wollen. Anno 54 und 55 waren Russen, Anno 59 Österreicher hier in Gefangenschaft; im Winter 70 auf 71 machte die Insel die Bekanntschaft der Preußen und Bayern.

Isle d'Oléron ist 4 ½ Quadratmeilen groß, also ebenso groß wie Wollin, etwas größer wie Fehmarn. Die Bevölkerung, ziemlich zahlreich und wohlhabend, hat sich in zwei Städten und vier Dörfern konzentriert. Die beiden Städte sind Chateau und St. Pierre. St. Pierre ist um etwas größer, steht aber an Bedeutung hinter Chateau zurück. Hier ist die Zitadelle, hier sind die Forts und Kasernen, hier wohnen die Behörden; es ist der beherrschende Punkt, während St. Pierre, als behagliche Ackerstadt, inmitten der Insel liegt. Der Boden von Isle d'Oléron wechselt zwischen großer Fruchtbarkeit und Sterilität; weite Strecken sind Sumpfland wie die Marais zwischen Rochefort und der Küste, und hier wie dort hat man diese unfruchtbaren, wenn auch jetzt trockengelegten Sümpfe zur Gewinnung von Seesalz hergerichtet, ganz in der Art, wie ich es in dem Kapitel Marennes beschrieben habe. Der ärmste Teil der Bevölkerung lebt von dieser Salzindustrie; andere sind Schiffer, Fischer und versorgen den inländischen Markt mit Fischen und Austern, von denen sich die letzteren (sie sind grünlich und von einem aparten Wohlgeschmack) der besonderen Geneigtheit der Pariser Gourmands erfreuen. Die Wohlhabenden auf Isle d'Oléron sind die Ackersleute; einige wenige treiben Handel.

Dies war die Insel, für die wir bestimmt waren, der wir jetzt zufuhren.

> Steige, Insel, aus dem blauen
> Reinen Wogenbad empor,
> Hell ist schon die Stadt zu schauen
> Und das weiße Haus am Tor.
> *B. v. Lepel (Die Witwe von Capri)*

Marennes liegt nicht so unmittelbar am Meere, daß sich von hier aus die Überfahrt nach der Insel ermöglicht hätte; es bedurfte also noch eines kurzen Marsches, um die eigentliche Fährstelle zu erreichen. Diese ist ein einzeln stehendes Gehöft, das nach der Seeseite zu einen Quai bildet. An diesem Quai liegt das Dampfschiff, das den bescheidenen Dienst einer Fähre versieht.

Es regnete, als wir in das Fährhaus eintraten, und so hatten es denn die hohen, durchwärmten Räume mit ihren flackernden Feuern verhältnismäßig leicht, einen anheimelnden Eindruck auf uns zu machen. Es war aber nicht bloß der Gegensatz von draußen und drinnen, der uns hier mit einem lebhaften Behagen erfüllte; die Ordnung, die Sauberkeit, die Wohlhabenheit, die hier unverkennbar zu Hause waren, trugen das ihrige dazu bei. Inmitten des großen Gastzimmers standen zwei riesige Betten von Nußbaumholz mit grünen Decken und Vorhängen von derselben Farbe. Das Holz war spiegelblank und gab einen ordentlichen Glanz durch das ganze Zimmer hin.

Die Beherrscherin dieser Räume war eine Frau von Mitte siebzig, klein, aber mit großen, klugen Augen voll unerloschenen Feuers, unverkennbar eine Person, die vor fünfzig Jahren allen jungen Männern zwischen Marennes und Isle d'Oléron die Köpfe verdreht hatte. Sie wählte mich gleich aus der Gruppe heraus, um mir in einer liebenswürdigen, kleidsamen und ihrem Alter entsprechenden Weise den Hof zu machen. Dabei beherrschten ihre Augen mitten im Geplauder den ganzen Haushalt, nichts entging ihr, und man sah, daß alles ängstlich nach ihr hinüber fragte.

Es ist sehr interessant, derartige Frauen zu beobachten; sie bilden eine ganze Gruppe. Von Jugend auf gewöhnt, zu gefallen, Aufmerksamkeit zu erregen und eine *Macht* auszuüben, bleibt ihnen eine gewisse Koketterie (die nach den Jahren sich *modelt*) bis in ihr höchstes Alter hinein, während zugleich ihre Siegergewohnheit sich zu jener absoluten Herrschergewalt ausbildet, von der die Haushaltungen und ihre *nominellen* Vorstände zu erzählen wissen. Diese Alte, die mir mit Eleganz, Schelmerei und mütterlichem Wohlwollen den Kaffeetisch arrangierte, während ihr Augenzwinkern durch drei Stuben hin dirigierte, war ein Musterstück ihrer Gattung. Ein Haus- und Eheherr, den ich in Verdacht hätte haben können, der zeitige Bewohner einer jener blanken Nußbaumbettstellen zu sein, war nicht sichtbar; – ich vermute, *längst* seinem Geschick erlegen.

Der Regen legte sich, der Dampfer zischte, die Gendarmen mahnten zum Aufbruch. Eine Viertelstunde später schwammen wir zwischen Festland und Insel; noch zehn Minuten (durch die übliche Unterhaltung, die mich am Beobachten hinderte, leider getrübt), und wir lagen an dem Quaderdamm von Isle d'Oléron. Im Geschwindschritt, durch Neugierige wenig belästigt, ging es auf die Kommandantur zu.

Sie lag am andern Ende der Stadt; wir hielten vor einem Gartenzaun, über dessen Spitzen allerhand Baum- und Strauchwerk hinüberwuchs; das Ganze mehr idyllisch, nach Art einer Pfarrerwohnung, als kommandanturhaft-militärisch. So war auch das spalierumhegte Haus, in das wir jetzt eintraten. Wir wurden rangiert; ich, in einigem Abstand, erhielt den rechten Flügel; es fehlte mir nur noch der Sponton des Unteroffiziers. Dann erschien ein freundlicher Herr in Zivil mit dem üblichen Ponceau im Knopfloch, das aber diesmal eine rotgefärbte beinerne Rosette war und aussah wie eine kleine Schachfigur. Der Herr selbst war Kapitän Forot, Bataillonschef, Kommandant von Isle d'Oléron. Er musterte uns, entließ die Kolonne und bat mich, ihm in sein Zimmer zu folgen. Hier wurde ich den Damen vorgestellt, unter denen sich, neben der Frau vom Hause, eine hübsche, blonde, eben erst verheiratete Elsässerin befand, deren eigentliche, stillschweigend verabredete Aufgabe dahin ging, im Verkehr mit den täglich eintreffenden Gefangenen den Interpreten zu machen; eine Aufgabe, deren sie sich aber nach Möglichkeit entschlug, indem sie, wie mir Kapitän Forot vertraulich versicherte, ihre Zeit lieber dahin anlegte, »vormittags Briefe zu schreiben und nachmittags zu weinen«. Er setzte hinzu: »So ein Krieg, der in die Flitterwochen fällt, ist allerdings das Empörendste, was man sich denken kann.«

Wir plauderten das Übliche, und der Friede (wie immer) wurde wieder auf Tag und Stunde durch mich festgestellt. Inzwischen waren einige Flaschen Straßburger Bier erschienen; die junge Elsässerin präsentierte das vaterländische Gebräu, und ich letzte mich nach sechs Wochen zum ersten Male wieder an einer Art Gerstensaft. Es war ein sehr mäßiges Produkt, aber, wie immer auch, es war doch *Bier,* hatte etwas von jenem nervenstärkenden Bitterstoff, der die Hauptsache bleibt, und so kam es mir vor, als ob ich Gesundheit tränke. Kapitän Forot ließ bald die Politika fallen und ging in den Ton über, der seiner feinen und liebenswürdigen Natur der entsprechendste war, in humoristische Neckerei. Sein Hauptstichblatt war die junge Blondine mit ihrem antizipierten Witwenschmerz; aber auch ich erhielt meinen Teil und mußte mir Scherze über die Gefahren des Romantizismus gefallen lassen. Ich tat es nur zu gern. Es waren doch wieder verwandte, anheimelnde Töne. »Enfin«, so schloß er, »ich sehe die Tage heraufziehen, wo Sie die Gefangenschaft auf Isle d'Oléron segnen werden; Sie werden einen guten Stoff gewinnen und Ihr zukünftiger Biograph einen noch besseren.«

3. DIE ZITADELLE

Wir wollen uns den grauen Tag
Vergolden, ja vergolden.
Th. Storm

*

Thy fire, thy wine,
All is mine.

Inzwischen wurde gemeldet, daß der »Fournisseur« eingetroffen sei, eine behäbige Person mit rotblondem Bart und Klapphut, etwas Engländer, etwas Hecker-Struve und ganz Fournisseur. Unter seinem Beistand sollte eine Wohnung für mich gesucht werden, und zwar auf der »Zitadelle«. Wir schritten zu dritt dieser zu, passierten ein Glacis, dann ein paar Brücken und Tore und standen nunmehr auf einem Triangelhof, dessen drei Seiten von ebenso vielen kasernenartigen Gebäuden umstellt waren. Zwei davon waren bereits mit Gefangenen belegt; die dritte Seite, die die Offiziersquartiere enthielt, war noch frei.

Wir traten in diese dritte Seite ein. »Ich muß nun schon ein übriges für Sie tun«, sagte der Kommandant, »wie könnten Sie Ihre Tage besser verbringen als angesichts des ewigen Meeres!« Damit wurde ein Zimmer aufgeschlossen, das die prosaische Inschrift trug: »No. 7: Lieutenant«, das aber allerdings durch seine großen Fenster hindurch einen entzückenden Blick auf das Meer gestattete. Ich schwankte einen Augenblick; dann hatte ich meine Wahl getroffen und erwiderte ihm lachend, daß ich nicht gern zum zweiten

Male als Opfer des Romantizismus fallen möchte; Aussicht sei viel, aber Komfort sei mehr. »Nehmen wir ein anderes.« Damit traten wir in einen Nebenraum, der den Eindruck machte, als müsse die Herdplatte hier noch warm sein, als sei das »Camp« an dieser Stelle vor wenig Stunden erst abgebrochen. Vielleicht war es so. Aber es konnte mich auch hier nicht halten, denn die Fensterscheiben, bis zu beträchtlicher Höhe, waren mit lauter aus rotem Papier geschnittenen Teufelchen beklebt, die sich untereinander neckten, Gesichter schnitten und unanständige Gebärden ausführten. Beneidenswerter, der hier in einer Art Mischgattung von Höllenbreughels und Struwwelpeter sich verewigt hatte! *Meine* Nerven wären diesem Anblick nicht gewachsen gewesen, und so schieden wir denn auch von diesem Raume. Ein drittes Zimmer »No. 9: Capitaine«, entsprach endlich meinen Wünschen; der Kommandant empfahl sich, und der Fournisseur fing an, seine Notizen zu machen. Eine Stunde später wurde ein Karren abgeladen; Matratzen, Decken, Gardinen erschienen in buntem Durcheinander, sogar eine endlose gelbe Fahne mit einer Grecqueborte, die den Anspruch erhob (er blieb unerfüllt), als Betthimmel installiert zu werden.

Beinah gleichzeitig war aus der benachbarten Kantine ein alter, dort beschäftigter Invalide bei mir eingetreten, um seine vorläufigen Dienste anzubieten. Ich bat ihn, mir Holz und Kognak zu bringen, um meinem Frösteln, denn es regnete und stürmte wieder, auf doppeltem Wege beikommen zu können. Der Alte lächelte. Ich hätte nichts fordern können, das ihm lieber gewesen wäre. Eine Viertelstunde später – ich war inzwischen allein geblieben und lief auf und ab, um mich zu erwärmen – erschien er mit einer unglaublichen Menge Holz und einer Quartflasche Eau de vie. Ich kann wohl sagen, daß ich erschrak. Das Ganze, in seiner Massenhaftigkeit, hatte etwas, wie wenn sich ein Caraïbenfest vorbereiten solle. Auf viel was Besseres lief es auch wirklich nicht hinaus. Das Holz waren gespaltene Eichenrippen eines gestrandeten Schiffes, in dem noch die großen rostigen Nägel steckten, rostig vom Seewasser und langen Liegen im Regen. Der Alte packte einen wahren Scheiterhaufen auf, schob einige Strohwische drunter und verschwand mit der Versicherung, »daß es gleich brennen würde«. Es brannte auch, aber wie! Große Massen Rauch schlugen in das Zimmer hinein; ich begann zu blasen und zu pusten, opferte eine ganze Schachtel Streichhölzer; alles umsonst, es blieb ein Schwelfeuer, die Augen fingen an zu tränen, und ich nahm endlich den Wasserkrug, um dieser Herrlichkeit ein Ende zu machen. Mir blieb nichts als der Kognak. Ich stürzte ein viertel Glas voll hinunter. Furchtbar. Wer aber will dies blinde Vertrauen tadeln?

Nach einer Stunde kam der Alte. Er sah listig genug aus; wenigstens schien es mir so. Ich lehnte entrüstet jeden Konversationsversuch ab, stellte die grünglasige dicke Bouteille auf den Scheiterhaufen, der eigentlich nie gebrannt hatte, und forderte ihn auf, persönlich und sachlich zu verschwinden.

Das war es, was er gewollt hatte. Er nickte, packte alles auf seinen Arm, steckte die Flasche in seinen weitabstehenden Westenflügel und empfahl sich unter den landesüblichen Höflichkeitsformen.

Ich höre noch sein »bon soir, Monsieur«.

4. RASUMOFSKY

Hier fragt niemand, was einer glaubt,
Was nicht verboten ist, ist erlaubt.
Wallensteins Lager

Bequartiert war ich nun; alles war da, nur die oberste Dienstcharge, die zu besetzen war, war noch unbesetzt geblieben, – der Bursche fehlte noch. Aber auch darüber wurde ich beruhigt. »Demain matin.«

Demain matin kam, und beinahe gleichzeitig mit ihm erschien ein Hausbeamter, um mir, vorbehaltlich meiner Zustimmung, meinen zukünftigen Burschen, den Verwalter meiner Wirtschaft, vorzustellen, Max Rasumofsky. Er gefiel mir auf der Stelle; daß er ein schwarzer Husar war, besagten die Überreste seiner Uniform, daß er ein Pole war, entnahm ich seinem Namen, daß er ein Schneider war, ergaben die ersten Recherchen. Ich hatte also alles in ihm vereinigt, was man von einem Burschen Tüchtiges erwarten kann: Husar, Pole, Schneider. Ich griff zu und hatte meine Wahl nicht zu bereuen. Er war, was der militärische terminus technicus *schneidig* und *findig* nennt. Unschätzbare Eigenschaften überhaupt; im besondern auch hier.

Seine »Schneidigkeit« fiel natürlich in die Zeit *vor* seiner Gefangenschaft, und was die Beweise dafür angeht, so bin ich zum besten Teile auf seine eigene Berichterstattung angewiesen. Wer aber viele Leute hat erzählen hören, weiß bald, ob er Dichtung oder Wahrheit vor sich hat. Rasumofsky war als »Spitze« in einen Wald eingeritten, hatte Feuer bekommen und den Fehlschuß des nächststehenden Franktireurs mit einem Treffer aus seinem Karabiner erwidert, aber dies erste Lächeln des Sieges war auch das letzte gewesen. Wie aus einem Bienenkorb schwärmten die feindlichen Schützen aus, hundert Kugeln pfiffen um ihn her, eine riß ihm den Stiefelhacken weg und schlug klirrend den Steigbügel in Stücke, er selbst war ungetroffen, und die Möglichkeit der Rettung lag noch vor ihm; da traf eine zweite Kugel die Kruppe seines Schimmels; Pferd und Reiter stürzten, und im nächsten Moment war er umringt, gefangen. Ein junger, deutsch sprechender Offizier, mit breiter roter Schärpe, sprang auf ihn ein: »Warum hast du geschossen?« »Wozu hab' ich denn meinen Karabiner? Wir kriegen die Waffen, um sie zu gebrauchen.« Der Offizier lachte. »Was wird nun aus dir?« »Nun, ich werde totgeschossen.« »Sei kein Narr; du bist ein guter Husar, und kein Haar soll dir gekrümmt werden.« Die Franktireurs nahmen ihn in die Mitte, wickelten die lange Hängetasche um eine ihrer Flinten und schleppten den Totenkopfhusaren im Triumphe fort.

Wenn mir nun die Schneidigkeit Rasumofskys so gut wie gewiß war, so war ich seiner *Findigkeit* ganz und gar sicher. Es war ganz unglaublich, was er alles »gefunden« hatte, namentlich in den Tagen, die dem Siege von Wörth unmittelbar folgten. Mehrere Spiele Karten, eine Straußenfeder, einen schwarzen Schleier mit Goldsternchen, eine Flasche Anisette. Dies war das beste. Ein paar französische Generalsepauletten begleiteten ihn mehrere Tage und bildeten noch in Oléron den Lichtpunkt seiner militärischen Erinnerungen, aber er brachte es mit ihnen nicht über einen idealen Genuß hinaus, der zuletzt zu einer freiwilligen Trennung führte. »Wo haben Sie sie denn gelassen?« »Ich habe sie wieder weggeworfen.« Dabei klang nichts von Klage oder Betrübnis mit ein; nur die Freude lachte ihm aus den Augen, das blanke Spielzeug mal besessen zu haben. Das ist die echte Findigkeit. Die Freude auch an dem, was man nicht brauchen kann.

Ich wäre aber undankbar, wenn ich Rasumofskys Findigkeit lediglich in die Vergangenheit stellen und übersehen wollte, daß dieselbe auch bis in die Gegenwart hineinragt. Auch hier noch, unter den erschwerendsten Umständen, »findet« er beständig, und zwar in echter Burschentreue nicht für sich, sondern *mir* zuliebe. Es tauchen Schuhbürsten, Teelöffel, Lichtscheren auf, deren Ursprung nachzuforschen ich wohlweislich unterlasse; seine eigentlichste Begabung zeigt er aber im Anfahren von Holz. Ich habe hierüber längere Unterredungen mit ihm gehabt, in denen wir die feinsten Fragen berührt haben. Er hat mir schließlich mit siegreicher Beredsamkeit auseinandergesetzt, daß mir Holz geliefert werden *müsse,* daß eine bloße Verschwörung existiere, mich um täglich einen Franken zu bringen, und daß er die Verpflichtung habe, diesen im Dunkel wühlenden Mächten entgegenzuarbeiten. Ich habe endlich geschwiegen, was er als Zustimmung gedeutet hat. Seitdem verfolgt er mit scharfem Auge jede morsche oder durchgetretene Diele, das handbreite Loch durch einen raschen Griff um das Doppelte oder Dreifache erweiternd; wer will in diesen dunklen Korridoren am Ende nachweisen, ob der Schwamm oder die Ratten oder Rasumofsky dem ohnehin immer geschäftigen Zahn der Zeit vorgegriffen haben? Die Asche im Kamin ist schließlich stumm wie das Grab. Die Dielenausbeute verschwindet aber neben dem, was die Fensterladen liefern. Rasumofsky hat nämlich entdeckt, daß von den drei Querhölzern, die dem ganzen Fensterladenbau erst Halt geben, mindestens eins entbehrt werden könne, und dies eine (immer das schrägstehende, weil es das längste ist) ist dem Kamine rettungslos verfallen. Wie die Laden selbst sich halten werden, wenn erst die großen Stürme kommen, muß abgewartet werden. Vielleicht erblüht uns aus ihrem völligen Zusammenbrechen eine neue Ernte.

Es geht ein leiser Zug von Inkorrektheit durch unsern gesamten Wandel hier, und so kann es nicht überraschen, daß in dem Verhältnis zwischen Rasumofsky und mir manches bloß auf den Schein gestellt ist. Eine gesellschaftliche Lüge, wie so vieles andere! Dieser Schein tritt in nichts so hervor wie in der Kleiderreinigungsfrage. Jeden Morgen, wenn das Feuer angezündet und das Teewasser in die ersten Kohlen gestellt ist, tritt Rasumofsky mit einer gewissen Adrettheit an mein Bett, um von der Stuhllehne den Rock, den Überzieher, die Beinkleider zu nehmen und damit im Flur, wo sich auch wirklich ein großer Kleiderriegel befindet, zu verschwinden. In kürzester Zeit ist er wieder da, so daß ich mich überzeugt halte, daß er der gesamten Kleiderdreiheit nur eine frische Brise und den Anblick der Morgensonne gönnt. Mit komischer Sorglichkeit breitet er bei seinem Wiedererscheinen die drei Kleidungsstücke über dieselbe Lehne aus, von der er sie eben entführte. Dies wiederholt sich jeden Tag. Ich war einen Augenblick geneigt, dieser Komödie ein Ende zu machen, aber ich habe mich eines Besseren besonnen. Es ist ganz gleichgültig hier, ob der Rock blank ist oder nicht, aber das *Prinzip* muß gewahrt und die Verpflichtung immer neu anerkannt werden. So hat denn das Schauspiel seinen Fortgang. Zwei Stunden später mutatis mutandis erlebt es seine Wiederholung. Ich werde dann gebeten, eine halbe Stunde spazieren zu gehen, um durch die Zimmerreinigungsprozedur nicht gestört zu werden. Aber auch hier kommt es ausschließlich zu einer Lüftung; dann ziehe ich in die alten lieben Räume wieder ein. Die Ordnung der Dinge ist inzwischen durch keine übergeschäftige Hand gestört worden.

Wir leben gut, einträchtig, friedfertig miteinander, ich teile meine Neuigkeiten und meine Mahlzeiten mit ihm, und mein Kognakkonto bei Mr. Vimenet, dem kleinen freundlichen Kaufmann in der Stadt, wird lediglich ihm zuliebe mit immer neuen Francs beschwert; aber all dies hat ihn doch nicht veranlassen können, mir eine angemessene *Rangstufe* anzuweisen. Er nennt mich »Herr Leutnant«. »Gleich, Herr

Leutnant«, »zu Befehl, Herr Leutnant«, damit muß ich mich begnügen. Meine Jugend kann es nicht sein, die ihn hindert, mich avancieren zu lassen, ja er macht nach *dieser* Seite hin völlig entgegengesetzte Bemerkungen, die auch wieder weit über das Wünschenswerte hinausgehen; es muß also irgendwo anders fehlen. Ich habe dieser Tatsache gegenüber den einzigen leidigen Trost, daß sich alle Dinge im Leben nach einem Ausgleichungsprinzip regulieren, und daß ich, vom Feinde ohne Verdienst und Würdigkeit zum Officier supérieur ernannt, in dieser Degradierung sich nur ein Gesetz ewiger Gerechtigkeit vollziehen sehe.

In unsern politischen Anschauungen sind wir einig. Sie finden immer wieder in dem Satze Ausdruck, daß der Friede unterzeichnet werden müsse, damit wir Weihnachten zu Hause sind. Ob dabei Straßburg und Metz wieder an Deutschland kommen oder nur eins von beiden, hat uns noch nicht lebhaft beschäftigt, am wenigsten entzweit. Ich habe ihn in Verdacht, daß er eine mehr als ruhige Position zu dieser Frage einnimmt.

Sei's drum. Das »Weihnachten zu Hause« steht wohl noch manchem Gefangenen und Nichtgefangenen im Vordergrund. Die diesen Egoismus abgetan haben und in großem Empfinden über sich selbst hinauswachsen, *ihre* Zahl ist klein.

Warum sollte Rasumofsky unter diesen wenigen sein!

5. BLANCHE

> Jung,
> Auf dem Sprung,
> Nicht bös,
> Graziös.

Auch ein weibliches Wesen ist um mich her, das in meinem Haushalt die Ergänzung zu Rasumofsky bildet. Es ist, um mich in Rückertschen Anklängen zu bewegen, eine feine Reine, schlanke Kleine, die ich mit Rücksicht auf ihre Erscheinung *Blanche* getauft habe. Sie ist ganz weiß, und nur auf der Stirne, als Zeichen edelster Abstammung, hat sie einen braunen und schwarzen Tigerstreifen. Sie ist noch ganz Kind, ganz unbefangen, faßt das Leben von der heiteren und Vergnügungsseite auf und betrachtet sich selbst als bloßes Ornament des Daseins. Sie kennt keine andere Pflicht als die, sich zu putzen und sich streicheln zu lassen; sie könnte nach allem eine Engländerin sein. Nur ihrer Grazie nach ist sie Französin.

Ich engagierte sie zunächst aus bloßen Nützlichkeitsrücksichten und erwartete von ihr, wie jetzt das Modewort lautet, einen »guerre d'extermination« gegen den Erbfeind; aber niemals ist eine Erwartung gründlicher getäuscht worden. Sie scheint kaum zu wissen, daß es Feinde gibt, geschweige Erbfeinde; sie führt ihren Exterminationskrieg gegen Gardinenkanten, gegen alles, was Puschel oder Quaste heißt; über Nacht aber, wenn der Feind seine Vorposten schickt, horcht sie auf, spinnt dann einen Augenblick vergnüglich und schläft wieder ein. Dennoch – dies Anerkenntnis bin ich ihr schuldig – übt sie einen gewissen Einfluß, aber freilich ohne die geringste Ahnung davon; sie wirkt wie das *Bild* des Tigers, das die Chinesen, zum Schrecken für den Feind, an die Außenwand des Hauses stellen.

Sie ist ganz Spielzeug, und ich habe es längst aufgegeben, Ernsteres von ihr zu erwarten. Es liegt nicht in ihr. Sie ist mir Schauspiel, Augenweide, Zirkusschönheit, im Hoch- und Weitsprung gleich ausgezeichnet, und den Tag über an der Klingelschnur zu Hause. Sie behandelt dieselbe als Trapez, was sie ungehindert kann, da die betreffende, aus Bast geflochtene Korde das Schicksal der meisten ihrer Schwestern teilt, eine bloße höchst fragwürdige Stubendekoration zu sein.

Blanche, wie gesagt, ist die Ergänzung zu Rasumofsky; was jener meinem Geiste ist, ist diese meinen Sinnen. Wenn ich mit dem erstern, in jener Simplizität, die alles Große begleitet, die Tagesangelegenheiten behandle, also in rascher Reihenfolge die Fragen stelle: Wie ist das Wetter? Was macht Paris? Nichts von Frieden? – so gehört mein *Auge* ganz der kleinen Weißen, die wie ein alabasterner Briefbeschwerer auf meinem Schreibtisch neben mir liegt. Nun erhebt sie sich, um zwischen Uhr, Teetasse und Tintenfaß jene Spaziergänge auszuführen, die eben nur jenem Geschlechte möglich sind, dem Blanche angehört. Werde ich endlich ungeduldig, so weiß sie diese Ungeduld zu sänftigen. Der Tisch hat einen Aufsatz von sechs Fächern, jedes nur so groß, um eine Hand hinein zu legen. In alle sechs Fächer duckt sie sich der Reihe nach hinein und blickt mich aus dieser Umrahmung schelmisch an. Das sind die letzten Mittel, denen nicht zu widerstehen ist.

Um 8 Uhr, nachdem wir unsern Tee genommen, für den sie eine distinguierte Vorliebe zeigt, gehen wir zu Bett; sie ist aber noch nicht müde und unterhält mich eine Viertelstunde lang durch die wunderbarsten Kapriolen. Um halb neun endlich, wo abwechselnd ein Trompeter von den Schleswiger Husaren und den Gardeulanen auf den Kasernenhof tritt, um die preußischen Kavalleriesignale zu blasen, wird Blanche stiller und schiebt sich, wie zu einer letzten Liebkosung, an meinen Hals zwischen Kopf und Schulter. So vergehen Minuten. Eine Viertelstunde später tritt aus dem Kasernenflügel gegenüber ein *französischer* Trompeter auf den Hof hinaus und antwortet dem Preußen oder besiegelt den Appell.

Nun weiß Blanche, daß es Zeit ist. Sie erhebt sich summend und spinnend und legt sich am Fußende des Bettes auf die vierfach zusammengefaltete Reisedecke.

Das Feuer im Kamin erlischt. So schlafen wir, bis die Reveille uns weckt.

6. LE REMPART

> Schon geht es, buntgeschuppt, in seiner
> Pracht einher;
> Dem Goldfisch ist es gleich, dem blitzenden,
> das Meer.
> *Freiligrath*

Um 8 Uhr früh, oder wenig später, trat ich allmorgendlich auf den Wallgang (»le Rempart«) hinaus, der sich auf dem fünfzehn Schritt breiten Terrain zwischen meiner Kaserne und dem Meere hinzog. Zehn Schritt von diesen fünfzehn gehörten einem langen, in zahllose Beete geteilten Gartenstreifen an; auf dem fünf Schritt breiten Rest erhob sich der »Rempart« selber. Dieser war nicht ein gewöhnlicher zugeschrägter Wall mit Grasdossierung und einem Fußsteig oben, sondern ein aus senkrechten Quadern aufgeführtes Mauerwerk, das, wahrscheinlich noch aus der Vaubanzeit stammend, mit Steinbrüstung und ausbuchtenden Banknischen zwischen zwei Bastionen hinlief. Die Entfernung zwischen diesen, also die ganze Länge des Rempart, betrug hundertfünfzig Schritt. Das Bewegungsminimum, das ich mir Tag für Tag zum Gesetz gemacht hatte, bestand in einem zehnmaligen Auf und Ab, wodurch ich es auf dreitausend Schritt brachte. Um nicht immer zählen zu müssen, hatte ich mir an einem Ende des Ganges zehn weiße Steinchen auf die Brüstung gelegt, von denen ich jedesmal eines zu mir steckte, bis ich durch war.

Diese Morgenspaziergänge, denen ich, bei schönem Wetter, noch eine kurze Mittags- oder Nachmittagspromenade folgen ließ, waren meine besondere Freude, und ich darf sagen, die schönsten und poetischsten Stunden meiner Oléron-Tage auf diesem prächtigen Rempart zugebracht zu haben. Je nach der Stunde, zu der ich heraustrat, fand ich Flut oder Ebbe, begrüßte ich das steigende oder das schwindende Meer. War Ebbe, so lag der Wasserarm, der unsere Insel vom Festlande trennte, zur Hälfte wie eine Sandbank da; die Boote und Luggerschiffe standen wie Spielzeug auf dem von Rinnen und Wasserlachen durchzogenen Schlick; über diese Schlickfläche hin aber, die Rinnen und Tümpel mit allerhand Bretterwerk überbrückend, schritten die Schiffer und Schifferfrauen, ihren Fang heimtragend oder zu neuem Fange sich rüstend. Mehr dem Ufer zu, unmittelbar zu Füßen des Rempart, trieben die hochbeinigen Strandläufer ihr possierliches Spiel; mit weißer Brust und schwarzen Flügeln, trippelnd, pfeifend und nahrungsuchend, liefen sie herdenweise über den lehmigen Grund hin.

Das war ein eigentümliches Bild; aber groß und erhebend war es, wenn nun die Flut unhörbar herankam, immer wachsend, immer steigend, bis die erste leise Brandungswelle das Mauerwerk des vorspringenden Bastions und eine Minute später den Quadernfuß des zurückgelegenen Rempart traf. War nun ein grauer Tag, oder kämpften noch die Morgennebel mit dem Licht, so zeigte das Meer, das in beständigem Kommen und Gehen den Schlick aufrührte, eine gelbe, wenig anmutende Farbe, und die *Schönheit* des Bildes begann erst *jenseit* der Wasserfläche, dort wo das Ufer drüben in leiser Windung einen Kranz von Dünen und Dörfern und eingestreuten Kirchen flocht; zog aber die Sonne siegreich herauf, so begannen nun jene Licht- und Farbenwunder, wie sie nur der kennt, der von Stunde zu Stunde dem kaleidoskopischen Spiel des Meeres und dem Beleuchtungswechsel seiner Ufer folgt.

Die Landschaft drüben, graublau am Morgen, schimmerte mittags wie in Gold, bis sie bei untergehender Sonne tief in Rot sich tauchte; das Meer selber aber, in noch rascherem Changieren, lief alle Töne der Farbenskala durch, wenn diese Töne nicht gar (wie auch wohl geschah) regenbogenartig *nebeneinander* lagen; chamoisfarben, grasgrün, tiefdunkelblau glitzerte dann, wie eine Schlange, die leis sich hebende Flut.

Nicht müde wurde ich dieser Farben und Bilder, und selbst an Regentagen, die auch ihren Zauber hatten, versuchte ich es, auf kurze Minuten hin, an dieser bevorzugten Stelle auszuhalten; nur die *Sturmtage,* an denen im Monat November nicht eben Mangel war, fegten mich gewaltsam vom Rempart hinunter und zwangen mich, meinen Morgenspaziergang unten auf dem zehn Schritt breiten Gartenstreifen zu machen. Der Sturm heulte dann über mich hin. Aber auch sein bloßes Drüberhingehen reichte schon aus, alles, was hier unten noch grünte, erzittern zu machen. Die letzte Malve, losgerissen vom Stock, schwankte hin und her; die gelbe Studentenblume duckte sich noch ängstlicher unter die in Samen geschossenen Salatstauden als an andern Tagen, und der zarte Duft verspäteter Levkojen verflog unbeachtet in der vibrierenden, oft wie vom Donner durchrollten Luft. Die Blumen lebten hier Tag um Tag wie Gefangene; aber wenn der Sturm über sie hinfuhr, waren sie vollends wie niedergetreten.

Ein Gefangener ist empfindlich gegen solche Eindrücke. Sie los zu werden, trat ich dann über die Treppenstufen rasch auf den Rempart hinaus. Es wetterte; ich hielt den Hut mit beiden Händen, und der Gischt sprang bis über die Brüstung. Aber ich atmete auf und sah nach Osten hin, wo mir die Heimat lag und die Freiheit.

7. MITTAG

Mittag
Ein Schornstein raucht, der Wind steht her,
Ein warmes Dach, was braucht man mehr!
Scherenberg

Der Vormittag, der dem Morgenspaziergang folgte, gehörte der Arbeit. Himmlische Ruhe! Wie leicht, wie behaglich es aus der Feder floß! So kam Mittag heran.

Um 12 Uhr präzis klopfte es, und auf mein nach Gutdünken abgegebenes »Entrez« oder »Herein« erschien Madame la Cantinière, eine freundliche, bleichsüchtige Frau, die nach unendlichen Knixen und Begrüßungen und unter einem Schwall von Redensarten, aus denen ich mir nur die Stichworte aussuchte, meine Hauptmahlzeit servierte. Diese führte abwechselnd den Namen Déjeuner oder Diner, ohne daß die wechselnde Bezeichnung den geringsten Einfluß auf die Sache selbst geübt hätte. Ein Tisch existierte nicht; der Schreibtisch war sakrosankt; so blieb denn nur die Kommode, die zum Zeichen ihrer Doppelbestimmung, und sozusagen als »Tischtuch in Permanenz«, eine auseinandergefaltete Serviette trug. Einen Wechsel derselben hab' ich nicht erlebt. Auf diese Unterlage nun stellte Madame la Cantinière das zusammengeklappte Tellerpaar, das wie eine große Muschel aussah, aber in der Regel einen Kern barg, der seinem ganzen Gefüge nach alles andere eher war als eine Molluske. An vier Tagen von fünf war es ein Stück in die Pfanne geworfenes Rinderfleisch, ein Rundstück, mit gedörrten Kartoffeln und Seesalz garniert, an das ich nun coûte qui'il coûte heran mußte. Ich zwang es auch in der Regel, wiewohl ich sagen muß, daß es für das, was man mit fünfzig Jahren von Zähnen noch übrig hat, eine Schule und eine Prüfung war. Die genaue Verteilung von einem Korn Seesalz auf je ein Stück Kartoffel, etwa wie ein Konditor die Törtchen mit Kirsche oder Pistazie belegt, gewährte mir dabei eine kleine Unterhaltung. Ich machte es sorglich und gewissenhaft, das jedesmalige Größenverhältnis wohl abwägend. Dazu trank ich Landwein, der einen unglaublich schönen Namen hatte, aber nach dumpfem Faß schmeckte und dem ich durch Zucker und Wasser aufzuhelfen suchte.

Was die Arrangements angeht, so darf ich wohl hinzusetzen, daß ich meine Mahlzeit notgedrungen im Stehen einnahm, da die Kommodenkästen keinen Stuhl gestatteten, und daß ich (man erhält in gewöhnlichen Lokalen immer nur eine *Gabel*) dies unvollkommene Besteck durch ein in Besançon erobertes Klappmesser vervollständigte, dessen Klinge sich wie Blech bog. Wie man es stellte, so stand es.

Dies alles war die gebrechliche Seite des Diners, aber das Dessert brachte alles wieder ins reine. Ich schälte sorglich, nachdem das Klappmesser in der Kaminasche einen Läuterungsprozeß durchgemacht hatte, eine große Goldreinette und begann nun, Scheibe auf Scheibe mit immer erneuter Freudigkeit zu genießen, während Blanche mit den Schalen spielte und neben mir bereits das Wasser brodelte, das zehn Minuten später braun und duftig in das von dem Landwein desinfizierte Glas floß. Im Schlürfen des geliebten Trankes vergaß ich vieles, und vieles stieg lächelnd und grüßend herauf.

Die gebauchte Blechkanne aber, von einfach sinnreicher Konstruktion, aus der mir so viele freundliche Minuten erblühten, ich habe sie als Erinnerungsstück mit heimgenommen.

8. TEESTUNDE

Den Erzähler indessen umwimmelt es,
übers Knie
Beide Hände gefaltet in horchender
Wißbegier;
Roland singt er, er singt das gefabelte
Schwert Rinalds.
Platen (Bilder Neapels)

Von sechs bis acht war Teestunde und – Empfang. Man wußte das schließlich in der ganzen Kaserne, und so hatt' ich denn meist um diese Zeit Besuch. Mitunter drängte es sich, und in diesem Falle war es nichts Kleines, mit drei Gläsern und einer Zuckerdüte das leibliche, und mit Hilfe einer Unterhaltung, die vom Hundertsten aufs Tausendste sprang, das geistige Bedürfnis der Gäste zu bestreiten. Aber dies alles geschah doch im ganzen nur selten, so selten, daß ich beinah glaube, es unterblieb aus Rücksicht, und sobald Neuankommende merkten, »es ist schon Besuch da«, kehrten sie einfach um.

In der Regel kam man zu zweien, so daß wir uns zu dritt an den Kamin setzen konnten; Rasumofsky als dienender Bruder im Hintergrunde. Das Hauptpaar waren zwei Einjährige, ein bayerscher Chevauleger, Graf A., und ein Frankfurter Dragoner, eines Großweinhändlers Sohn. Sie waren sehr verschieden, aber jeder angenehm und tüchtig in seiner Art. Der Dragoner, ein stattlicher Rheinfranke, hatte das Breite, Männliche des ganzen Stammes; jener, der Chevauleger, war heiter, liebenswürdig und vor allem ganz blond, was mich bei seinem italienischen Namen und seiner italienischen Mutter immer am meisten verwunderte. Beide sprachen vollkommen französisch[1] und hatten, wie die sprachliche Fähigkeit, so auch den moralischen Mut, jederzeit für die Interessen ihrer Mitgefangenen einzutreten. Das machte sie natürlich beliebt. Bei dem jungen Grafen kam noch hinzu, daß er keine Spur von Standesdünkel zeigte; er half, unterstützte, interpretierte, aber in allem übrigen war er einfacher Reitersmann wie jeder andere. Es waren sehr liebenswürdige junge Männer, fein, rücksichtsvoll, unterrichtet, aber eines werden sie mir nicht übelnehmen: sie waren keine brillanten Unterhalter, so daß ich mitunter einen schweren Stand hatte. Die Konversation begann immer mit den Tagesfragen, die teils ihrer Einfachheit, teils ihrer geringen Zahl halber schnell erledigt waren. Der Mensch wird in solchen Zeiten auf einen gewissen Naturstandpunkt herabgedrückt; aller Luxus fällt ab; es handelt sich für vornehm und gering um dieselben Dinge, und so nimmt auch die Unterhaltung entsprechende Formen an. Es war kein Unterschied, ob ich mit Rasumofsky oder mit diesen beiden feingebildeten Herren sprach; es wurden dieselben Fragen gestellt, dieselben Bedenken, Klagen und Hoffnungen laut. Es ist begreiflich, daß ein solches Fünf-Minuten-Material für anderthalb Stunden nicht ausreichte; die Rede stockte, und da ich kein Freund der »Ausschweige-Soiréen« bin, so fiel mir, wie schon angedeutet, die nicht leichte Aufgabe zu, wie für den Tee so auch für den Unterhaltungstoff zu sorgen. Alle meine alten Steckenpferde mußten aus dem Stall,

[1] Unter den Gefangenen, auch schon in Besançon, befanden sich stets sehr viele, die französisch sprachen. Dies hatte darin seinen Grund, daß die meisten weggefangene Patrouillen waren und daß zum Patrouillen- und Rekognoszierungsdienst, so lang es sich ermöglichte, immer wenigstens *ein* Französischsprechender genommen wurde.

und nie hab' ich in Völkerpsychologie und vergleichender Stamm- und Rassenforschung so geschwelgt, als an meinem Kamine in Oléron. Wenn ich dann über die Weltherrschaftsqualität der germanischen Rasse, über die Nichtgefahr des Panslawismus, über die Wellenbewegungen im Volksleben, über die eigentlichen und uneigentlichen Demokratien meine freien Vorträge gehalten und der Graf (darin ganz Graf) mit völligster Ungeniertheit sich ausgegähnt hatte, zogen sich gegen acht die beiden Herren zurück und ließen mich mit Rasumofsky und eine halbe Stunde später mit Blanche allein.

Diese zwei Volontärs waren die Aristokratie der Gesellschaft. Es kamen aber auch andre, gewöhnlich paarweise, ein Preuße und ein Bayer; immer beste Freunde.

Das *erste* Paar war Sergeant Polzin von den Schleswigschen Husaren und Unteroffizier Vollnhals vom 11. bayrischen Regiment. Sie hatten den Überfall von Ablis gemeinschaftlich durchgemacht und sich bei jener Gelegenheit bewährt und gefunden. Es waren ein paar Typen norddeutscher und süddeutscher Soldatenschaft. Polzin, wie schon sein Name angibt, ganz Pommer, stammte im dritten oder vierten Gliede aus einer Sergeanten-, Gendarmen- und Steueraufseher-Familie (auch eine Art Adel), soldatisches Vollblut nach Abstammung und Trainierung. Wie so viele Kinder solcher Beamten war er in Annaburg erzogen. Das sind die Plätze, die, wie sie aus einer Eigenart heraus entstanden, nun diese Eigenart auch weiter fortbilden. »Scharf aber jut«, dahin faßte Polzin selber sein Urteil über diese Militär-Erziehungsanstalt zusammen. Mit Vorliebe sprach er vom Jahre 48, wo er, damals zehn Jahre alt, jedesmal mit dem Gefühl auf Wache gezogen sei, daß sich die ganze Demokratie der Nachbarschaft an seiner kleinen Bajonettspitze brechen werde. Seitdem waren viele Jahre ins Land gegangen. Er hatte Provinzen und Armeekorps gewechselt;

jetzt stand er in *Schleswig*. Er war stolz auf sein Regiment, aber doch noch stolzer auf *Preußen*. »Diese Schleswiger« – so sagte er wohl, wenn er ans Fenster trat und unten seine eignen stattlichen Leute in hellblau und weiß über den Kasernenhof hinschreiten sah –, »diese Schleswiger, sehen Sie, ein richtiger Preuße is in solchen Kerl nicht 'reinzukriegen; nichts Adrettes, Strammes. Aber das muß wahr sein, tapfer sind sie; sie stehen wie die Mauern. So recht Kerle, auf die man sich verlassen kann. Sie halten aus bis zuletzt.« Übrigens hielt sich Polzin, auch darin altpreußischen Traditionen huldigend, nur selten mit *Tee* auf. Die Teestunde war für ihn ein bloßer Name. – Aus ganz andrem Holze war Unteroffizier Vollnhals. Diese Bayern, wenn man sie zu nehmen versteht und ihren kleinen Schwächen etwas nachsieht, vor allem sich nicht über sie erheben will, sind überhaupt entzückend. Von ihrem Mut red' ich nicht erst. Er ist auch in diesem Kriege wieder sprichwörtlich geworden. Neben diesem Mute aber haben sie noch etwas Naives, das den Verkehr mit ihnen sehr angenehm macht. Sie haben alle etwas Männliches, individuell Freiheitliches, und sind auf jede Gefahr hin widerstandsbereit, wenn man das Letzte in ihnen herausfordert; aber *bis dahin* sind sie wie die Kinder und haben vor jeder Potenz des Lebens, es sei Amt, Wissen, Vermögen, einen ungeheuchelten Respekt. Dies alles trat auch bei meinem Vollnhals hervor. Er wußte recht gut, daß er sich bei Ablis wie ein Held geschlagen hatte, und erzählte mir lächelnd, daß die französischen Offiziere sich untereinander angestoßen und sich zugeflüstert hätten »das ist er«, aber bei allem Heldentum und aller naiven Freude darüber war er bescheiden und dankbar für jeden Beweis von Aufmerksamkeit.

Das *zweite* Paar war ein Gefreiter vom 96. Regiment, ein Sachse (Altenburger), dessen Namen ich vergessen habe, und Sergeant Genzel von den 10. Ulanen. Der Gefreite war ein guter, umgänglicher Mensch, aber doch ein wahres Kreuz für mich. Man urteile selbst. Ich liebe die Sachsen, bin dankbar für glückliche Tage und Jahre, die ich unter ihnen verlebte, und habe vor ihrer Energie, Zähigkeit und *Durchschnittsgebildetheit* allen möglichen Respekt; aber in dieser letztern Eigenschaft steckt doch auch wiederum ihr Schrecknis. Lebhaft und intelligent von Natur, gut erzogen und von Jugend auf mit Zeitungslektüre und Kannegießer-Weisheit vollgestopft, treten sie mit der größten Ungeniertheit an all und jede Frage heran und wissen ganz genau, daß Freiheit der Kirche vom Staat, oder Freiheit der Schule von beiden, oder Konfessionslosigkeit, oder Kindergärtnerei einzig und allein noch die Menschheit retten können. Sie haben immer eine Revalenta arabica oder einen Hoffschen Malzbonbon in petto, womit alle Schäden der Gesellschaft kuriert werden können. Während es in Norddeutschland, namentlich an den Küsten hin, immer noch eine Bauernweisheit gibt, gibt es in Sachsen einen allgemeinen Winkeladvokatenschnack, der nach unten hin imponiert, nach oben hin aber nervös macht. Von diesem Schnack leistete auch mein 96er sein vollgewogen Teil. Er hatte in dem Reisebündel eines später eingetroffenen Gefangenen ein »Dresdener Journal« vom 27. September gefunden und mit Hilfe dieses zwei Monate alten Zeitungsblattes terrorisierte er seine Mitgefangenen und löste alle schwebenden Fragen. – Desto brillanter war Sergeant Genzel. Er war ein Halberstädter, also *auch* sehr gebildet, aber denn doch aus ganz anderem Holze geschnitten. Schon physisch. Ein großer, schöner Mann, breitschultrig, bärtig, der immer, um Hauptes Länge alle anderen überragend, wie ein Halbgott über den Kasernenhof hinschritt. Als ich ihn das erste Mal bei mir sah, sprach er wenig und erzählte nur, wie er gefangen nach Orleans hineingeschleppt worden sei. »Man warf mit Steinen, man spie vor mir aus, und *Damen, nicht* Weiber, stürzten auf mich los und hielten ihre kleinen weißen Fäuste mir drohend ins Gesicht. Ich schritt ruhig weiter, aber in mir dacht' ich unwillkürlich an unsern unsterblichen Schiller und sprach halblaut vor mich hin: »*Da werden Weiber zu Hyänen.*« Dies Zitat hatte er wie eine Visitenkarte bei mir abgegeben, und ich wußte nun, woran ich war. Er war von der höhern Ordnung. – An anderen Abenden, die jenem ersten Besuche folgten, kam er dazu, seine Schicksale, seine Gefangennehmung und die Gefechte, die dieselbe begleiteten oder ihr vorausgingen, ausführlicher zu erzählen. Er tat dies ganz wie ein vornehmer Mann und legte in allem, was er vortrug, den Akzent immer auf die *Gesinnung,* nicht auf die Tat. Das bloße Totschlagen imponierte ihm gar nicht, im Gegenteil, alles Massaker verletzte nur sein ästhetisches Gefühl. Er hatte einen Einzelkampf mit einem Turko gehabt, der in eine Schmiede retirierte und sich hier mit außerordentlicher Bravour verteidigte. Endlich packte ihn Genzel und spaltete ihm den Nacken. Aber in seinem Vortrag ging er rasch drüber hin. Er liebte es nicht, auch noch seine Erzählungen rot zu färben. Wie unser Schicksal übrigens so oft an unsrer Gesinnung hängt, so auch bei ihm; – sein chevalereskes Empfinden hatte ihn in Gefangenschaft geführt. Ein junger Offizier des Regiments verlor in der Attacke sein Pferd. Genzel, verbindlich wie immer, sprang aus dem Sattel und präsentierte das seine. Ein Dank, und weiter ging es in den Feind. Aber nach fünf Minuten schon riefen die Signale zurück; man war in Kartätschfeuer hineingeraten; kehrt, rückwärts! und der mächtige Genzel trabte nun zu Fuß nebenher. Endlich verließ ihn die Kraft; unter einem Blutsturz brach er zusammen. Er hatte in jener Unglücksstunde wie seine Freiheit so auch seine Stimme eingebüßt; er sprach heiser seitdem. Man schleppte ihn nach Orleans hinein; Frauen insultierten ihn (wie schon erzählt), endlich trat ein Elsässer Offizier an ihn heran und rief ihm zu: »Wißt Ihr, was wir jetzt mit Euch machen könnten?!« »Mit mir machen?« schrie der empörte Genzel, »*gar nichts* könnt Ihr mit mir machen; *totschießen* könnt Ihr mich, und dafür will ich Euch noch dankbar sein. Geht erst hin und lernt, wie man einen anständigen Soldaten behandelt.« Das half. Solche Anreden halfen *immer*. Wer zu reden verstand, war durch. Das Wort ist in Frankreich eine größere Macht als bei uns.

Das *dritte Paar*, das abends zum Tee kam, war Unteroffizier *Janeke* von den Gardeulanen und Sergeant *Heglmaier* vom 6. oder 9. Bayerischen Jägerbataillon. Doch bin ich der Zahl nicht sicher. Diese waren Inséparables geworden, liebten sich schwärmerisch und machten beständig Pläne, wie sie sich gegenseitig in München und Potsdam besuchen würden. Janeke, persönlich äußerst bescheiden, hatte doch, wenn er *Potsdam* nannte und seinem Freunde den großen Springbrunnen in Aussicht stellte, ein ungeheures Gefühl von Superiorität, etwa wie wenn er in der Lage wäre, den Vorhang von einer neuen Welt wegziehen zu können. Heglmaier, ein oberbayrischer, rotblonder Mann, von besondrer Gutmütigkeit, ließ sich das alles gefallen. Er mochte denken: »Der Preuß ist fünfmal so stark als der Bayer, muß auch Berlin-Potsdam fünfmal so schön sein als München.« Vielleicht aber dacht' er auch gar nichts, ja, ich halte dies für das Wahrscheinlichere. Er war nämlich ein musikalisches Genie, und neben seiner Liebe zu Unteroffizier Janeke füllten nur Virtuosenträume und Konzertpassionen seine Seele aus. Ich wurde durch eine feierliche Morgenvisite, die mir Janeke noch in den letzten Tagen meiner Gefangenschaft machte, in diese Zustände seines Freundes eingeweiht. Nach einer Vorrede hieß es: ›ich sei mit dem Kommandanten so gut wie befreundet; derselbe würde mir gewiß etwas zu Gefallen tun. Heglmaier könne es nicht mehr aushalten; ich möchte also den Antrag stellen, daß die *Insel Oléron nach einer Zither durchsucht würde.* Heglmaier wolle dann ein Konzert für die Verwundeten geben.‹

So waren die Paare, die sich abwechselnd zum Tee bei mir versammelten. Mit herzlichem Vergnügen denke ich an jene Stunden zurück. Sie gönnten mir Einblick in das Leben unsres Volks, in seine Kraft und seine Güte.

9. REGENTAGE

> Du strebst vergebens des Menschen
> Schon entschiedenen Hang und seine Neigung zu wenden,
> Aber bestärken kannst du ihn wohl in seiner Gesinnung.
> *Goethe (Episteln)*

Sturm- und Regentage, und ihrer waren nicht wenige, unterbrachen den gewöhnlichen Tagesgang und gehörten vorwiegend der Arbeit und der *Lektüre.*

Der Lektüre! Unter gewöhnlichen Verhältnissen freilich hätt' es notwendig schlecht damit stehen müssen, da ich nichts besaß als ein kleines unterwegs aufgekauftes Eisenbahnkursbuch und eine drei Jahr alte Nummer des Witzblattes »La Lune«, die ich in einem Kommodenkasten leidlich wohlerhalten vorgefunden hatte. Der Leser mag sich berechnen, wie weit das reichte. Es hätte aber keinen Kommandanten auf Oléron geben müssen, wenn diese Verlegenheit eine dauernde hätte sein sollen; – Kapitän Forot hatte kaum von meinem Wunsche gehört, als auch schon Rasumofsky erschien, um mir, mit Gruß und besten Empfehlungen, drei Bücher zu überreichen: ein kleines, ein großes und ein *sehr* großes.

Mit dem kleinen wollt' es nicht gehen. Ich glaube, es hieß »Eine Reise ins Freie« und schilderte in unangenehm pointierter Sprache eine rasche Reihenfolge von Kupee-Aventuren: auflodernde Leidenschaft (natürlich immer von unwiderstehlicher Gewalt), intervenierende Gatten, highlife-Duelle, totgeschossene Grafen usw. Noch ehe ich bis Seite 100 gekommen war, warf ich das Zeug in die Ecke. Es war mir um einen Grad *zu* französisch.

Ich ging nun an das *große* Buch. Es war das »Memorial von St. Helena«, das bekannte Tagebuch des Grafen Las Cases. Ich sage »bekannt«, aber freilich wohl den meisten Menschen (wie mir selber) nur dem Namen nach. Man muß gefangen sein, um dergleichen nachzuexerzieren. Ich las mit dem größten Interesse. Gleich die ersten Kapitel (die Einschiffung Napoleons auf dem Bellerophon und die vorhergehenden Verhandlungen mit dem englischen Kapitän Maitland) versetzten mich genau in jene Insel- und Städtegruppe, innerhalb deren ich mich jetzt befand; einzelnes, was ich auf den ersten Seiten dieses dritten Abschnitts über Oléron gesagt habe, ist diesen Las-Cases-Memoiren entnommen. Die Lektüre, neben manchem anderen, hatte den besonderen Reiz für mich, daß sie in einem gewissen, übrigens höchst pikanten Durcheinander des Stoffs, zu einer Art Generalrevue meines historischen Wissens wurde, zu einer großen Repetition, bei der ich die Befriedigung hatte, leidlich gut zu bestehen. Dieser Reiz steigerte sich noch dadurch, daß ich mich fähig fühlte, mit Kritik zu lesen; selbst diesem *Quellen*buche gegenüber glückte es mir, die Fehler, die Illusionen, die absichtlichen Täuschungen zu erkennen. Nicht Frankreich hatte diesen fünfundzwanzigjährigen Riesenkampf verschuldet, sondern England. *Pitt* hatte diesen Brand entzündet, halb aus nationalem Egoismus, halb aus Legitimitäts-Donquixoterie. Das alles war so ruhig, so bestimmt gesagt, durch Las Cases so überzeugungsvoll bestätigt, daß ich tagelang in meinem Innersten wie beunruhigt war. Ich mußte, während draußen Sturm und Regen an die

Fenster schlugen und Rasumofsky ein Scheit nach dem andern auf den Herd legte, förmliche Kämpfe in mir durchmachen, hatte aber die Freude, mit gestärkter Überzeugung zu meinen alten Fahnen zurückkehren zu können. Das Nationalitätsprinzip hatte gegen den Napoleonischen *Weltmonarchie*-Gedanken gestritten – es wird noch auf lange hin ein Ruhm Pitts bleiben, *jenes* siegreich verteidigt zu haben.

Meine eigentlichste Freude war aber doch das »*sehr* große Buch«, in dem sich nicht eigentlich lesen, sondern nur naschen ließ. Es war in reicher Schale das süßeste Dessert. Wenn mir Las Cases anfing etwas zu substantiell zu werden, so schob ich diese pièce de résistance beiseite, um von dem Konfektteller und seinen Knallbonbons zu nehmen.

Dieses »sehr große Buch« hieß Autographenalbum, war in roten Maroquin gebunden und enthielt, in Faksimiles, die handschriftlichen Aufzeichnungen von mehr als tausend Personen, Zelebritäten aus aller Welt Enden, zu elf Zwölftel natürlich Franzosen. Deutsche fast gar nicht. Ich gebe einiges aus diesem Schatz. Die Personen, die jene Aufzeichnungen gemacht, teilen sich, wie mir scheinen will, in sieben Gruppen: die Historischen, die Ernsthaften, die Heitergraziösen, die Falschbescheidenen, die Bequemen, die Geistreichen und die bedenklich Geistreichen.

Die Historischen. Den Reigen eröffnet hier Louis Napoleon selbst, mit einem am 5. Dezember 1848 geschriebenen Briefe. Es heißt am Schlusse desselben: »Lorsque une révolution est dans le vrai, elle produit de grands hommes et de grandes choses, lorsque'elle est dans le faux, elle ne produit que *du bruit et des larmes.*«[1] Das war drei Jahre vor dem

[1] Wenn eine Revolution richtig ist, dann gehen aus ihr große Männer und große Dinge hervor, ist sie falsch, dann bringt sie nur Lärm und Tränen. (Der Herausgeber hat die französischen und italienischen Textpassagen in den Fußnoten – bis S. 156 – übersetzt.)

Staatsstreich. Was lag alles dazwischen! Ich mußte unwillkürlich auch an die *jüngste* Phase französischer Entwicklung denken: »Lorsque'elle est dans le faux, elle ne produit que *du bruit et des larmes.*« Neben diesen Zeilen des Vaters befindet sich eine leicht hingeworfene Federzeichnung Lulus: alte Troupiers, die auf Wache ziehen. Darunter in schöner, fast schon ausgeschriebener Handschrift: »Louis Napoleon.«

Das nächste Blatt bringt folgendes von der Hand des Bürgerkönigs: »J'abdique cette couronne que la voix nationale m'avait appelé à porter, en faveur de mon petit-fils le Comte de Paris. Puisse-t-il réussir dans la grande tâche qui lui échoit aujourd'hui. 24 Février 1848. *Louis Philippe.*«[1] Dies »aujourd'hui«, dreiundzwanzig Jahre vertagt, ist vielleicht *heute.*

Unmittelbar darunter: »Soldati. Ciò che offro a quanti vogliono seguirmi eccolo: fame, freddo, sole, non pane, non caserne, non munizioni, ma avvisaglie continue, stenti, battaglie, marcie forzate e fazioni alla bajonetta. Chi ama la patria mi seguite. *Garibaldi.*«[2] So schrieb er 1849. Der Zauber auch *dieses* Namens ist verblaßt.

Die Ernsthaften. »*La modestie* est une grande lumière; elle laisse l'esprit toujours ouvert et le cœur toujours docile à la vérité. [3] *Guizot.*«

[1] Ich entsage dieser Krone, welche zu tragen, mich die Stimme des Volkes aufgefordert hatte, zugunsten meines Enkels, des Grafen von Paris. Möge er bei der großen Aufgabe, die ihm heute zufällt, Erfolg haben.

[2] Soldaten, denen, die mir folgen, biete ich: Hunger, Kälte, Sonne, kein Brot, keine Kaserne, keine Munition, aber ständige Schlachten, harte Märsche und Kämpfe mit dem Bajonett. Wer die Heimat liebt, möge mir folgen.

[3] Bescheidenheit ist ein großes Licht; sie läßt den Geist immer offen und das Herz stets empfänglich für die Wahrheit.

»*Le rationalisme!* c'est l'homme fait Dieu à la place du Dieu fait homme. [1] *Molé.*«

»Je ne puis refuser ma signature. Quant à la prose et aux vers, n'y comptez pas. J'adore Homère, Sophocle, Euripide, mais les ingrats ne m'ont rien révélé. [2] *J. Ingres.*«

»Sancta Maria, mater Dei, ora pro nobis peccatoribus, nunc, et in hora mortis nostrae. [3] *Louis Veuillot.*«

Dieser Aufruf an die Heilige Jungfrau ist mir in einem Autographenalbum fast *zu* ernsthaft erschienen; das ostensive Karteabgeben als »Katholik quand même« verstößt gegen den guten Geschmack.

Viel beweglicher als diese Worte aus der kirchlichen Welt wirken die nachstehenden aus der Bühnenwelt. Das Profane schlägt das Heilige.

»Lorsqu'on a mis le pied une fois dans la fatale carrière du théâtre, il faut la parcourir jusque'au bout, épuiser ses joies et ses douleurs, vider sa coupe et son calice, boire son miel et sa bile; il faut finir comme on a commencé, mourir comme on a vécu, mourir comme est mort Molière, au bruit des applaudissements, des sifflets et des bravos! Mais lorsqu'il est encore temps de ne pas prendre cette route, lorsqu'on n'a pas franchi sa barrière, il faut n'y pas entrer. Croyez-moi sur mon honneur, croyez-moi. [4] *Frédéric Lemaître.*«

[1] Der Rationalismus! der Mensch macht Gott und nicht Gott den Menschen.

[2] Meine Unterschrift kann ich nicht verweigern. Man rechne weder auf Prosa noch auf Verse. Ich verehre Homer, Sophokles, Euripides, aber die Undankbaren haben mir nichts aufgezeigt.

[3] Heilige Maria, Mutter Gottes, bete für uns Sünder jetzt und in der Stunde unseres Todes.

[4] Wenn man erst einmal seinen Fuß in die verhängnisvolle Karriere am Theater gesetzt hat, muß man sie bis zum Ziel durch-

Hieran reihen sich noch zwei Aufzeichnungen Duclercs und Odilon Barrots, in denen sich zugleich eine tiefe politische Verstimmung, ein Haß gegen das kaiserliche Gouvernement ausspricht:

»Les meilleurs gouvernements tombent, mais – *les pires aussi.* [1] *Duclerc.*«

»Silence, on nous écoute! L'an de *grâce* 1852. [2] *Odilon Barrot.*«

Das Album erschien Anfang der 60er Jahre, als das Kaisertum auf der Höhe seines Ansehens stand. Der Herausgeber hielt es deshalb für nötig, diesen Hohn Odilon Barrots mit einer spöttischen Bemerkung seinerseits zu begleiten, und fügte deshalb ziemlich witzig hinzu: »Mr. Odilon Barrot ist bekanntlich der einzige *Odilon* in Frankreich, der Herrn *Barrot* für ernsthaft nimmt.«

Die Heitergraziösen. In dieser Gruppe habe ich nur *einen* Namen zu verzeichnen: Eugène Scribe. Auf den verschiedensten Blättern des Albums fand ich seine Signatur; fast immer waren es vierzeilige Verschen, immer Ausdrücke des liebenswürdigsten Naturells.

laufen, ihre Freuden und Leiden ausschöpfen, ihre Schale und ihren Kelch leeren, ihren Honig und ihre Galle trinken; man muß enden wie man begonnen hat, sterben wie man gelebt hat, sterben wie Molière gestorben ist, beim Lärm des Beifalls, der Pfiffe und der Bravorufe! Aber wenn man noch Zeit hat, diesen Weg nicht zu gehen, wenn man die Schranke noch nicht überschritten hat, dann soll man ihn nicht gehen. Glaubt mir, bei meiner Ehre, glaubt mir.

[1] Die besten Regierungen stürzen, jedoch – die schlechtesten auch.

[2] Still, man hört uns! Im Jahre des Heils 1852.

»Sur un parapluie

Ami commode, ami nouveau,
Qui, contre l'ordinaire usage,
Reste à l'écart, quand il fait beau,
Et se montre les jours d'orage!«[1]

Seiner in der Nähe von Paris erbauten Villa hatte er folgende, in diesem Album von ihm wiederzitierte Inschrift gegeben:

»Le thêatre a payé cet asyle champêtre,
Vous qui passez, merci! je vous le dois peut-être.«[2]

Die Falsch-Bescheidenen. Hier begegnen wir einigen Namen und Berühmtheiten ersten Ranges:

»Mon nom n'est point digne de figurer dans un recueil. [3] *V. Broglie.«*

»Ni le mien non plus. [4] *George Sand.«*

»Ni le mien non plus. *Eugène Sue.«*

Alle drei finden aber rasch ihre Verurteilung. Gleich der folgende (Viennet) schreibt unter die drei Bescheidenen: »O triple orgueil«, [5] und Charles Filipon geht noch einen Schritt weiter und fügt hinzu: »Farceurs!«[6]

Die Bequemen. Die Gruppe dieser ist sehr groß. Sie besteht zunächst aus solchen, die, kritiklos und mittelmäßig

[1] ›Auf einen Regenschirm‹ / Angenehmer Freund, neuer Freund, / der, entgegen dem gewöhnlichen Brauch, / abseits bleibt bei schönem Wetter, / doch sich an Sturmestagen zeigt.

[2] Das Theater hat diesen Landsitz bezahlt, Dank euch, die ihr vorbeigeht, vielleicht verdanke ich ihn euch.

[3] Mein Name ist nicht würdig, in einer Sammlung zu stehen.

[4] Der meine ebenso wenig.

[5] O, dreifacher Hochmut.

[6] Possenreißer

beanlagt, sich keinen Augenblick genieren, den allergrößten Gemeinplatz niederzuschreiben. Hier befindet sich denn auch der einzige Deutsche, der gewürdigt worden ist, einen Platz in diesem Album einzunehmen, *Johannes Ronge*. Er schrieb: »*Saarbrücken*, den 8. Februar 1863. Keine Verdammung, keine Ketzer mehr. Es gibt nur einen Gott für alle Kirchen und alle Völker.« Es ist nicht leicht möglich, trivialer zu sein. Einem Franzosen gelingt es aber schließlich doch: »Aimons-nous les uns les autres. [1] *Havin.*« Hoffen wir, daß diese Worte wenigstens in *Damen*gesellschaft geschrieben wurden.

»L'esprit n'est jamais vieux tant que le cœur est jeune. [2] *Paul Lacroix.*«

»La jeunesse n'a pas assez souffert pour savoir consoler. [3] *Legouvé.*«

Zu dieser Gruppe der »Bequemen« gehören aber vor allem auch diejenigen, die (weil beständig in Autographenkontribution genommen) ihren bestimmten Albumvers ein für allemal bei sich führen und jahraus jahrein mit denselben Vierzeilen debütieren.

»Au clair de la lune,
Mon ami Pierrot,
Prête-moi ta plume
Pour écrire un mot. [4]
Jules Sandeau.«

[1] Lieben wir einander.

[2] Der Geist ist nie älter als das Herz jung ist.

[3] Die Jugend hat nicht genug erlitten, um zu wissen wie man tröstet.

[4] Im Schein des Mondes, / mein Freund Pierrot, / leih mir deine Feder, / um ein Wort zu schreiben.

»C'était, dans la nuit brune
Sur le clocher jauni,
  La Lune
Comme un point sur un I. [1]
  Alfred de Musset.«

»La cigale ayant chanté
  Tout l'été
Se trouva fort dépourvue
Quand la bise fut venue. [2]
  Jules Janin.«

Der Herausgeber fügt in betreff dieser drei scherzhaft hinzu: »Se sont donnés le mot pour ne pas perdre de *copie.*« [3]

Wir haben solche Albumversler, die das »Kopierrecht nicht verlieren wollen«, namentlich auch in Deutschland. Einfälle, Impromptus sind nicht unsere starke Seite.

Die Geistreichen. Es hätte kein *französisches* Album sein müssen, wenn diese Gruppe nicht am stärksten vertreten gewesen wäre. Vieles war entzückend.

»Je me résigne et je signe [4] *Montalembert.*«

»Je ne sais quoi dire et j'en fais l'aveu. [5] *A. Thiers.*«

[1] In Freiligraths vorzüglicher Übersetzung, die fast das Original schlägt:
Den Mond durch Nebel scheinen / Hoch überm Turme sieh, / Wie einen / Punkt über einem i!

[2] Als die Grille den ganzen Sommer gesungen hatte / fand sie sich ohne Mittel / da der Nordost gekommen war.

[3] Haben sich das Wort gegeben, um das »Kopierrecht« nicht zu verlieren.

[4] Ich resigniere und signiere

[5] Ich gestehe, daß ich nicht weiß, was ich sagen soll.

»Le goût est le sentiment prompt d'un esprit bien fait. [1] Le Duc *de Noailles.*«

»L'esprit qu'on veut avoir, gâte celui qu'on a. [2] Le prince *de la Moskowa.*«

»J'en fais moi-même en ce moment la triste expérience. [3] *de Persigny.*«

»Ce n'est pas la *fortune* qui vient en dormant, c'est le *terme.* [4] Emile Marco *de St. Hilaire.*«

»Les hommes se suivent et ne se ressemblent pas. [5] *Carnot* (Sohn des alten).«

»L'or est une chimère pour celui qui n'a pas le Sou. [6] *Peupin*«, Uhrmacher, späterer Tresorier der Kaiserin.

»Quelle est la femme qui ne fait pas ce qu'elle dit? Celle qui jure de n'aimer jamais, ou d'aimer toujours. *Charles Briffault.*«

Also etwa:

Welche Frau hält gewiß *nicht,* was sie verspricht? Die, die da schwört, niemals zu lieben oder immer.

»L'amour est comme l'opéra. On s'y ennuie, mais on y retourne. [7] *Gustave Flaubert.*«

(Verfasser von »Madame Bovary« und »Salambo«.)

»Il est plus facile de *faire* ce qu'on doit que de le *payer.* [8] *Jacques Herz,* frère de Henri.«

[1] Geschmack ist das sichere Gefühl eines gut gestalteten Geistes.
[2] Der Geist, den man sich wünscht, verdirbt den, den man besitzt.
[3] Ich selbst mache in diesem Moment diese traurige Erfahrung.
[4] Es ist nicht das Glück, das während des Schlafes kommt, es ist das Ende.
[5] Die Menschen folgen einander, aber sie gleichen sich nicht.
[6] Das Gold ist für den ein Trugbild, der keinen Sou besitzt.
[7] Die Liebe ist wie die Oper. Man langweilt sich, geht aber wieder hin.
[8] Es ist leichter, zu tun, was man soll, als dafür zu zahlen.

»*Rêver,* c'est le bonheur; *attendre* c'est la vie. [1] *Victor Hugo.*«

Die Auswahl, die ich hier getroffen, ließe sich verzehnfachen. Nur sehr selten überschlägt sich die Geistreichigkeit. Ein Schriftsteller dritten Ranges schreibt einfach seinen Namen und fügt hinzu: »Mon nom est assez.« [2] Noch weniger angenehm berühren die Worte der Rachel:

»Oh, réclames!! Avis aux lecteurs. Je rentrerai à la comédie française Samedi prochain par le rôle de Phèdre. Paris, 18. Novembre 1849.« [3]

Die Rachel, deren häßliche, vor *nichts* zurückschreckende Gewinnsucht ein öffentliches Geheimnis war, durfte solchen Scherz nicht wagen.

Ich schließe mit den handschriftlichen Aufzeichnungen zweier Engländer: »All that I could say of my books, I have said in them. [4] *Charles Dickens.*« Wie liebenswürdig!

In derselben Gesellschaft befand sich auch der »Vater der Friedens- und Manchesterschule«. Aufgefordert, sich ebenfalls einzutragen, schrieb er einfach:

»Richard *Cobden.* Paris, 30. August 1849.«

Ganz charakteristisch. In allem der Matter-of-fact-Mann!

[1] Träumen, das ist das Glück; warten, das heißt leben.

[2] Mein Name ist genug.

[3] Oh, Ankündigungen! Hinweis für den Leser. Ich werde am nächsten Samstag in der Rolle der Phädra an die Comédie Française zurückkehren.

[4] Alles, was ich von meinen Büchern sagen könnte, habe ich in ihnen gesagt.

Schleswiger Husaren und elf vom 11. Bayrischen Regiment

> Wir standen, keines Überfalls gewärtig,
> Bei Neustadt schwach verschanzt in unsrem Lager,
> Als gegen Abend, unser Vortrab fliehend
> Ins Lager stürzte, rief, der Feind sei da.
>
> *(Wallenstein)*

Von 6 an war Plauderstunde. Dann kamen, wie schon in einem früheren Kapitel erzählt, die Avantageure, Sergeanten und Unteroffiziere (meist Kavalleristen), um, ein Glas Tee in der Hand und die Füße am Kamin, die Tagesereignisse durchzusprechen: wer krank sei, wer gestorben sei, ob es noch lange dauern werde, ob der Kantinier den Kurs des Papiertalers abermals um fünf Sgr. herabgedrückt habe, ob die angesagten Öfen und Strohsäcke eine Wirklichkeit werden oder eine Mythe bleiben würden? Es waren nicht gerade welterschütternde Fragen, die uns beschäftigten und die an zweiten und dritten Abenden mit derselben Hingebung behandelt wurden wie am ersten; die Hauptunterhaltung blieben aber doch die Kriegsabenteuer, namentlich die Momente der *Gefangennehmung,* und aus der Fülle von Stoff, der damals vor mir ausgeschüttet wurde, geb' ich das Nachstehende.

*

Sergeant Polzin erzählt:

Unsere Division (Herzog Wilhelm von Mecklenburg) lag in Rambouillet. Wir waren fünf Regimenter stark: Brandenburgsche Kürassiere, Fürstenwalder Ulanen, Zietenhusaren, – das waren die alten; dazu zwei neue: die 15. Ulanen und die 16. Husaren, beides Schleswig-Holsteiner. Ich stand bei den 16. Husaren, 3. Eskadron.

Am 7. Oktober mittags wurden wir alarmiert und auf einer der nach Chartres führenden Chausseen (nicht auf der Hauptstraße) bis zum Dorfe *Ablis* vorgeschoben. Wir waren die äußerste Spitze. In Chartres stand der Feind.

Es mochte 5 Uhr sein, als wir in Ablis einrückten; es dämmerte schon. Wir suchten das Dorf ab, fanden nirgends Verdächtiges, besetzten die nach Süden zu gelegenen Gehöfte und stellten Doppelposten an die vier Ausgänge des Dorfes. Das sah sehr gut aus und konnte einen Rekruten beruhigen, aber nicht einen Alten. Es war ein Fehler von Grund aus. Unser Rittmeister behandelte uns wie Infanterie; wir waren aber nicht hierher geschickt worden, um Schützen oder Jäger zu spielen. Wir waren *Husaren;* wir mußten Spielraum haben. Statt dessen hatten wir *Barrikaden.* Unsinn. Sie kamen uns später teuer genug zu stehen.

Um 9 Uhr – wir lagen schon bei unseren Pferden – rückte noch eine Unterstützung für uns ein: 60 Mann vom 11. Bayrischen Regiment. Nun sicherlich wär' es an der Zeit gewesen, unsere Husaren wieder zu Husaren zu machen und nach allen vier Seiten hin Vedetten zu stellen und Rekognoszierungspatrouillen auszuschicken; aber nichts von dem allen geschah. Wir sollten als »Infanterie« zugrunde gehen.

Eine halbe Stunde später nach Einrücken der Bayern schlief alles fest. Ich allein wachte. Ich hatte in dem Gehöft, in dem wir lagen, den ganzen Abend über ein Kommen und Gehen bemerkt, ein Tuscheln und Flüstern und dann wieder ein rasches Abbrechen, wenn sie sich beobachtet glaubten; – das ganze Nest war mir unheimlich vorgekommen; es stand fest in mir, daß es was geben müsse. Bei jedem Geräusch horcht' ich auf; aber es war nichts. Ich hört' es noch

Mitternacht schlagen; dann fiel ich in tiefen Schlaf wie die andern.

Es mochte 3 Uhr sein, als es an die Stalltür pochte: klick, klack. Ich sprang auf und rief noch in halbem Schlaf: »Gleich, gleich«; aber während ich noch auf die Stalltür zutappte, steigerte sich das Klopfen so, daß es kein Klopfen sein konnte: klick, klack, wie wenn Steine aufs Dach fallen. Jetzt wußt' ich was los war: »'Raus, Kerls, wir sind überfallen.«

In meinem Stall lagen 10 Mann. Wie ein Wetter waren sie auf, aller Schlaf wie weggeblasen; Karabiner in Hand stürzten wir hinaus. Als wir in die Dorfgasse traten, stand schon alles im Gefecht. Von rechts her, aus der Mitte des Dorfs, wo die beiden Gassen sich schneiden, hörten wir das Kommando der Bayrischen Offiziere, von links her blitzten die Karabinerschüsse der Unseren oder leuchtete mitunter das Blau und Weiß der Uniformen. Der Feind schien überall. Im Einverständnis mit den Bewohnern drang er weniger durch die Eingänge des Dorfs als durch die Häuser und Gärten vor; aber noch war nicht alles verloren. Die Bayern, ersichtlich, hielten stand; ja, wir konnten hören, daß sie Terrain gewannen. Wir riefen uns einander zu. Wenn wir jetzt als richtige Husaren, unsere Pferde unterm Leibe, in die zerstreut kämpfenden Feinde hineingefahren wären und in immer wiederholtem Auf- und Niederjagen die beiden Dorfstraßen leer gefegt hätten, während die Bayern die vier Eckhäuser am Kreuzungspunkt besetzt hielten, so wären wir vielleicht durch gewesen. Aber die verd... Barrikaden! Keine fünfzig Schritt freie Bewegung. Wir scheiterten, weil wir uns statt auf die Pferde auf den Karabiner verlassen mußten. Jeder kann nicht jedes.

So knatterte es hin und her. Unsere dünne blaue Linie wurde immer dünner; die anstürmenden Franktireurs drängten uns von der Straße auf das Gehöft, von dem Gehöft in die Ställe; hier standen wir jetzt ratlos bei unsren Pferden; von außen her, durch Türen und Luken, knallte der Feind aufs Geratewohl in die dunklen Räume hinein. Unteroffizier Balzer, eines reichen Gutsbesitzers Sohn, unser aller Liebling, sprang, als er Mann und Pferd neben sich fallen sah, mitten in den Haufen der Draußenstehenden hinein und rief: »Pardon!« Sein gutes Gesicht, seine bittende Stimme schienen ihn retten zu sollen: der Zunächststehende setzte das Gewehr ab und sah ihn an; aber im selben Augenblick sprang ein Zuave vor und jagte ihm mit einem deutsch gesprochenen »stirb, Hund« die Kugel durch den Kopf.

Wir andern kapitulierten. Alle Offiziere waren tot; wir waren noch 56 Mann.

Korporal Vollnhals erzählt:

Wir rückten um 9 Uhr ins Dorf, drin wir die Schleswiger Husaren schon vorfanden. Wir waren 60 Mann unter Oberleutnant *Schneider* vom 11. Regiment, 1. Bataillon (Regensburg). Die Ausgänge waren von den Husaren besetzt; wir verdoppelten die Posten, legten eine Feldwache von 30 Mann nordwestlich und bezogen mit dem kleinen Rest, der uns blieb, Alarmquartiere in der Mitte des Dorfs. Ich war im Dorf.

Um 3 Uhr knatterte es draußen. Der Feind griff von allen Seiten gleichzeitig an; so hieß es denn Knäuel bilden, um die Zurückgehenden aufnehmen und den Feind, woher er auch komme, erwarten zu können. Unsere ausgestellten Posten waren sämtlich weggeschossen worden, die zurückgehende Feldwache hatte schwere Verluste gehabt; so musterten wir denn nur noch 40 Mann. Mit diesen galt es jetzt das Dorf zu halten. Nach Süden hin, in geringer Entfernung, standen die Husaren.

Eine Viertelstunde lang ging es. Wir attackierten mit dem Bajonett und drängten das, was uns gegenüberstand, mehrmals bis an die Einfassungsmauer zurück; aber jedesmal, wenn wir anschlugen, um eine volle Salve in den dichten Haufen hinein abzugeben, hieß es aus dieser Masse heraus: »Schießt nicht, Kinder, wir sind ja Preußen.« Im selben Augenblick trafen uns Kugeln von *hinten* her. Nun machten wir kehrt, glaubten wirklich, den Feind bloß im Rücken und in unsrer Front die Preußen zu haben, aber im selben Moment, wo wir die Schwenkung gemacht, umzischten uns auch schon wieder die Kugeln unserer vermeintlichen deutschen Brüder. Wir wußten nicht ein noch aus, und zuletzt, von Wut und Todesangst getrieben, schossen wir blind in alle Haufen hinein, um dem Spiel ein Ende zu machen.

Aber das Spiel war uns bereits teuer zu stehen gekommen. Alle Offiziere tot. Als ich jetzt an dem Straßenkreuzungspunkte mich umschaute, sah ich, daß wir nur noch 15 Mann waren. Ich war der einzige Chargierte und übernahm das Kommando. Von allen Seiten gedrängt, zog ich mich in das zunächst gelegene massive Haus zurück und besetzte den ersten Stock, nachdem ich die Tür unten, so gut es ging, verrammelt hatte. An jedem Fenster vier Mann. Ich postierte sie schräg hinter dem rechten Pfeiler, so daß sie gedeckt standen und einen sichern Schuß hatten. Der Himmel war mit uns. Bis dahin war es dunkel gewesen; jetzt aber dämmerte es, und der erste über die Dächer kommende Tagesschimmer fiel so hell auf unsere Läufe, daß wir das Korn sehen und scharf zielen konnten, während die Franzosen unten im Halbdunkel standen. So ging es fort, bis alle Patronen verschossen waren; unser matter werdendes Feuer hatte ohnehin dem Feinde schon verraten, wie's mit uns stand. In diesem Augenblick rückte die Masse drüben zum Sturme vor; noch einen letzten Schuß gab ich ab, dann hörten wir, wie unten die Fenster und Hintertüren eingestoßen wurden und alles treppan lärmte. Eine Salve in unser Zimmer hinein, vier von meinen Leuten stürzten; ein Chasseur packte mich beim Kragen und schüttelte mich. Ich stieß ihn in eine Ecke zurück. Wütend setzte er mir das Gewehr auf die Brust und drückte los, während ich eben den Lauf an der Mündung gefaßt hatte. Die Kugel riß mir die Spitze des kleinen Fingers fort. Jetzt mußte sich's entscheiden. Wir wollten uns eben an den Hals fahren, als ein Offizier, soviel ich verstehen konnte ein Pole, zwischen uns sprang und mich rettete. Er erklärte uns alle »als in seinen Schutz gestellt«, und als er sah, daß wir nur noch 11 Mann waren, lobte er uns. Mir nickte er zu, was er jedesmal wiederholte, wenn er später an mir vorüberkam.

Sergeant Polzin erzählt weiter:

Um 5 Uhr früh war alles, was von uns noch übrig war, in dem großen Gastzimmer des einen Gehöftes versammelt, Husaren und Bayern, alles bunt durcheinander. Verwundete gab es nicht; wenigstens haben wir nichts davon gehört.

Es war eine wunderliche Beleuchtung: Kaminfeuer und ein halbes Dutzend Lichter, auf Blaker und Flaschen gesteckt. Zwei oder drei dieser Lichter standen auf einem großen runden Tisch, der an ein offenstehendes Fenster gerückt worden war; Tageslicht drang ein. Wir atmeten auf in dieser Morgenfrische. Auf dem Tische selbst lag alles aufgeschichtet, was man den Toten draußen an Geld und Geldeswert abgenommen hatte; jetzt mußten auch wir deponieren, was wir in unseren Taschen hatten. Mitunter half eine Franktireurhand nach und beschleunigte die Untersuchung. Nun ging es an ein Sortieren und Teilen. Ein Zehntalerschein, dessen Wert der großen Mehrzahl ein Geheimnis war, wurde verächtlich beiseite geschoben. In demselben

Augenblick aber fuhr durch die dem Tisch zunächst stehende Franktireurmauer eine Hand hindurch, griff nach dem Schein und sagte mit unverkennbarem Akzent: »*Dir* kann ich jrade brauchen.« Es war eine Art Elitekorps, mit dem wir es zu tun gehabt hatten, Fremdenlegionäre, Abhub aus aller Herren Länder, Italiener, Polen, Hannoveraner, und – wie überall in der Welt – auch Berliner.

Von Geldeswert war uns allen nur eines geblieben: einem meiner Husaren hatte ein Seitenschuß die ganze Uhr aus der Kapsel herausgeschossen; an seiner Uhrschnur hing nichts als die silberne Schale. In gutem Humor hatte man sie ihm als »Andenken an Ablis« überlassen.

Wir erhielten einen Frühtrunk und einen Bissen Brot; dann ging es auf Chartres zu. Unter dem Jubel der Bevölkerung zogen wir ein.

Gegen Abend sahen wir von unserem Gefängnis aus, daß sich der Himmel gegen Norden hin rötete. Wir ahnten, was es war; drei Tage später *wußten* wir es. Die ganze Division war von Rambouillet aus gegen Ablis vorgerückt, um das Dorf für seinen Verrat zu strafen. In weitem Kreise standen die Regimenter; dann feuerte die reitende Batterie ihre Brandgranaten in das unglückliche Dorf, und am andern Morgen war Ablis ein Aschenhaufen.

Sie preschten zurück in vollem Galopp,
hopp, hopp,
Daß an der Lanze das Fähnlein stob,
hopp, hopp,
Leb wohl, leb wohl, lieb Kamrad mein,
Es mußte doch mal geschieden sein;
Ach ja,
Er stürzte vom Pferde allda.

G. Hesekiel

Unteroffizier Janeke erzählt:

Wir lagen bei dem Dorfe Villaines, zwei Meilen nördlich von St. Denis. Am 3. November früh erhielt ich Order, mit vier Mann einen Rekognoszierungsritt bis Ecouen und Sarcelles zu machen und Nachricht zu bringen, *ob* sie besetzt seien, *wie stark* und *womit*. Das große Dorf Ezonville war halber Weg. Hier sollte das Absuchen beginnen. »Es ist nicht *wahrscheinlich*, daß sie schon in Ezonville stecken, aber es ist *möglich*. Also aufgepaßt. Und nun mit Gott.«

Wir ritten aus; es nebelte noch. Das erste Dorf, das wir passierten, hieß Villiers-le-Sec, das zweite Lemesnil-Aubry; der Nebel war inzwischen gefallen, und alles versprach einen klaren Tag. Wir trabten nun auf das *dritte* Dorf zu. Es war Ezonville. Sein heller Kirchturm blinkte schon durch die Pappeln.

Als wir dicht heran waren, stießen wir auf drei Mann von unserer 5. Eskadron, die schon vor uns ausgeritten waren. Der Gefreite machte Meldung und stellte sich unter mein Kommando. Ich hatte nun sieben Mann und war guter Dinge; mit sieben Lanzen ist schon was anzufangen.

Ich teilte jetzt meine Streitkräfte in zwei Seiten- und eine Mittelpatrouille. Die Mittelpatrouille (für das Dorf bestimmt) war die Hauptsache. Diese führte ich selber und suchte mir zwei Mann dazu aus, die beiden besten. Ich sagte mir so: die drei von der 5. Eskadron mögen gut sein, aber du kennst sie nicht. Deine eigenen kennst du: Rabinsky is ein Deubelskerl, aber Polacke und unzuverlässig; Pottmüller is willig, aber noch ein halber Rekrut; bleiben dir noch Sattler Gemke und der rothaarige Schindler, *die* nimm, die sind jut. Und so nahm ich mir denn Gemken und Schindlern; die drei von der 5. schickt' ich links um das Dorf 'rum, Rabinsky und Pottmüller rechts.

Sattler Gemke hatte die Spitze, dreißig Schritt hinter ihm Schindler und ich; so ritten wir in das Dorf ein. Ich kannt' es schon von Mitte Oktober her, wo wir bei hellem Mittagsschein durchgekommen waren. Ein langes Dorf, bloß zwei Reihen Häuser; in der Mitte die Kirche mit einem Platz. Ich hatt' es noch gut in Erinnerung.

Die ersten Gehöfte in ihrem weißen Anstrich und mit den Vorgärten, in denen noch das bunte Laub hing, sahen freundlich genug aus; aber in jeder Tür stand ein altes Weib, was mir all mein Lebtag nichts Gutes bedeutet hat. Ich ritt an die erste heran und fragte: »Franktireurs?« worauf sie mit dem Kopf *schüttelte,* nach Süden hin zeigte und bloß immer wiederholte: »En bas.« Ich sagte: »Dank, Mütterchen«, ritt auf die zweite zu und fragte wieder »Franktireurs?« worauf diese mit dem Kopfe *nickte,* auch nach Süden zeigte und auch wiederholte: »En bas.«

Ich war jetzt ärgerlich. Die eine schüttelte, die andere nickte; ich warf ihr also einen altmärkischen Morgengruß an den Kopf, den ich hier nicht wiederholen will. Vielleicht hatte sie's gut mit mir gemeint. Es ist schlimm, wenn man sich in fremden Sprachen vernachlässigt hat.

Gemke war uns jetzt erheblich vorauf. Schindler und ich ritten rechts und links an den Gehöften vorbei; wo es möglich war, hielten wir uns so dicht an den Häusern hin, daß wir in die Fenster des ersten Stocks hineinsehen und den Flur und die Zimmer mustern konnten. Aber nirgends zeigte sich etwas Verdächtiges; die Dorfstraße war leer, die Gehöfte wie ausgestorben, nur Kinder spielten im Hof. Männer schien es nicht zu geben.

So waren wir an der Kirche vorbei bis an die letzten, schon vereinzelt stehenden Häuser gekommen und wollten eben auf Ecouen und Sarcelles zu uns in Trab setzen, als zwei Schüsse fielen und Gemke, sein Pferd herumwerfend, in voller Karriere auf uns zusprengte. Er hielt seinen linken Arm in die Höh', der stark blutete. Jetzt wußt' ich Bescheid. »Gemke«, rief ich ihm zu, »helfen is nich; Sie müssen sehen, wie Sie durchkommen, immer querfeldein; Gott verläßt keinen Ulanen nich.« Ich sah noch, wie er über den Graben setzte. Schindler und ich aber machten kehrt und jagten wieder zurück in das Dorf hinein, das wir eben erst verlassen hatten.

Welch Wechsel! Die Gasse stand jetzt so vollgepfropft, als ob Jahrmarkt oder Hinrichtung wäre. Es war auch so was. Durch diesen Menschenhaufen mußten wir hindurch. Es schien glücken zu sollen. Die ganze Masse war ersichtlich noch nicht recht in Ordnung; nur einzelne Schüsse fielen. So kamen wir bis an den Kirchenplatz, wo die Straße nach links hin ausbuchtet. Hier war alles leer. Ich tat einen vollen Atemzug und dachte so vor mich hin: ›Janeke, das war überstanden.‹

Aber ich hatte mich verrechnet. In der zweiten Dorfhälfte hatten sie derweilen Zeit gefunden, sich zurecht zu machen, und als wir jetzt in die wieder schmaler werdende Gasse hinein wollten, da sahen wir aus allen Fenstern und Dachluken Gewehrläufe auf uns gerichtet und gleich dahinter einen in drei Gliedern stehenden Schützenzug, der uns mit Flintenschüssen empfing. Ich duckte mich; als wir aber glücklich durch waren, richtete ich mich hoch auf, um zu sehen, was wir noch vor uns hätten, und sah nun, daß bis ans Ende des Dorfes hin und drüber hinaus alle hundert Schritt eine solche Chaine gezogen war, und daß wir also auf dem zwischenliegenden freien Raum das Seitenfeuer der Häuser und das Frontfeuer dieser Chainen auszuhalten haben würden.

An diesen Ritt will ich denken. Schindler, nach links, immer dicht neben mir; nur so viel Zwischenraum, daß er mit seiner Rechten frei hantieren konnte. »Mann«, rief ich ihm zu, »wir müssen durch!« Sein Sommersprossengesicht nickte mir zu, und der rote Spitzbart tupfte ihm dabei vorn auf die Ulanka und das Kreuz von 66. So ging es hinein; Schindlers Lanze immer um drei Fuß vor. Ich faßte meinen Säbel krampfhaft fest und stieß und hieb, aber das war nur Spielerei; davon ist nicht zu sprechen neben der Lanze meines Rotkopps. Was ich sonst nur immer gehört hatte, hier sah ich es: die *Lanze ist eine furchtbare Waffe*. Ich will nicht Zahlen nennen, sie möchten doch nicht geglaubt werden; zudem bin ich meiner Sache nicht sicher. Ich weiß auch nicht, wieviel der Anprall der Pferde und wieviel die bloße Furcht vor dieser langvorgestreckten Spitze getan haben mag, aber das muß ich sagen, ich habe den Eindruck, daß uns diese eine Lanze unsern Weg durch all die Kolonnen bohrte. Keine Kugel traf; wir hörten nur das Klatschen auf den Dachziegeln gegenüber.

Jetzt kam wieder eine Lichtung, ein größerer Zwischenraum, und über die Köpfe der zwei letzten Chainen weg, die den Ausgang sperrten, sah ich schon die Pappeln der Chaussee und dachte eben in meinem Sinn: »Sie schießen doch *zu* schlecht«, klatsch, da hatt' ich eins weg in den Schenkel, nicht viel, aber mein Pferd mußte scharf getroffen sein, denn das Blut spritzte hoch auf, und meine weißen Fangschnüre waren wie getränkt damit. Ein Unglück kommt nie allein. In diesem Augenblick rief Schindler: »Unt'roffizier, ich bin getroffen«, und ich sah deutlich, daß er zusammenzuckte. »Halt dich fest«, schrie ich ihm zu, »durch, durch«, und er packte mit der Linken den Hals seines Braunen und ging wieder hinein. Es war ein prächtiger Kerl. Aber plötzlich fehlte er neben mir; mit halbem Blick nach links sah ich, daß Pferd und Reiter zusammengebrochen waren, und daß man über ihn her war. Ich hatte nicht viel Zeit, drüber nachzudenken, denn im nächsten Augenblick war es auch mit mir vorbei. Mein Pferd, von einer zweiten Kugel in den Kopf getroffen, stürzte zu Boden; ich lag drunter und verlor die Besinnung.

Als ich wieder zu mir kam, war ich unter einem Dach von Bajonetten. Man zog mich hervor und schleppte mich im Triumph in die Mitte des Dorfes, an meinem treuen Schindler vorbei. Er richtete sich noch einmal auf; der Todesschmerz stand ihm ins Gesicht. Es hat nicht lange mehr gedauert. Einer von den Franktireurs gönnte ihm eine letzte Kugel. Es war auch das beste.

Sattler Gemke, wie ich gehört habe, ist durchgekommen und hat seine Meldung gemacht. Ich gönn's ihm; einer hat eben Glück vorm andern; die Lose fallen verschieden. Gemke lebt, Schindler ist tot, und ich – sitze *hier.*

12. FÜNF VOM 14. JÄGERBATAILLON

Tarry, dear cousin!
My soul shall thine keep company
to heaven,
Tarry, sweet soul, for mine, then fly
a-breast.
Shakespeare (Henry V.*)*

Jäger Schönfeld erzählt:

Wir lagen zwei Meilen rechts von Corbeil, die ganze 17. Brigade, das Grenadierregiment aus Schwerin, die Rostocker Füsiliere und unser Jägerbataillon. Alles war guter Dinge; unsere Offiziere wetteten: »In vier Wochen ist es vorbei«; nur in einem sah es schlecht aus: wir hatten nichts zu essen. Das ist immer schlimm, aber für einen Mecklenburger doppelt.

Am 16. Oktober erhielt unser Bataillonskommando, Major v. Gaza, einen Brief von guter Hand, in dem zu lesen stand, daß in dem Städtchen Nogent ein deutscher Kaufmann wohne, der noch Vorräte habe und gewillt sei, sie gegen gute Prozente zu verkaufen. Gut so. Das war just, was wir brauchten. Ein Detachement sollte am andern Morgen aufbrechen, um bei besagtem Kaufmann für hundert Taler Brot, Kognak und Tabak zu erhandeln. Mit dem Brot stand es schon seit vierzehn Tagen schlecht. Ein Wagen, ein guter Zweispänner, sollte für die Fahrt beschafft werden. Ich erfuhr erst spät abends, daß ich mit von der Partie sein werde.

Zwei Tage hin, zwei Tage zurück; ich freute mich nicht wenig.

Am 17. früh brachen wir auf; in Mormant sollten wir übernachten und am Nachmittage des zweiten Tages in Nogent eintreffen. Dies war alles. Karten hatten wir nicht. Wir wußten nur dreierlei: Bestimmungsort Nogent, Richtung nach Osten, Entfernung zehn Meilen. So ausgestattet, hofften wir in der Tat, uns durchtappen zu können. Wir waren guter Dinge und ohne Ahnung davon, daß es in Frankreich anderthalb Dutzend Nogents gibt. Das sollte verhängnisvoll für uns werden.

Das Detachement, wenn ich von mir absehe, war gut gewählt. Unteroffizier Ellis, Gefreiter Fritsche, Jäger Lübbe, Jäger Jahn; dazu ich. *Ellis,* Gutsbesitzer, hatte das Jahr vorher als Freiwilliger beim Bataillon gestanden; *Fritsche,* Schiffskapitän oder Steuermann, ich weiß nicht genau, war eben aus England zurückgekommen; *Lübbe,* Apotheker, *Jahn,* Mediziner. Sie waren alle aus gutem Hause und konnten parlieren. Jahn am besten. Fritsche war aus Rostock, Sohn des Professors; Jahn aus Schwerin, Sohn des Hofpredigers. Ich für mein Teil wußte nichts. Es muß auch solche geben.

Der erste Tag verging ohne Störung. Wir fuhren bei guter Zeit in *Mormant* ein; vier Meilen waren gemacht. Wir befanden uns hier noch im Bereich unserer Armeen; alles war dienstfertig und bereit. So verging die Nacht.

Sechs Uhr früh saßen wir wieder auf unserem Wagen, die Büchse im Arm, und trabten auf Nogent zu. Wir hatten am Abend vorher Information eingezogen und in Erfahrung gebracht, daß wir über *Provins* fahren müßten. »Immer *ostwärts* die Chaussee hinunter; noch drei Meilen bis Provins, noch sechs Meilen bis Nogent.« Das schien zu stimmen; Entfernung und Himmelsgegend waren richtig. Es war aber dennoch falsch. Wir fuhren auf Nogent *sur Seine,* statt auf Nogent *sur Marne;* das Marne-Nogent (Eisenbahnstation zwischen Chateau-Thierry und La Ferté) lag unterm Schutz der preußischen Bajonette, das Seine-Nogent unterm Schutz der Franktireurs. Unser Schicksal wollte es, daß wir auf das *Franktireur*-Nogent zufuhren. Ob uns der Wirt von Mormant (Mormant war Gabelpunkt für beide Wege) absichtlich in die falsche Direktion schickte? Ich glaub' es kaum.

Es war ein kostbarer Tag, dieser 18. Oktober, und heiter wie der Tag gings in die Landschaft hinein. Fritsche richtete sich hoch auf, schwenkte seine Büchse und rief, als wir das nächste Dorf passierten: »Hoch Deutschland; *heut ist der 18. Oktober!*« Wir stimmten jubelnd ein; die Chaussee hinauf, hinunter ging es durch die schönen, lachenden Dörfer. So kamen wir nach Provins. Es war gerade Mittag.

Provins ist eine reizend gelegene Stadt am Fuß und Abhang eines Berges; beinah einsam, vom Berge herab, grüßt eine alte Kirche; durch die Stadt hin aber schlängelt sich ein Fluß mit Lohmühlen und Gerbereien, und dazwischen – Rosengärten. Einzelne Stämme standen noch in Blüte.

Wir fuhren auf den Markt, hielten vor einem Gasthaus, um zu futtern, und begannen eben Fragen zu stellen, wie man wohl tut, wenn man sicher und guter Dinge ist, als wir plötzlich den Marktplatz mit Hunderten von Menschen sich füllen sahen, viele bloß neugierig, aber die meisten ersichtlich feindselig. Die Antworten auf unsere Fragen wurden immer kürzer; ein Murmeln begann, ein Andrängen auf unsern Wagen zu, so daß Ellis, der Order hatte, alle Häkeleien zu vermeiden, uns schnell entschlossen zurief: »Aufsitzen«, und im nächsten Moment schon rasselte der Wagen wieder über das Pflaster hin, mitten durch die auseinanderstiebende Menschenmenge hindurch, zur anderen Seite der Stadt hinaus. Ein Gespräch mit dem Wirt hatte uns schon vorher genau die Richtung angegeben. Die Richtung auf das *falsche* Nogent. Es war noch drittehalb Meilen.

Das Geschrei der Menge folgte uns, starb aber bald, und der ganze Vorgang, dem wir bis dahin nur wenig Bedeutung beigelegt hatten, da wir uns auf völlig gesichertem Boden glaubten, war schon halb wieder vergessen, als wir, dreiviertel Meilen hinter Provins, in den Forêt de Sordun eintraten, der, mehrere Stunden groß, das halbe Terrain zwischen Provins und Nogent mit seinen Wald- und Bergkulissen ausfüllt. Wir mußten jetzt durch Schluchtenwege hindurch, die zu beiden Seiten sich bald zu beleben anfingen; hinter jedem Baum trat ein Blaukittel hervor, einige bewaffnet, andere nicht; auch Frauen und Kinder. Diese begannen ein Gejohle und Geschrei; alles aber folgte und hing sich wie eine Herde Wölfe, die auf den richtigen Moment wartet, an unser Gefährt.

»Nicht umsehen«, kommandierte Ellis und nahm selber die Leinen in die Hand. Er war ein guter Fahrer, und die beiden dampfenden Pferde, die in Provins ohnehin um ihre volle Ration gekommen waren, griffen jetzt aus mit ihrer *letzten* Kraft. Das half zunächst; der Wald lag alsbald hinter uns; nur die besten Läufer hatten Schritt mit uns gehalten; Nogent konnte keine Stunde mehr ab sein; *wenn* die Pferde aushielten ...?! In diesem Augenblick fuhren wir in ein Dorf hinein; in Mitte desselben standen die beiden Braunen still, sie konnten nicht weiter. Ellis warf die Zügel aus der Hand und sprang vom Wagen; wir andern folgten.

Nur Fritsche blieb oben stehen; er hatte die angeborene Heldennatur und schrie in das Geschrei des andrängenden Menschenhaufens hinein: »Que'est-ce que ça? que voulez-vous?« Sie blieben ihm die Antwort nicht schuldig: »Vos fusils! vous êtes prisonniers!« und im selben Augenblick stürmten sie auf ihn ein; ein Franktireur, ein schöner junger Kerl mit Klapphut und roter Schärpe, an ihrer Spitze. Ich seh' ihn noch. Fritsche schlug an, und der Franktireur stürzte zu Boden. Ich habe nie so viel Blut an einem Menschen gesehen. Aber dies Blut kam über uns. Eh' uns noch klar war, was geschehen, waren wir entwaffnet. Fritsche, der sich auch jetzt noch zur Wehr setzte, wurde vom Wagen gezerrt und an die Wand des nächsten Hauses gestellt: »Meurs, chien prussien!« Er wußte jetzt, daß er vor dem

Tode stand, richtete sich in die Höh, riß Rock und Weste auf und schrie: »Tirez.« Im selben Moment lag er tot am Boden. Ellis, in Verzweiflung, machte sich gewaltsam los, um die Hand des Toten noch einmal zu fassen; aber eh' er zehn Schritt gemacht hatte, trafen ihn drei Kugeln in Kinnbacke, Brust und Schenkel; er kroch jetzt heran und umarmte zärtlich die am Boden liegende Leiche des Freundes. Selbst die Feinde hielten einen Augenblick inne und sahen dem grausig-rührenden Schauspiel zu. Aber im nächsten Augenblick war Lübbe auf den Tod getroffen, und Jahn und ich wurden an die Bäume der Chaussee gestellt, um hier das Schicksal Fritsches zu teilen. Ich war fertig und hatte nur noch ein Flimmern vor den Augen; aber Jahn (Gott segne jede französische Privatstunde, die er gehabt) sprang jetzt vor und haranguierte die tobende Volksmasse. Ich weiß nicht mehr, was er sagte, er wird es selber kaum wissen, aber als er schwieg, setzten sie die Gewehre ab und erklärten uns als Gefangene. Wir mußten uns jetzt auf die Bank des Wagens setzen, zwei Franktireurs dicht neben uns; dann wurden die beiden Verwundeten aufgeladen, zwischen ihnen die Leiche Fritsches. So ging es auf Nogent zu.

Ellis litt unsäglich. Er beschwor die Franzosen, seiner Qual ein Ende zu machen. Umsonst. Im Trabe ging es weiter. Als wir Schritt fuhren, eine Berglehne aufwärts, kam ein Bauer uns nachgelaufen, der den anstoßenden Acker pflügte. Er verwünschte uns alle; dann nahm er seinen Peitschenstock und schlug den sterbenden Ellis ins Gesicht. Das war den Franktireurs denn doch zu viel; sie sprangen vom Wagen und stießen das blaukittlige Scheusal in den Chausseegraben hinein.

Um 3 Uhr waren wir in Nogent. Welch Einzug! So hatten wir den »Tag von Leipzig« gefeiert.

Am 2. November kamen wir hier auf der Insel an. Es war Totenfest. Das paßte schon besser.

Sie hüllten ihn ein in weißes Lein
Und trugen ihn dann zur Ruh,
Die Mönche sangen die Totenmeß'
Und Litaneien dazu.

W. Scott

Arbeit und Lektüre kürzten die Zeit, aber für jeden, der weder das eine noch das andere hatte, waren es langweilige Tage, *nichts geschah*, und Sergeant Genzel, wenn er seinen Heine so gut kannte wie seinen Schiller, durfte zitieren:

Nur wenn sie einen begraben,
Bekommen wir was zu sehn.

Leider kam dies »Begraben« bald öfter vor, als auch dem Zerstreuungssüchtigsten unter uns wünschenswert sein mochte. Niemand konnte wissen, wie bald die Reihe an *ihn* kommen würde. Erst starb ein Alter, ein bayerscher Fuhrmann. Offiziell hieß es, er habe einen »organischen Fehler« gehabt. So heißt es immer. Der zweite war ein Kürassier (auch Bayer), den man von Orleans krank hergebracht hatte. Am 22. November begruben wir ihn.

Um 9 Uhr wurd' es lebhaft. Chorknaben, vier oder sechs, mit weißen Hemden und roten fezartigen Mützen, erschienen auf dem Kasernenhofe; dann kamen drei Geistliche, schwarz und weiß, mit Mitren auf dem Haupt. Die Bayern standen schon da und formierten sich zu einer Kolonne. Acht von ihnen, in blankem Helm, trugen den Sarg herbei, der bis dahin in einem Schuppen gestanden hatte, und setzten ihn auf die Bahre. Es war eine einfache Holzkiste mit einem zugeschrägten Deckel. Das schwarze Tuch mit dem silbernen Kreuz wurde drüber geschlagen; dann setzte sich der Zug in Bewegung, zunächst auf die Stadt und die Kirche zu, die Chorknaben mit Kruzifix und roten Laternen allen übrigen vorauf. So ging es durch das Portal über die Zugbrücke. Als wir an der Kantine vorbeikamen, schwenkten einige Leidtragende ab; ihre Empfindungen nahmen plötzlich eine andere Richtung. Die Mehrzahl folgte. So erreichten wir die Kirche, die sich bald füllte; denn auch die Stadt nahm teil. Freund und Feind durcheinander, so saßen wir da.

Die acht Bayern hatten inzwischen die Bahre mit dem Sarg in das Mittelschiff gestellt, unmittelbar in Nähe des hohen Chores, der nur durch ein vergoldetes Eisengitter von uns und dem Toten geschieden war. Die geistlichen Herren nahmen innerhalb des Chores Platz; dann begannen die Litaneien. Es klang misererehaft.

Ich konnte den Worten nicht folgen und betrachtete deshalb lieber die Kirche. Sie war in gutem Stil aus gutem Materiale gebaut, dabei mit Bildern reich geschmückt. Die Altarnische wies, außer dem großen Altarbilde, noch zwölf kleinere auf. Ähnlich die ganze Kirche. Mehrere waren gut, viele mittelmäßig, keins schlecht. Man konnte hier, wie in jeder französischen Kirche, wahrnehmen, daß die Durchschnittsleistung nach *dieser* Seite hin besser ist als bei uns. Ich lege nicht viel Gewicht darauf, aber es ist doch immerhin etwas.

Nun waren die Litaneien vorüber. Die Geistlichen erschienen neben dem Sarg und lasen die Gebete, ein Chorknabe schwenkte den Weihkessel; dann tat der fungierende Priester dasselbe. Damit war der kirchliche Akt geschlossen, und der Zug setzte sich aufs neue in Bewegung, der Begräbnisstätte zu.

Es war noch eine hübsche Strecke. An zahlreichen Mühlen vorbei (weiße Rundtürme mit grüner oder roter Dachmütze) ging der Weg. Endlich sahen wir die weiße Mauer, das Tor stand auf, und der Zug bog ein. Die Stätte machte einen guten Eindruck; Kreuze und Denkmäler, alles in Marmor; man ehrte die Toten hier; dazu sprach aus allem eine gewisse Wohlhabenheit. Zypressenbäume und wilder Lorbeer faßten die Gänge und Steige ein; hier und dort ragte ein Ginsterstrauch, kahl wie ein Besen, mit seinen hundert Ruten in die Luft; Hagebutten standen zu Füßen der Gräber, zwischen ihren großen, roten Früchten noch mit vereinzelten blaßroten, halbverwaschnen Blüten geschmückt.

Nun hielten wir am Grabe; die tonige, graublaue Schlickerde lag uns zur Seite. Der Nordwest ging immer schärfer und mahnte zur Eile. Das Brett, auf dem der Sarg stand, wurde an die Grube getragen und dann *gesenkt,* so daß der Tote allmählich hinabglitt. Ein Tau, von zwei Männern gehalten, regelte das Hinabgleiten. Nun wurde die Planke zurückgezogen; noch ein kurzes Gebet, dann griffen die Mutigsten in den nassen Schlick und warfen einen Erdkloß hinunter. Damit war es getan. In drei Minuten war alles verschwunden, der Friedhof leer.

Ich konnte so nicht scheiden. Der Totengräber, ein Alter, kam und begann zu schaufeln. Ich sah ihm eine Weile zu, sprach zu ihm und gedachte derer, die, fern in der Heimat des Toten, dieser Stunde *nicht* gedachten. Dann, an den Hagerosen vorbei, von denen auch nicht *eine* auf sein Grab gelegt werden wird, trat auch ich meinen Rückweg an.

So stirbt man in der Fremde.

14. STURM IM GLASE WASSER

War ich, wofür ich gelte,
Ich hätte mir den guten Schein gespart,
Dem Unmut Stimme nie geliehn.
(Wallenstein)

Das Sterben wurde bald Tagesordnung auf Oléron. Es konnte kaum anders sein. Etwa Mitte November trafen 700 Bayern auf der Zitadelle ein, die man nach Einnahme Orleans' durch General Aurelles de Paladine in den dortigen *Lazaretten* zusammengesucht und als *»Gefangene«* nach Oléron geschickt hatte. Etwa ebenso viele, nach andern Angaben erheblich mehr, waren nach Pau dirigiert worden.

Dies Verfahren, lediglich um sich vor versammeltem Volk mit einer erträglich hohen Zahl von Gefangenen brüsten zu können, hatte wenig einer Gloire-Nation Entsprechendes; dennoch hätte man mit Rücksicht auf die Notwendigkeit, dem Volke einen Sporn zu geben, solche Maßregel verzeihlich oder meinetwegen selbst *sehr* verzeihlich finden können, wenn man bei diesem Zusammensuchen etwas humaner vorgegangen wäre. Es hätte sich dann darüber reden lassen. In solchen Zeiten (leider) muß zuletzt *alles* dem letzten großen Zwecke dienen. Aber ein ernster Vorwurf für die französischen Machthaber oder für diejenigen, die in ihrem Namen handelten, wird es bleiben, daß man nicht bloß wirkliche Rekonvaleszenten und leicht Verwundete, sondern auch Personen fortschleppte, die dicht vor dem Typhus standen oder ihn kaum erst überwunden hatten. Unter allen Umständen aber (und das ist das Geringste, das gefordert werden darf) mußte man, wenn man *so* tief in die Lazarettbestände hineingreifen wollte, vorher wissen, daß man auf Oléron imstande sein werde, diesen noch halb Kranken

Pflege, oder doch ein Bett, oder doch eine Decke geben zu können. Statt dessen hatten die auf Oléron eintreffenden Siebenhundert in den ersten Nächten *kaum* Stroh. Das war natürlich kein Zustand, um Rekonvaleszenten aufzuhelfen; Rückfälle kamen vor, und der Geistliche, die Chorknaben und der Totengräber mußten Tag um Tag in dem Aufzuge, den ich geschildert, auf den Begräbnisplatz hinaus.

Eine Verstimmung über diese Zustände war unausbleiblich; besonders die Preußen, unter denen sich viele Unteroffiziere und Sergeanten befanden, waren empört und gaben nach ihrer heimatlichen Art (wer räsonierte *nicht* in Preußen!) dieser Empörung einen unverhohlenen Ausdruck. Beim Kantinengrog, auch wohl in der Stadt beim Einkäufemachen, fielen Worte, ›daß dies eine erbärmliche Wirtschaft und ein schlechter Dank für die Rücksicht sei, die man unsererseits gegen 300000 Franzosen bisher beobachtet habe‹. Worte, die alsbald von Mund zu Mund gingen und im Weiterrollen folgende groteske Gestalt annahmen: die tausend Gefangenen der Zitadelle sind im Komplott; sie haben vor, die Wachtmannschaften zu entwaffnen, die Außenposten ins Meer zu werfen; man wird Chateau überfallen und von der ganzen Insel Besitz ergreifen. Preußische Kriegsschiffe kreuzen bereits in der Nähe. Man wird weitere Truppen landen, Rochefort einschließen und von dort aus das Land insurgieren. Ein Napoleonischer Aufstand im Rücken der republikanischen Armee, – *das* ist der Plan. Der »Gefangene auf Wilhelmshöhe« ist mit im Komplott.

Wir erfuhren dies wieder und lachten herzlich. Die Heldenrolle, die uns zudiktiert wurde, hatte etwas Ehrendes und Schmeichelhaftes für uns; aber bald überzeugten wir uns, daß solche Gerüchte doch höchst gefährlich für uns seien und unser relatives Wohlleben arg gefährden könnten. Was aber, namentlich dem engeren Kreise, der sich bei mir zu versammeln pflegte, das Allerpeinlichste war, war das, daß unser guter Kommandant *mit* in die Angelegenheit hineingezogen und um seiner Nachsicht und Güte willen (die übrigens nie in Schwäche ausartete) bezichtigt wurde, das eigentliche Haupt des Komplotts zu sein.

Wir beschlossen also, nicht nur äußerste Vorsicht zu üben, sondern namentlich auch die Anstandsbesuche, die wir von Zeit zu Zeit in der Kommandantur gemacht hatten, einzustellen. Ich wurde dazu noch durch einen besonderen Vorfall bestimmt, der, so klein und geringfügig er war, doch am besten zeigte, wie kritisch bereits die Lage geworden war.

Ich hatte bei einem Nachmittagsbesuche eben neben dem Kommandanten Platz genommen und ließ mir das Straßburger Bier schmecken, das in einer Steinkruke wie immer auf ein zwischen uns stehendes Tischchen gestellt worden war, als der eintretende Diener den Kapitän N. N. meldete. Den Namen überhörte ich. Es war, wie ich mich bald überzeugen sollte, ein Seekapitän, der zugleich das Kommando über die Nationalgarden der Insel übernommen hatte. Mein guter Kommandant nickte, zum Zeichen, daß er bereit sei, den Angemeldeten zu empfangen, sprang aber in demselben Augenblick, in dem der Diener das Zimmer verlassen hatte, vom Fauteuil auf, um mit geschwindester Geschwindigkeit einen großen Wandschrank zu öffnen und die Steinflasche, sowie die beiden noch halbvollen Biergläser dahinter verschwinden zu lassen. Der Verschwindeakt war kaum ausgeführt, als der Seekapitän eintrat und das Dienstgespräch seinen Anfang nahm. Ich empfahl mich; mein halbes Glas Bier hatte ich eingebüßt. Dies war zu verschmerzen; der ganze Vorgang bekümmerte mich aber um des Kommandanten willen. Dieser war nicht nur ein liebenswürdiger, sondern vor allem auch ein sehr feinfühliger Mann, der notwendig eine Verlegenheit über die Komödie empfinden mußte, zu der er sich verurteilt sah.

Er empfand es auch wirklich, so vermute ich; vor allem aber sah er ein, daß etwas geschehen müsse, um ihn in seiner unhaltbar gewordenen Stellung neu zu befestigen. Dies zu erreichen, wählte er den klügsten Weg. Er bat um einen Auxiliarkommandanten, dem die Gefangenenangelegenheiten ausschließlich unterstellt werden möchten. Ein vorzüglicher Schachzug. Seinem Wunsche wurde nachgegeben, und auf *einen* Schlag war er den Verdacht und – die Arbeit los. Den Verdacht hatte das *Gouvernement* natürlich *nie* geteilt; aber das war ein geringer Trost. Überall im Lande stand das Volk auf dem Punkt, die *Entscheidung selbst in die Hand zu nehmen.* Der Einzug von »König Lynch« war jeden Augenblick möglich.

Wir erhielten infolge dieser Vorgänge und Gesuche denn auch wirklich einen Vizekommandanten, einen schönen Blaubart, den Baron de la Flotte, der in Straßburg als Chef eines Mobilgarden-Bataillons mitkapituliert und sich, nach seiner Entlassung auf Ehrenwort, aus dem Lärm des Krieges in die westlichen Departements zurückgezogen hatte. Er war ein feiner Herr, von vornehmer Haltung, sehr artig und – sehr bestimmt. Unser »Sturm im Glase Wasser« beruhigte sich, und – die Gerüchte in der Stadt nahmen ein Ende.

Sie nahmen ein Ende in demselben Verhältnis, in dem das *eigene Schuldbewußtsein* der Behörden und Bewohner sich minderte und sich mindern *durfte.* Viele Übelstände, von denen man sehr wohl gewußt hatte, daß es Übelstände waren, sie wurden abgestellt; man tat, was man konnte, man anerkannte gewisse *Verpflichtungen* und beeiferte sich, ehrlich und nachdrücklich, diesen Verpflichtungen nachzukommen. Das half. Der eifrigste und tapferste dabei war der französische Arzt. Er fuhr nach La Rochelle hinüber, entwarf ein Bild der Lage und erklärte rund und nett, daß er entschlossen sei, seine Stellung sofort niederzulegen, wenn nicht die Hälfte seiner Kranken in die großen Lazarette von La Rochelle aufgenommen und die ihm verbleibende andere Hälfte mit allem Nötigen versehen würde. Drei Tage später fuhren dreißig Kranke in einem großen Seedampfer nach La Rochelle hinüber. Alle seine Forderungen waren bewilligt worden.

So endigte dieser Zwischenfall, der uns, wenigstens in den Augen unserer Inselbevölkerung, bis an die Grenzen der Meuterei geführt hatte. In Wahrheit aber hieß es selbst von den Verwegensten und Abenteuerlustigsten unter uns: »Kühn war das Wort, weil es die Tat *nicht* war«, und während man die Neuerklärung des Kaiserreichs von uns erwartete, beschäftigte uns vorwiegend die Frage, ob der verd... Kantinier nicht endlich einen besseren Wein anschaffen oder mit Rücksicht auf seine Kunden in *Hellblau* »a Bierche« auflegen würde.

15. »SENTINELLE, PRENEZ GARDE A VOUS«

> But where was this?
> »Mylord, upon the platform where we watched.«
> I will watch to-night
> Perchance 't will walk again.
>
> *Hamlet*

Um Mitternacht (Gott sei Dank) schlief ich fest, wenn nicht das Zusammenbrechen der verkohlten Scheite mich auf einen Augenblick weckte. Nur *einmal* wachte ich die Mitternacht heran.

Es war bei Vollmond. Als die zwölf Schläge über den Kasernenhof hin verklungen waren, hüllte ich mich in Schal und Kapuze und tappte an der Wand des Korridors entlang bis an die schmale Hintertür, die auf den Wallgang hinaus führte. Entzückendes Bild! Nach rechts hin stand der Mond und goß sein volles Licht in breitem Streifen über die Wasserfläche. Kein Lüftchen ging; das Meer wie ein Spiegel; alles still; ich hörte nichts als in einiger Entfernung den Schritt der Wachen und am Fuße des Bastions ein leises Brauen und Murmeln, denn die Flut kam.

Ein weißer Schimmer lag wie Schnee auf den grauen Fliesen des Rempart, und ich begann jetzt, immer dicht an der Brüstung hin, einen Mitternachtsgang anzutreten, wie ich gewohnt war, an eben dieser Stelle meinen Morgengang zu machen.

Ich sah hinüber nach dem Festland, das schwach heraufdämmerte. Nahes und Fernes immer schärfer musternd, empfand ich plötzlich, daß ich dies alles, an einem *andren* Ort, schon mal gesehen habe: dieselbe verschwimmende Küste, den Meeresarm, den Wallgang mit seinen Bastionen, das Portal und die Zugbrücke und dahinter das Fanal. Ich brauchte auch nicht lange zu suchen: *Helsingör.* Alle Empfindungen, mit denen ich damals über den »Hamlet-Rempart« hingeschritten war, sie wurden wieder lebendig in mir. Nur gesteigert. Wohl war das Schloß am Sunde, aus dessen Dachfirst eine nadelförmige Spitze wie das Horn aus dem Haupte des Einhorns phantastisch rätselvoll aufwächst, der *echtere* Ort; dort war es, wo »the majesty of buried Denmark« in poetischer Wirklichkeit gewandelt war, aber *eines* hatte meinem verlangenden Sinn die Plattform von Helsingör *nicht* geben können: die rechte *Stunde.* Es war heller Mittag, als ich drüber hinschritt. *Hier* hatt' ich jetzt, was mir Helsingör verweigert hatte. »'t was now struck twelve.« Für den echteren Ort hatt' ich die echtere Stunde eingetauscht.

Ich zog meine Kapuze fester an und setzte mich innerhalb eines Brüstungsvorsprungs auf eine Steinbank, die, hufeisenförmig, diesen Vorsprung beinah ausfüllte. Ich sah in den Mondstreifen hinein, der in schräger Linie über das Meer und dann, glitzernd, über die schneeweißen Fliesen lief, und mit schauerndem Entzücken begann ich Lieblingsstellen zu zitieren. Was halb vergessen war, *jetzt* hatt' ich es wieder. Ort und Stunde halfen nach. Ich hielt Zwiegespräche, Szene um Szene, Frage und Antwort.

> »Wer bist du, der sich dieser Nachtzeit anmaßt
> und dieser edlen, krieg'rischen Gestalt?
> Sag', ich beschwör dich.«

Und dann klang es Antwort:

> »Ich bin
> Verdammt, auf eine Zeitlang nachts zu wandern
> Und tags, gebannt, zu fasten in der Glut,
> Bis die Verbrechen meiner Zeitlichkeit
> Hinweggeläutert sind. Wär mir's verstattet,
> Das Inn're meines Kerkers zu enthüllen,
> So höb' ich eine Kunde an, von der
> Das kleinste Wort die Seele dir zermalmte,
> Dir die verworren krausen Locken trennte
> Und sträubte jedes einz'le Haar empor
> Wie Nadeln an dem zorn'gen Stacheltier.«

In diesem Augenblick schlug es halb, und noch eh der Schlag verklungen war, mit einer Plötzlichkeit wie ein Schuß fällt, begann jetzt vom Portal her das Anrufen der ausgestellten Wachen. »Sentinelle, prenez garde à vous!« Der nächste Posten nahm den Anruf auf, und im fünffachen Echo lief es jetzt um die Zitadelle herum, von Posten zu Posten, bis der mir zunächst stehende, mit dem die Kette schloß, dieselben Worte über den Rempart hinrief. Es war, als gälten sie mir selber.

Ich stand jetzt auf, um meinen Rückzug anzutreten. Mich fröstelte. Als ich durch den Mondstreifen hindurchschritt, der jetzt zwischen mir und der schmalen Hoftür lag, war mir's, als streifte mich etwas. Ich zuckte zusammen und eilte vorwärts.

Der Wachen Ruf war längst verklungen, aber immer noch klang es in mir nach: »Sentinelle, prenez garde à vous.«

IV. ABTEILUNG

Frei

I. UNVERHOFFT KOMMT OFT

Andrer Gram bringt andre Wonne;
Über ein Stündlein
Ist deine Kammer voll Sonne.
Paul Heyse

»Es ist gar nicht zu sagen, wie schnell ein Ereignis da ist, wenn man es *nicht* erwartet hat! Hat man es erwartet, so dauert es viel länger, und manchmal kommt es gar nicht.« Mit diesen Worten etwa beginnt eine liebenswürdige Roquettesche Novelle. Die Wahrheit, die sich darin ausspricht, sollte sich auch an mir erfüllen. »Unverhofft kommt oft.«

Es war Sonnabend den 26. November. Die erste Hälfte des Tages mit Spaziergang und Arbeit lag hinter mir; das Mittagsbeefsteak war verzehrt, »in seinem zähen Widerstand gebrochen«, und die Kaffeestunde umblühte mich bereits. Duft und Wärme füllten das Zimmer. Rasumofsky war bei mir. Wie die beiden wilden Männer im preußischen Wappen standen wir am Kamin, er rechts, ich links, während zwischen uns das Feuer glühte und die mehrerwähnte bauchige Blechkanne, mitten in die Kohlen hineingestellt, eben mit ihrem Deckel zu klappern begann. Es war das Wasser für den *zweiten* oder Rasumofsky-Aufguß; den ersten hielt ich bereits in Händen und nippte mit der Bedächtigkeit eines »Connaisseurs«.

Rasumofsky hatte seinen sentimentalen Tag und sagte: »Jott, Herr Leutnant, wann werden wir wieder den ersten preuß'schen Kaffee trinken? Mit Weihnachten wird es nichts.«

»Nein, Rasumofsky, auf Ostern müssen wir uns gefaßt machen. Vielleicht sehn wir hier noch den Flieder blühn.«

»Ach, Herr Leutnant, hier blüht ja gar kein Flieder nich.«

»Aber Rasumofsky, Sie werden doch diesen Gegenden, die dicht an der Grenze des Mandelbaums und der Goldorange liegen, nicht den landesüblichen blauen Flieder absprechen wollen?«

»Ich glaube hier gar nichts mehr. Die Franzosen lügen alle. Wer weiß, wo wir hier sind? Sie können sich gar nicht denken, Herr Leutnant, was die armen Kerls drüben frieren. Ich glaube, wir sind hier gar nicht südlich.«

»Na, Rasumofsky, da können Sie sich nun auf mich verlassen. Fünfzehn Meilen von Bordeaux. Da hilft alles nichts, Geographie und Karten, damit wissen wir Bescheid.«

Er nickte zustimmend.

»Und am Ende«, so fuhr ich fort, »Ostern oder nicht, ich kann es so schlimm hier nicht finden. Rasumofsky, ich sage Ihnen, alle Dinge haben zwei Seiten.«

Er nickte wieder.

»Sehen Sie, es ist jetzt halb zwei; vor einer Viertelstunde erst hab' ich mein Beefsteak gegessen, und schon halt' ich hier ein Glas guten Javakaffee in Händen. Glauben Sie, Rasumofsky, daß man das haben kann, wenn man frei ist? Gott bewahre. So 'was hat man nur in Gefangenschaft.«

Er griente.

»Sie sind ein vernünftiger Mensch, Rasumofsky, und kennen die Welt. Es wird wohl in Posen auch so sein wie anderswo. Der Hausherr, sehen Sie, das ist eine ganz sonderbare Stellung. Es wird ihm zwei- bis dreimal des Tages vorerzählt, er sei ein Tyrann, ein wahrer Pascha, und an dieser Ehrenerklärung muß er saugen wie an einem Stück Zucker. Nun sollen die Paschas viel Kaffee trinken. Aber ich sage Ihnen, Rasumofsky, *die* Berliner Tyrannen, die um halb zwei eine Tasse Kaffee kriegen können, *die* sind zu zählen. Es ist entweder Wäsche, oder das Wasser kocht nicht, oder die Schornsteinfeger sind angemeldet. Sehen Sie, man könnte beinah sagen: nur der Gefangene ist frei.«

Hier hielt er sich nicht länger und brach in die Worte aus: »Ach, Herr Leutnant, das is ja, als ob ich meinen Rittmeister reden hörte. Grade so war es in Posen. Es ist *zu* merkwürdig.«

Seine Betrachtungen über dies wunderbare Zusammentreffen wurden durch ein Klopfen an der Tür unterbrochen. »Entrez!« Ein preußischer Infanterist mit einer 25 auf der Achselklappe und einem Klapphut auf dem Kopf, die ganze Erscheinung der typische Rheinländer, trat ein, um mich wissen zu lassen: ›Monsieur le Commandant (der Auxiliar-Kommandant) wünschten mich zu sprechen.‹ »Zu Befehl.« Ich folgte unverzüglich.

Der Vizekommandant, über den ich in einem früheren Kapitel bereits berichtet, hatte während der letzten Tage unmittelbar unter mir, in dem mit roten Teufelchen garnierten Zimmer, ein Bureau etabliert, in dem einige französische Marinesoldaten unter Assistenz jenes 25ers (eines Kölners, der brillant französisch sprach), das ganze Schreiber- und Verwaltungswesen leiteten. Die Federn flogen hin und her; in der Mitte des Zimmers stand Baron de la Flotte. Ich verneigte mich vor »König Blaubart«. Mit schätzenswerter Raschheit sprang er gleich in medias res und erklärte mir: »Monsieur le Ministre de la Guerre a ordonné votre libération; – Monsieur F., *vous êtes libre.*« Ich verneigte mich. »Im übrigen«, fuhr er fort, »muß ich Sie bitten, ein Papier zu unterzeichnen, in dem Sie sich verpflichten, einerseits, nach dem Maße Ihrer Kraft, auf die Befreiung eines französischen Oberoffiziers hinzuwirken, andererseits gegen Frankreich weder irgend etwas sagen, noch schreiben, noch tun zu wollen.«

Ich stutzte einen Augenblick, wiederholte überlegend die Worte: »ni dire, ni écrire, ni faire quelque chose contre la France« und fragte dann: ob bei dieser Erklärung aller Akzent auf das Wort »contre« gelegt würde? Ich nähme dies vorläufig an; hätt' ich darin recht, so würd' es mir leicht, die geforderte Verpflichtung einzugehen, da in meinem Herzen nichts lebe, was als eine Empfindung »*contre* la France« gedeutet werden könne. Kommandant Blaubart lächelte und machte eine gefällige, halb zustimmende, halb ablehnende, also, wenn der Ausdruck gestattet ist, eine neutrale Handbewegung, die etwa ausdrücken sollte: »Dies ist eine heikle Frage; die Entscheidung steht bei Ihnen«, und entließ mich dann mit jenen Formen, die er beherrschte und die ihm so wohl kleideten.

Rasumofsky erwartete mich oben. Dies Abgerufenwerden zum Kommandanten war natürlich ein »Ereignis«, und nach nichts, selbst den Tabak nicht ausgeschlossen, sehnte sich alle Welt so sehr wie nach Neuigkeiten. Ein wegen »unerlaubter Schiffszwiebacks-Aneignung« zu drei Tagen Gefängnis verurteilter Mecklenburger machte sechs Tage von sich reden; man mag sich also vorstellen, welche Neugiersunruhe in Rasumofskys Seele seit meiner Abberufung zum Kommandanten gestürmt hatte.

»Rasumofsky, ich bin frei!«

Der erste Effekt dieser Worte war alles andere eher als heiter. Der Angeredete, ohne sich Rechenschaft davon zu geben, fühlte klar, daß seine guten Tage nunmehr gezählt seien, und statt in Kaminfeuer und Kaffeegrund starrte er wieder in grundlose Langeweile. Er erholte sich aber schnell und sagte herzlich: »Na, das is schön; da wird sich die Frau Leutnant freuen. Himmelwetter, wenn unsereins doch mitkönnte!«

»Rasumofsky, Sie wissen, ›la paix est prochaine‹. (So schloß jede Unterhaltung, die ich mit Franzosen führte.) Sie werden mich in Berlin besuchen. Tag oder Nacht, alles ganz egal. Sie sollen Kaffee haben. Dafür bin ich Hausherr.«

»Ach, Herr Leutnant, Sie sind zu gut.«

»Ja, Rasumofsky, das war immer mein Fehler. Aber was will man machen. Hier, alte Seele, haben Sie einen Befreiungsfranken. Und nun seien Sie fünf Minuten ruhig; ich muß an den Kommandanten schreiben.«

Dies geschah. Ich hatte angefragt, ob meiner Abreise am Dienstag nichts entgegenstehen würde!

Rasumofsky sprang die Treppe hinunter, überreichte meinen Brief unten im Büro und flog dann in die Kaserne hinüber, um, als erster, die Siegesnachricht zu bringen: mein Leutnant ist frei.

Es ist fraglich, ob die Kapitulation von Paris eine ähnliche Sensation hervorgerufen haben würde.

2. DER LETZTE SONNTAG

> ... wie der Nebelwind,
> Der herbstlich durch die dürren Blätter
> säuselt. *Faust*

Noch am Sonnabend abend war mir mitgeteilt worden, daß der Dienstag als Abreisetag genehmigt worden sei; gleichzeitig erfuhr ich, daß, bei Ausstellung meiner Liberationsorder, Gambetta lediglich dem Andringen *Cremieux'* (des Justizministers) nachgegeben habe. Ich erkannte in dem allen leicht die Zusammenhänge mit der Heimat und wußte genau, wohin ich den *eigentlichsten* Dank für meine Befreiung zu richten hatte. Heitern Sinnes erwacht' ich am andern Morgen. In Traum und Gedanken übersprang ich die Meilen und die Schwierigkeiten, die noch zwischen Le Chateau d'Oléron und der Königgrätzer Straße lagen.

Es war der letzte Sonntag. Der Himmel blau, die Luft weich und warm (wir waren *doch* südlich, trotz Rasumofsky), so trat ich wieder auf den Rempart hinaus und begann, im Auf- und Abschreiten, die weißen Steinchen, die mir, wie der Leser sich erinnert, als Merk- und Rechenpfennige dienten, in meine Tasche sinken zu lassen, als die gewöhnliche Sonntagsmorgenmusik mich in meinem Spaziergang und meinen Betrachtungen störte. Ich hätte sie *heute* weggewünscht, und wenn mich an den Sonntagen vorher die Cachucha, die George Brown-Arie aus der Weißen Dame und einige Piècen aus dem Trovatore, die gerade während der Kirchzeit gespielt wurden, nur etwas sonderbar berührt hatten, so berührten sie mich heute unangenehm. Die große Trommel, der Triangel und das Zusammenschlagen der Becken, das den Kastagnettenschlag ersetzen sollte, wollten mir heut nicht passen. Sonntag früh 9 Uhr, wo wir gewohnt sind, die Glocken zu hören! Meine Stimmung kam hinzu. Die Franzosen denken anders darüber, über dies, wie über manches andere.

Ich kehrte bald in mein Zimmer zurück, kramte, arrangierte und überlegte, als es klopfte und gleich darauf ein kleiner Herr eintrat, der mich anfangs in Zweifel darüber ließ, ob ich ihn für einen kleinstädtischen Doktor oder einen großstädtischen Küster nehmen sollte. Er entpuppte sich aber bald als Monsieur le prédicateur Masson, reformierter Geistlicher zu Saint-Pierre auf der Insel Oléron. Ich kann wohl sagen, daß mir diese Begegnung, nachdem ich so viele Wochen lang immer im Verkehr mit katholischen Geistlichen gewesen war, ein besonderes Interesse einflößte. Parallelen mußten sich mir aufdrängen. Ich bat ihn, Platz zu nehmen. Er tat es, aber sehr unvollkommen.

Den Predigerton habe ich niemals so in Blüte gesehen, als bei diesem kleinen Manne. Er war unfähig, ein Wort einfach und natürlich zu sprechen. Alles war Rede, feierliche Ansprache, wie wenn die Bürgermeister an den Wagenschlag eines reisenden Prinzen treten. Dieser Eindruck wuchs dadurch, daß er sich, so oft die Reihe des Sprechens an ihn kam, von seinem Stuhl erhob, um *stehend* und mit berufsmäßigen Handbewegungen seine Rede zu halten. Man kann sagen, er taufte und traute beständig.

Seine erste Ansprache, nach erfolgter Vorstellung, ging dahin, daß sein Freund und Amtsbruder »Monsieur Delmas, Pasteur et Président du Consistoire« ihm eine historische Studie »L'Église Réformée de la Rochelle« übersandt habe, zugleich mit der Bitte, dieselbe einem »historien prussien«, der sich zur Zeit als Kriegsgefangener auf Oléron befinde, überreichen zu wollen. Nach sorglicher Durchforschung aller tausend Gefangenen war, unter Anwendung des Indizien- oder Wahrscheinlichkeitsbeweises, der Verdacht des »Historikers« an mir, als an einem schon früher literarisch Betroffenen, haften geblieben, und da stand ich denn nun, den *einen* Geistlichen vor mir, den *andern* (seinem besseren Teile nach) in Händen haltend, und fühlte zugleich, nicht ohne eine gewisse Verwirrung, den Schatten eines Lorbeers auf meiner Stirn. In Besançon zum »officier supérieur«, in Oléron zum »historien prussien« kreiert, gewann ich erst Fassung wieder in dem Gedanken, daß die *Fremde* ihren Mann erkennt und der Heimat (die nie recht 'ran will) die großen Fingerzeige gibt.

Ich tat einen Blick auf den Titel des ziemlich umfangreichen Buches, versicherte Mr. Masson in aller Wahrheit, daß ich ein Interesse nähme an der Geschichte des Hugenottentums in der Vendée, und bat ihn, seinem Amtsbruder in La Rochelle meinen besten Dank für die mir erwiesene Ehre auszusprechen. Wir gingen dann zu einem Gespräch über die Insel Oléron über, über die kirchlichen Zustände, über das Verhältnis von Katholiken und Protestanten, der Zahl wie der gegenseitigen Stimmung nach. Er gab mir über alles

Aufschluß, aber doch in einer gewissen aufgeregten Zerstreutheit, wie man sie bei Personen zu beobachten pflegt, die zwischen Braten und Kompott eine Tischrede zu halten haben. Sie memorieren beständig, werden durch die harmloseste Frage ihres Nachbars wie auf einer gedanklichen Untat ertappt und geben oft Antworten, darin sich Worte aus der zu haltenden Rede rätselvoll eingesprenkelt finden. Dies war auch die Situation von Mr. Masson. Er brach denn auch schließlich durch die immer drückender werdende Zwangsunterhaltung hindurch, erhob sich, trat, seinen Zylinderhut in der Hand, drei Schritte zurück und begann mit gesteigerter Feierlichkeit:

„Monsieur, il n'est pas vraisemblable, que nous nous reverrons ici, que nous nous reverrons dans *ce* monde. Mais nous avons une patrie, grande et éternelle, où n'existe pas de guerre, où la haine, l'animosité ont cessé, où les peuples demeurent en paix par notre Sauveur Jésus Christ, par lui, qui est la lumière, l'amour, et la grâce. *Voilà* où nous nous reverrons... Monsieur, je vous demande pardon... Monsieur, je suis fâché de vous avoir dérangé... Monsieur, j'ai l'honneur..." Während dieser Sätze hatte er seinen Rückzug angetreten, ohne sich umzudrehen, immer Auge in Auge. Unter beständigen Verbeugungen begleitete ich ihn bis an die Treppe; hier schieden wir.

Es fiel mir wie eine Last von der Brust. Die letzten Minuten hatten mich einen schweren Kampf gekostet. Bis zu den Worten: »voilà, où nous nous reverrons« war ich ihm ernsthaft und aufmerksam gefolgt, als mir aber plötzlich klar wurde: er predigt, er *zitiert* vielleicht, erfaßte mich das Komische der Situation mit solcher Gewalt, daß ich, nur noch mit Niederkämpfung meines Krampfes beschäftigt, von allem Weiteren nichts anderes als einzelne Worte hörte. Niemals hab' ich das Mißliche der pastoralen Redeweise *so* empfunden wie hier.

Man spricht davon, daß unser modernes Empfinden den Katholizismus überwunden habe, er sei durchaus *mittelalterlich*. Es mag sein. Aber, was unser modernes Empfinden gewiß *auch* überwunden hat, das sind solche öden Redensarten. Jeder kann sie machen, wie jeder einen Baum zeichnen oder ein Sonett zusammenstellen kann. Man lockt damit keinen Hund mehr vom Ofen. Man muß diese Dinge schärfer anzufassen wissen.

Wir sind wenigstens auf dem Wege dazu; was ich aber in Frankreich vom Protestantismus gesehen habe, machte einen unendlich tristen Eindruck auf mich. In Lyon gab mir der Gardienchef (Protestant) ein Gebetbuch in die Hand, ich glaube in Genf und Toulouse ediert, das Gebete auf ein paar hundert Tage und Situationen enthielt, jedes eine halbe bis anderthalb Seiten lang, also an und für sich nicht zu lang und in dieser Beziehung hinnehmbar. Ich las zehn oder zwölf, und ich darf sagen, ich habe nie dürreres Reisig in Händen gehabt.

Keine Spur wahren Lebens, alles fromme Phrase. Die *fromme* Phrase aber ist die schlimmste.

3. DER LETZTE ABEND

Wünsche, Frohsinn, Freunde, Gäste,
Lichter wie zum Weihnachtsfeste.

*

Er hatte Tressen an dem Hut
Und einen Klunker dran.

M. Claudius

So kam der letzte Abend heran. Er hatte eine besonders festliche Erscheinung. Bei Verteilung meiner Wirtschaftsgegenstände hatte sich nämlich ein ungeahnter Reichtum an Stearinlichten ergeben, und da Rasumofsky, dem natürlich alles zufiel, hochherzig erklärte, zugunsten einer Illumination auf diesen Erbschaftsteil verzichten zu wollen, so hatte sich, unter Heranschleppung aller möglichen Blaker und Leuchter, die überhaupt aufzutreiben waren, eine feenhafte Beleuchtung bei mir vorbereitet. Selbst in der anstoßenden Kammer, in zwei Sandhaufen gestellt, brannten zwei Lichter. Es sah aus wie Weihnachten. Der Christbaum fehlte, aber sein festlicher Glanz war ausgegossen.

Licht gibt Heiterkeit. Ich ordnete meine paar Habseligkeiten, die mich in die Heimat zurückbegleiten sollten, setzte mich an den Schreibtisch, um ein paar Abschiedsbriefe zu kuvertieren, und sprang dann wieder auf, um in meiner Lichterallee spazieren zu gehen. Ich bin ein schlechter Sänger und Pfeifer; aber ich glaube, ich versuchte mich als beides.

Meine gute Laune hatte noch einen besonderen Grund; es war nämlich unmöglich, auf Rasumofsky zu blicken, ohne von jenem Empfindungskontrast berührt zu werden, der vielleicht die Wurzel alles Humors ist. Von den drei Kardinaleigenschaften meines Burschen, um derentwillen ich ihn überhaupt engagiert hatte, hatte ich bisher nur *zwei* kennengelernt, den Polen und den schwarzen Husaren; heute, zum Abschied, hatte er, mir zur Liebe, auch die *dritte* seiner Qualitäten hervorgesucht: den Schneider. Das rechte Bein über dem linken Knie, so saß er da, von Lichtern umstrahlt, vom Kaminfeuer beschienen, und nähte mir, aus blauem Futterkattun, einen Reisesack. Er tat es gern, weil er das Bedürfnis hatte, mir seine Liebe zu bezeigen; aber es war ein Opfer, das er mir brachte. Alle Augenblick kam Besuch; man lächelte, und ich sah, wie er sich ärgerte. Endlich half er sich auf die beste Weise. Er stülpte seine Mütze mit dem Totenkopf keck auf die linke Seite und sah jeden Eintretenden so herausfordernd an, daß der Spott verschwand, noch eh' dieser Zeit gehabt hatte, sich zu entwickeln. Mir persönlich gönnte er das herzlichste Lachen und stimmte selber mit ein.

Diese Heiterkeit indes, die in so vielem um mich her ihre Nahrung fand, sollte noch auf eine harte Probe gestellt werden; ja, es wurde zehn Minuten lang so dunkel vor meinen Augen, als ob die Lichter um mich her mit ziemlich langer Schnuppe gebrannt hätten. Der Leser urteile selbst.

Unter den vielen, die kamen und gingen, befand sich auch unser Kölner Freund mit dem Klapphut und der 25er Achselklappe. Er kam abermals »dienstlich«, und zwar diesmal, um mir im Auftrage des Kommandanten meinen *»Reisepaß«* zu überreichen. Ich dankte, soweit das meine große Überraschung zuließ.

Ich hatte nämlich geglaubt, auf dieselbe Weise, wie ich gekommen war, nun auch meine Rückreise antreten zu können, und mußte mich jetzt von der alten Wahrheit überzeugen, daß Freiheit teuer ist und ein beständiges Daransetzen von Gut und Blut erwartet. Nicht in Gendarmenbegleitung (langweilig aber *sicher*) sollte ich mich auf den Rückweg machen, sondern in völliger Freiheit, *mir selber überlassen*. Das klang sehr gut, war aber in Wahrheit eine heillose Sache, die dadurch nicht besser wurde, daß mir ein Umweg, der die Meilenzahl gerade verdoppelte, als Reiseroute vorgeschrieben war. Hier saß ich am *Atlantischen Ozean;* bis zum *Mittelländischen Meer* (Cette) mußte ich hinunter, um dann wieder, an der Rhône hin, bis Lyon und Genf aufwärts zu steigen! Dieser Umweg war nicht angenehm; aber er kam nicht in Betracht neben der andern Erwägung, daß ich diese Reise durch bis zum Fanatismus aufgestachelte Provinzen antreten mußte, *allein,* mit keinem anderen Schutz als einem feuille de route in der Tasche. Alle Städte, die ich zu passieren hatte, hingen nur lose noch am Faden der Ordnung; was konnte einem rotrepublikanischen Arbeiterhaufen, wie sie in Bordeaux, Toulouse, Lyon an der Tagesordnung waren, was konnte ihnen mein mit Kritzelhand undeutlich geschriebener Reisepaß bedeuten? »A la lanterne!« Ich hatte das Gefühl, durch meine Befreiungsorder auf einen Vulkan gestellt zu sein. Dies Gefühl war so stark, daß ich einen Augenblick die große Cortez-Arie »ich bleibe hier« sehr ernsthaft in Erwägung zog. Dann schämt' ich mich wieder dieses Kleinmuts. Rasumofsky, an den ich appellierte, faßte sein Endurteil in die Worte zusammen: »I, sie werden ja wohl nich.« Er meinte die Franzosen.

Manchem mögen diese Bedenken, wie ich sie hier ausgesprochen habe, als Zeichen einer besonderen Ängstlichkeit erscheinen. Ich darf aber versichern, die Situation war *wirklich* heikel. Nur wer als Gefangener durch Frankreich geschleppt worden ist, hat ein Urteil darüber. Scham und Hoffnung gaben endlich den Ausschlag. Zudem trug mein Paß den Namen *Gambettas*. Dies war *etwas*. Der einzige Name, der selbst der roten Populace einigermaßen imponierte. Wenigstens *damals* noch.

Es liegt in meiner Natur, angesichts aller Dinge, über die ich *ausnahmsweise* nicht gleich hinweg kann, sorglich zu balancieren und nur zögernd zu einem Entschluß zu kommen; *ist* dieser Entschluß aber einmal gefaßt, so spring' ich auch sofort wieder mit beiden Füßen in die alte Sorglosigkeit hinein und vertraue lachend und heiter meinem guten Stern.

So tat ich auch hier. Es wurde mir erleichtert durch einen Besuch, der mit der Entscheidung, die ich faßte, fast zusammentraf.

Die Lichter waren schon halb niedergebrannt; Rasumofsky tat seine letzten Stiche und schickte sich eben an, eine Zuckerhutstrippe (als Schnurre) durch den Reisesack zu ziehen, als es abermals klopfte. Herein trat ein großer, schöner Mann in der Uniform eines Zuaven-Tambourmajors. Langer blauer Rock, blanke Knöpfe, mächtige rote

Epauletten, auf der Brust drei Orden, der schwarze Vollbart sappeurartig herniederhängend und auf seiner Oberfläche in zwei Strähnen geflochten, die, nicht viel dicker wie eine Uhrschnur, auf dem mächtigen dunklen Bartuntergrund lagen. Es war der Kantinier. Man denke sich mein Erstaunen. Die Schönheit dieses wirklich pompösen Mannes wurde nur noch von dem Komischen seiner Erscheinung übertroffen.

Er blieb drei Schritte vor mir stehn, verbeugte sich, legte seine linke Hand auf die Brust und begann feierlich: »Mein Herr. Die Verhältnisse haben es mir versagt, auf mehrere Schreiben, die ich die Ehre hatte von Ihnen zu empfangen, schriftlich zu erwidern. Es ist mir Bedürfnis, persönlich Ihre Nachsicht dafür zu erbitten. Zugleich spreche ich Ihnen in meinem und meiner Dame Namen mein aufrichtiges Bedauern darüber aus, Sie so früh aus unserer Mitte scheiden zu sehn. *Sie* werden anders darüber empfinden, aber genehmigen Sie die Versicherung, daß Sie ein Gegenstand unsres besonderen Respektes waren.«

Hier schwieg er, verneigte sich wieder und wartete ersichtlich auf meine Antwort. Ich ging also auch los. »Monsieur le Cantinier, es gereicht mir zu einer ganz besonderen Ehre, daß ich noch Gelegenheit finde, Sie in dieser prächtigen Erscheinung vor mir zu sehn. Sie sind ein schöner Mann; verzeihen Sie die Unumwundenheit meiner Ausdrucksweise (er verneigte sich), aber wenn es etwas gibt, das imstande ist, Ihrer Persönlichkeit Vorschub zu leisten, so ist es *diese* Uniform. Ich sehe zu meiner besonderen Freude, Sie sind *dekoriert*. Darf ich fragen ...«

Er wartete das Weitere nicht ab, sondern interpretierte jetzt mit immer lebhafter werdender Stimme: »C'est pour la *Crimée* – c'est pour le *Mexique* – et la *troisième,* celle-ci, est une ›décoration spéciale‹ pour mes productions sur le cornet à piston.«

Ich drückte ihm nochmals meine Freude aus, einen alten Soldaten zu sehn, der wahrscheinlich in drei Weltteilen gefochten habe (er nickte zustimmend), und glaubte nun, nach so vielen Auseinandersetzungen, das Ende der Feierlichkeit gekommen, als er plötzlich einen Schritt näher an mich herantrat und mit bewegter Stimme sagte: »Monsieur, je ne crains pas de vous offenser, si je vous prie...«

Ich warf unwillkürlich den Oberkörper zurück.

»Monsieur«, fuhr er fort, »permettez, que je vous embrasse.«

In solchen Momenten ist ein mutiges Hinein ins Unvermeidliche immer das beste. Nur Initiative kann vor größerem Unheil bewahren. Ich warf mich also auf ihn, drückte die drei Medaillen an meine Brust und schob erst meine linke, dann meine rechte Backe an den beiden Flanken seines mächtigen Hauptes vorbei.

Dann ließ ich los. »Rasumofsky, Licht!« Dieser packte den nächsten Leuchter, riß die Tür auf und beschleunigte dadurch den Rückzug.

Als er heraus war, sagt' ich mir: Mr. Masson, encore une fois! Nur unterm Vergrößerungsglas und – mit roten Epauletten!

4. ABSCHIED

Hin jagt der Kiel; ...
Und jene Insel voll Erinnerungen
Sinkt in des Meers, sinkt in des Herzens
Tiefe.
B. v. Lepel

Um 7 Uhr früh war ich auf. Es dunkelte noch, aber ein großes Reisigfeuer gab überallhin Licht und Wärme. Um 9 ½ ging das Schiff. Gepackt war. Auf dem unter Rasumofskys Händen rasch arrangierten Bett lagen meine Habseligkeiten: der Hut, der Überzieher, die Reisedecke, zuletzt der blaue Reisesack, der genau das Ansehen jener kattunenen Hülse hatte, drin der Dorffiedler seine Violine auf die nächste Kirchweih trägt. Unten am Bett lag Blanche. Sie hatte noch nicht ausgeschlafen, reckte und streckte sich und sah halb neugierig, halb mißgestimmt unserm Treiben zu.

Es schlug 8; das letzte Frühmahl war genommen. Rasumofsky hatte seine Erbschaft angetreten. Alles war sein. Vor den Sentimentalitäten des Abschieds wurden wir durch immer neu eintreffende Besucher bewahrt, die mir Grüße, Briefe, Bestellungen mit in die Heimat gaben. Einige drangen in mich, einen großen Lärm wegen schlechter Behandlung der Gefangenen zu machen, was ich aber ablehnte, ihnen nochmals auseinandersetzend, sie möchten doch, um ihrer eigenen guten Laune willen, von der Vorstellung ablassen: daß die französischen Gefangenen in Deutschland ein glückliches und die deutschen Gefangenen in Frankreich ein unglückliches Leben führten. Es würde sich wohl hüben und drüben nicht viel nehmen. Gefangen sein, sei immer unangenehm. Ergebung sei das Beste; an gutem Willen (wie sie zugeben müßten) fehle es den Behörden nicht. Im allgemeinen wurde dies gut aufgenommen. Nur zwei vom 1. Garde-Ulanen-Regiment wollten nicht viel davon wissen. Sie deuteten leise an: Du hast gut reden.

So kam 9 Uhr. Blanche hatte sich inzwischen erholt und drängte sich an mir vorbei, ihre Flanken immer dichter an meinem Stiefel streifend; Rasumofsky hatte die Decke über den linken Arm gehängt und den blauen Sack in der Rechten harrte er des Zeichens zum Aufbruch. »Nun mit Gott.« Auf der Türschwelle wandte ich mich noch einmal und sah in das Zimmer zurück, drin das Reisigfeuer eben verglühte. Ich warf, ohne bestimmte Adresse, eine Kußhand hinein, eine Dankesbezeugung gegen den genius loci, der es gut mit mir gemeint hatte. Dann treppab, über Flur und Hof hin, wo noch wieder die Hände geschüttelt wurden, ging es am Glacis und der Stadt-Enceinte entlang auf das Hafenbollwerk zu, wo die Dampfer anzulegen pflegten. Ich löste ein Billett; Rasumofsky legte Decke und Sack auf einen Mühlstein, der Tisch und Stuhl zugleich vorstellte. So standen wir einander gegenüber.

»Ja, Rasumofsky, so geht es.«

»Ja, Herr Leutnant.«

»Nun, sei'n Sie vernünftig und kommen Sie bald nach.«

»Ach, Herr Leutnant (hier kam er mir näher ans Ohr), am liebsten brennt' ich gleich mit durch.«

»Unsinn. Ewig kann es nicht dauern. Gott befohlen.«

Es zwinkerte ihm etwas um die Augen; ich gab ihm die Hand; dann machte er kehrt und ging stramm auf Stadt und Zitadelle zu. An höchster Wegstelle winkte er noch einmal mit einem alten blauen Schnupftuch, das nicht mehr recht flattern wollte. Dann bog er rechts ein und war mir entschwunden.

Das Schiff war noch nicht da. Ich setzte mich auf den Mühlstein und gab mich dem Zauber dieser Minute hin. Es war wie ein Vorschmack der Freiheit. Hinter mir und zu meiner Rechten lag das Meer, nach links hin dehnte sich die Insel, vor mir ein Schiffsetablissement, halb Werft, halb Holzhof. Es nebelte leise, und durch die stille, wasserreiche Luft klang gedämpften Tones der schrille Ton mehrerer Sägen, die, ein Mann oben, ein Mann unten, große Stämme in Bretter zerschnitten. Das ganze Bild, so einfach es war, war eigentümlich und einschmeichlerisch, und dennoch empfand ich, das alles schon einmal gehabt zu haben. Ich sann hin und her. Da hatt' ich es. In Linlithgow, angesichts des Schlosses, drin Maria Stuart geboren wurde, hatte all' das schon einmal zu mir gesprochen: derselbe Nebelmorgen, derselbe durchrümpelte Holzhof, vor allem derselbe gedämpfte Ton auf- und abgehender Holzsägen. Wenn es etwas geben konnte, den Zauber dieser Minute zu steigern, so war es *diese* Erinnerung.

Der Dampfer hatte inzwischen angelegt. Ich war der einzige Passagier, wenn zwei Pferde nicht mitzählen sollen, die, mit krausem Winterhaar und klumpigen Füßen, wie heruntergekommene Anverwandte der schönen Percheronrasse, auf dem dritten Platz des Schiffes untergebracht waren. Mit Leichtigkeit löste sich der Dampfer vom Ufer, der Seewind strich über Deck, und ein leises Frösteln schüttelte mich. Aber ich konnte doch von dieser Stelle nicht scheiden, ohne bis zuletzt eines freien Umblicks genossen zu haben. Ich stellte mich also auf die Mitte der Kajütentreppe und blickte von hier aus, die erhöhte Treppenwand als Windschirm benutzend, nur den Kopf frei, in die Landschaft hinein. An Büschen und Bojen hin, die das Fahrwasser bezeichneten, glitt der Dampfer ruhig seine Straße. Der Schleier über Oléron wurde dichter; nichts als der Zitadellturm und rechts daneben das hohe Fanal ragten noch wie Schattenbilder aus dem Grau hervor. Auf dem Schiffe herrschte Stille; lautlos dirigierte der Matrose das Steuer, nur die Maschine prustete, die Pferde stampften, und die großen Holzschuhe des Schiffsjungen klapperten über Deck.

Nun begann das Hohio und das Rufen in den Maschinenraum hinunter; die Breitseite des Dampfers legte sich an den Kai.

Ich sprang ans Ufer. Festland unter den Füßen. Drüben auf Oléron verschwanden die letzten Schatten im Nebel.

5. RÜCKREISE

> Komm mit deinem Scheine,
> Süßes Engelbild.
> *M. v. Schenkendorf*

Am Ufer hielten Diligencen und Omnibusse, die bis Marennes und Rochefort gingen; keins dieser großen Gefährte aber hatte Lust, einen einzigen Passagier landeinwärts zu schaffen. Ich nahm also eine Art Postkutsche, nicht billig, aber doch immer noch nicht so teuer, wie wenn man in Mark Brandenburg von Buckow bis Werneuchen fährt, und rollte bei immer heller werdendem Wetter, die Hauptstraße von Marennes hindurch, in die dahinter gelegene Landschaft hinein. Ich erkannte all' die alten Punkte wieder. Dies war das Wäldchen, wo der Marketender die »Wacht am Rhein« angestimmt hatte; dies war die Wegebiegung, wo mein Ziegenfellkutscher und ein Telegraphenbeamter ihren großen Disput begonnen und eine Viertelmeile lang die Worte wiederholt hatten »vous êtes un malhonnête« und »vous êtes un grossier«[1], und dies endlich war das Dorf

[1] Über diese Streitszene war ich in dem Kapitel Marennes absichtlich hingegangen, um den raschen Verlauf der Erzählung nicht zu unterbrechen. Ich muß aber dieses Vorganges doch noch nachträglich Erwähnung tun, weil er mir durchaus cha-

und die Auberge, wo in das Gewirr der Stimmen und das Geklapper der Kaffeetassen hinein die Schlagtriller der Kanarienvögel erklungen waren. War jener Tag schön gewesen, so war dieser doch schöner, trotz eines leisen Druckes, den ich nach wie vor auf dem Herzen spürte.

Die französischen Kutscher fahren brillant; schon um 2 Uhr rasselte die Kutsche über das Vorstadtpflaster von Rochefort. An dem alten Stadttor, in Nähe einer großen Esplanade, hielten wir.

Ich hatte zwei Gänge in Rochefort zu machen, den einen um der *Pietät,* den andern um der *Respektabilität* willen. Diesen zweiten Gang macht' ich zuerst. Es war nämlich unmöglich, den blauen Kattunsack, diese in ihrer Art vollendete Leistung meines Rasumofsky, als Handgepäck eines première-classe-Reisenden beizubehalten; – dieser Sack allein schon wäre eine beständige Denunziation gewesen. Ein Tausch also mußte sich notwendig vollziehen. An einem squareartigen Platz, inmitten der Stadt, fand ich endlich eine Reiseeffektenhandlung, trat ein und hatte einen kleinen degenerierten Franzosen vor mir, der nicht aussah, als ob er

rakteristisch erscheint. Der Telegraphenbeamte, der sich aus einem Mischgefühl von Neugier und Freundlichkeit unserem Zuge anzuschließen gedachte, hatte nämlich auf dem zweirädrigen Karren meines Pelerinenkutschers Platz nehmen wollen, was diesem letzteren unbillig und eine Überbürdung seines Fuhrwerkes schien. Aus dieser Geringfügigkeit entspann sich nunmehr ein Disput, der mindestens eine Viertelstunde dauerte und während dieser ganzen Zeit keine andre *Steigerung* erfuhr, als daß jeder der Streitenden erst ein »je vous *assure*« und schließlich (als höchsten Trumpf) ein »je vous *jure*« jenen oben zitierten, immer wiederholten Worten hinzusetzte. Es machte einen unglaublich ärmlichen Eindruck, und ich kann sagen, ich empfand einen gewissen Stolz darüber, in Gegenden zu Hause zu sein, denen man Reichtum und Produktionskraft nach *dieser* Seite hin nicht absprechen wird.

die letzten Kraftanstrengungen der Republik seinerseits unterstützen wolle. Ich kaufte eine leidlich elegante Tasche, bat, den Prozeß des Umpackens sofort vornehmen zu können, und löste diese Aufgabe, die bei der Beschaffenheit meiner Effekten nicht eben leicht war, mit Geschick und Dezenz. Dann überreichte ich den Kattunsack mit der Bitte, diese blaue Trophäe zur Erinnerung an einen preußischen prisonnier de guerre aufbewahren zu wollen. Der kleine Mann konnte sich in diesen Worten nicht gleich zurechtfinden; nur drei Nähterinnen, die schon den Umpackungsprozeß mit Teilnahme verfolgt hatten, kicherten jetzt und blickten mich freundlich an. Dieser Erfolg genügte mir vollkommen. Ich grüßte und verschwand.

Mein nächster Gang in Rochefort galt dem Mr. Vignaud, dem Vorstande des Gefängnisses. Ich hatt' es noch dankbar in Erinnerung, daß seine sorgliche Pflege mich vielleicht vor einer ernstlichen Krankheit bewahrt hatte; so fragte ich mich denn durch Straßen und Gassen durch und zog alsbald an dem großen Holzgatter die weithin schallende Glocke. Man empfing mich wie einen alten Bekannten; »der Direktor habe eben von mir gesprochen«. Dieser saß wie gewöhnlich an seinem Pult und las im »Moniteur universel« den Meinungsaustausch zwischen dem Grafen Bismarck und dem Comte Chaudordy über Gefangenenbehandlung hüben und drüben. Ein sehr zeitgemäßes Thema. Er schob mir das Blatt zur Durchsicht hin; ein kurzes Gespräch knüpfte sich daran; ich fragte nach dem Sohn, dessen Zimmer ich bewohnt hatte; er zuckte mit den Achseln – ein Ballonbrief war seit Wochen nicht eingetroffen. So schieden wir; ein jeder gut national und doch gute Freunde mitten im Krieg.

Der Bahnhof war ziemlich nah. Ich erfuhr, daß in dreißig Minuten ein Zug abgehe, der aber halben Wegs zwischen Rochefort und Bordeaux (in Angoulême) vier oder fünf

Stunden liegen bliebe, um das Eintreffen des Hauptzuges von *Orleans* her abzuwarten. Mir brannte der Boden unter den Füßen. Also weiter!

Um 10 Uhr abends war ich in Angoulème. Ich nahm einen Imbiß; dann wurden die Gasflammen am Büfett gelöscht, und ein Kellner führte mich einem Bahnhofsbeamten zu, der nun den Wartesalon öffnete. Hinter mir wurde wieder zugeschlossen. Es war ein dunkler Raum; die dicht aufgeschüttete Kohlenmasse *glühte* nur; große Schatten gingen an der Decke hin, wenn draußen auf dem Perron sich irgend etwas regte – es war die Infirmerie von Moulins ins Elegante übersetzt. An den Wänden entlang standen Plüschkanapees mit großen Kissen vom selben Stoff; alles bequem und einladend. Ich streckte mich, um ein paar Stunden zu schlafen. Es wollte aber nicht recht glücken, da ich bald wahrnehmen mußte, daß ich nicht der einzige Bewohner an dieser Stelle war. Auf einem zweiten Kanapee, das Kopf an Kopf mit dem meinigen stand, wurd' es unruhig, drehte und dehnte sich, gähnte dazwischen und gab allerhand andere Zeichen des Unbehagens. Endlich stand der Unruhige auf und setzte sich vor den Kamin. Die Kohlenglut gab gerade so viel Licht, daß ich ihn erkennen konnte. Es war ein junger Mann, wohlwollenden Gesichts; allem Anschein nach ein Kaufmann.

Nach einer halben Stunde waren wir im Gespräch, und ich darf wohl sagen, ich schulde ihm den glücklichen Verlauf einer Reise, von der er mir offen bekannte, daß er sie unter den obwaltenden Umständen für ein *Wagnis* halten müsse. »Sie müssen sich eilen; keine Aufenthalte; immer erster Klasse – die Züge, zum Glück, greifen ineinander ein.« Sein ceterum censeo aber war: »Schlafen Sie viel, lesen Sie viel, *sprechen Sie wenig.*«

Etwa um 2 Uhr nachts traf der Zug von Orleans ein. An demselben Vormittage war auf dem Terrain zwischen Artenay und der Loirehauptstadt gekämpft worden; fünf oder sechs Waggons waren mit bayerischen Gefangenen und Verwundeten gefüllt; namentlich Artillerie. Sie befanden sich auf dem Wege nach Pau. Ich trennte mich von meinem freundlichen Berater, wiederholte ihm meinen Dank, und weiter ging es auf Bordeaux zu. Wir erreichten es 6 Uhr früh. Ein Fiaker führte mich, über Brücken und Plätze, an einem prächtigen Kai hin, von einem Bahnhof auf den andern. Nur eine halbe Stunde Rast!

Nun begann ein Fahren Tag und Nacht. Am Nachmittag in Toulouse; am Abend in Cette. Eine weite Wasserfläche dehnte sich zur Rechten; der Mond, in breitem Streifen, schimmerte darüber hin. »Was ist das?« Das Mittelländische Meer.

Weiter. Montpellier, Nismes, Tarascon. Hier gingen wir auf die Marseiller Linie über. Am Morgen in *Lyon.*

Lyon hat acht Bahnhöfe.

»Où est la gare de Genève?«

»C'est ici; voilà.«

»A quelle heure part le train?«

»A présent. Dans cinq minutes. Dépêchez vous.«

Im Fluge löste ich mein Billett, und weiter rasselte der Zug auf Genf zu. Nur noch zwanzig Meilen bis zur Grenze! Mir begann das Herz höher zu schlagen. Ich fing auch wieder an zu *denken.* Wie hatt' ich diese anderthalb Tage seit Angoulème zugebracht? Getreulich nach der Weisung meines Beraters. Die Augen geschlossen oder in ein Zeitungsblatt vertieft, so hatt' ich die langen Stunden über dagesessen. Auch in der Nacht war kein Schlaf über mich gekommen. Was geht in solchen Stunden in einer Menschenseele vor? Womit tötet man die Zeit hinweg? Hier liegen Fragen für einen Psychologen vor. Das Auge ist tot; die Landschaft spricht nicht zu ihm; die Bilder fallen auf die Netzhaut, aber der Nerv, der uns das Bild zum Bewußtsein bringen soll, versagt seinen Dienst. Und wie keine Bilder *zu* uns sprechen, so sprechen auch keine Gedanken *in* uns. Schemen, ein geistlos-geisterhaftes Wesen, ein fieberhaft durch das Hirn gehetztes Nichts; ein Stunden- und Minutenzählen; immer dieselbe Frage: wie weit noch, wieviel Meilen noch?

Jetzt, auf dem Weg zwischen Lyon und Genf, war ich wenigstens so weit gediehen, über das Nichtdenken der vorhergehenden Stunden nachdenken zu können. Auch *das* schon war ein Gewinn. Dabei begann ich die letzte Nummer des »Salut public« auswendig zu lernen.

Nun waren wir in den Jura hinein; die Wälder bereift, die Häupter tief in Schnee. Ein Sturm pfiff; aber gleichviel, es ging vorwärts. Das war Bellegarde. Die *letzte* französische Schildwacht, den Kopf in der Kapuze, sah von der Felsenbrücke hoch oben auf unsren, ihm mutmaßlich wie Spielzeug erscheinenden Zug hernieder. Fünf Minuten später rasselten wir an einem mit *Holzbalkonen* umschmückten Hause vorüber, das die Inschrift trug: »Café Guillaume Tell«. Also *Schweiz!*

Die »Bise« wehte von den Bergen her; die Maschine keuchte; unter einem hohlen Gebraus fuhren wir in die Bahnhofshalle ein.

Viktoria-Hôtel! Ich wählt' es mit gutem Vorbedacht.

Ein Blick des Oberkellners auf meinen Rochefort-Reisesack (wie hätte erst Rasumofskys Schöpfung gewirkt!) verurteilte mich zu drei Treppen. Als ich in den kleinen Raum eintrat, sang neben mir eine Pensions-Engländerin die Gnadenarie, und an dem schlecht eingehakten Fenster rüttelte und rasselte der Sturm. Gleichviel. Ich warf den Reisesack in die Ecke, mich selber aufs Sofa, kreuzte die Hände über der Brust, atmete hoch auf und sagte das *eine* Wort: »Frei.«

Theodor Fontane, 1875

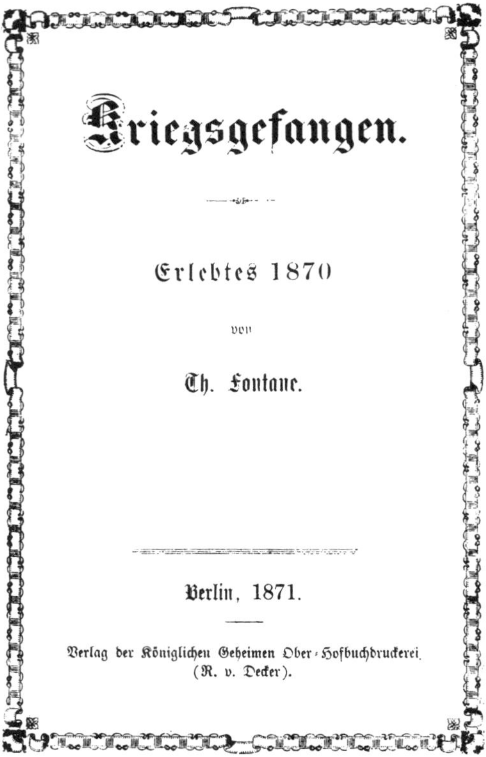
Kriegsgefangen.

Erlebtes 1870

von

Th. Fontane.

Berlin, 1871.

Verlag der Königlichen Geheimen Ober-Hofbuchdruckerei
(R. v. Decker).

Umschlag der Erstausgabe

Karikatur von August von Heyden

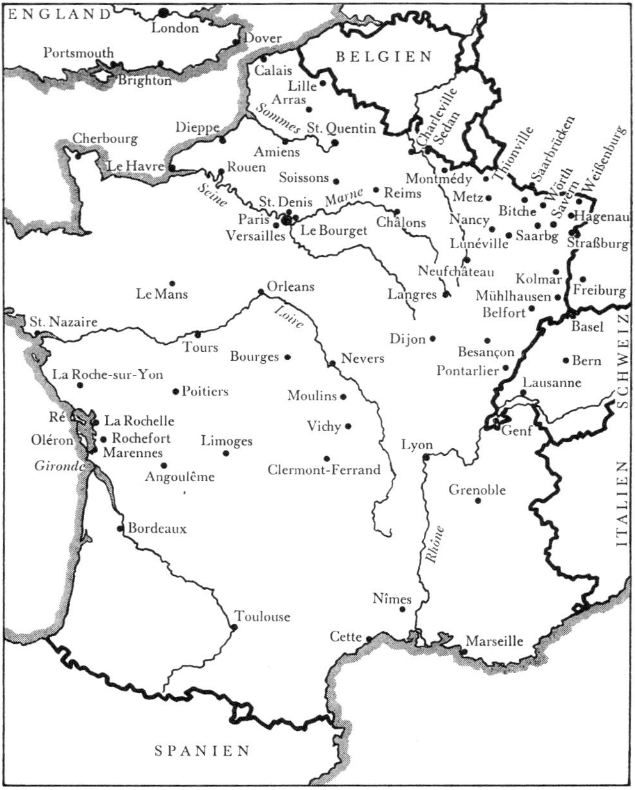

Frankreich im Jahre 1870

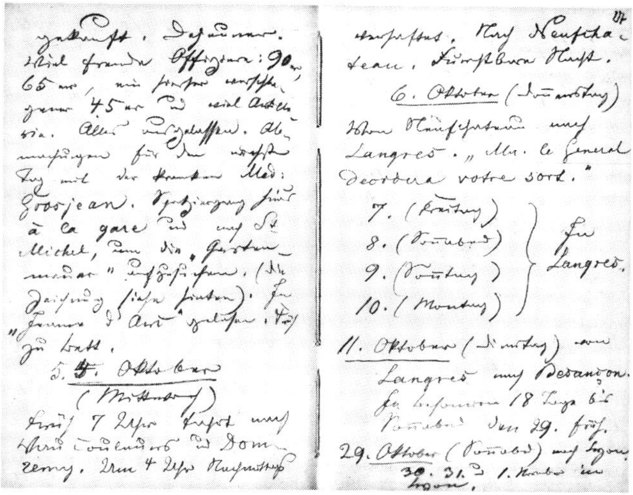

Aus den Notizbüchern Theodor Fontanes,
Oktober 1870
(Vgl. Seiten 20, 209, 210 und 216)

Das Geburtshaus der Jeanne d'Arc
und die Kirche in Domremy

Château d'Oléron, Tor der Zitadelle

Die Insel Oléron

Die Zeit danach:

5. OKTOBER 1870 BIS ZUR RÜCKKEHR NACH BERLIN AM 5. DEZEMBER 1870

Am Mittwoch, dem 5. Oktober 1870, war Fontane um 4 Uhr nachmittags in Domremy unter dem Verdacht der Spionage festgehalten, verhaftet und am Abend nach Neufchâteau gebracht worden. Am folgenden Tag fuhr man mit ihm nach Langres. Er konnte den Verdacht, ein preußischer Offizier und Spion zu sein, nicht ausräumen, und so mußte er zunächst bis zum 11. Oktober in Langres verbleiben.

6. Oktober. (Donnerstag.)
Von Neufchâteau nach Langres. »Mr. le Général décidera votre sort.«

»Meine liebe Frau! Seit gestern bin ich ein Gefangener und befinde mich bereits in der Mitte Frankreichs. Es muß getragen sein«, schrieb er seiner Frau. »In Domremy, eben in voller Jean [sic!] d'Arc-Bewunderung, wurde ich verhaftet. Man hielt mich für einen verkappten preußischen Offizier, und alles, was Deinerseits geschehen kann, ist, durch Hilfe von Gesandschaften, besonders durch Lord Loftus, der an Lord Granville telegraphieren muß, oder durch den belgischen Gesandten, die französische Regierung wissen zu lassen, daß ich eben weiter nichts als ein Schriftsteller pur et simple bin, der seines Buches halber den Kriegsschauplatz bereist. Vielleicht kann auch Frau von Wangenheim irgendeinen einflußreichen Kirchenfürsten dieses Landes und *Professor Lazarus den französischen Minister Crémieux für mich interessieren.* Sprich auch mit Geh. Rat Roland; vielleicht ist es möglich, dadurch mittelbar auch auf Jules

Fauvre zu wirken. Meine Situation beschreibe ich Dir nicht; der Hohn des Volkes ist furchtbar. Gott sei mit uns und kläre diese Nebel. Wie immer Dein Th. Fontane.« Und in einer Nachschrift fügte er hinzu: »An den Minister Crémieux hab ich eben ein Telegramm gerichtet.«[20]

7. Oktober (Freitag.) – 8. Oktober (Sonnabend.) – 9. Oktober (Sonntag.) – 10. Oktober (Montag.) in Langres.
11. Oktober. (Dienstag.) Von Langres nach Besançon. In Besançon 18. Tage bis Sonnabend, den 29., früh.

In Besançon lag die Generalkommandantur der 7. französischen Militärdivision. Hier sollte über ihn entschieden werden. Er selbst meinte zunächst, daß die Hauptgefahr bereits in Langres abgewehrt worden sei, und daß es sich in Besançon nur noch um die Frage seiner Entlassung handeln könne. Das aber war nicht der Fall, auch in Besançon stand er weiterhin unter dem Verdacht, preußischer Spion zu sein, und in den erregten Tagen des Oktobers 1870 gab es dafür nur ein Urteil: Tod durch Erschießen.

Die ersten Nachrichten seiner Gefangennahme erreichten Berlin um den 20. Oktober. Militär- und Verwaltungsstellen waren zum Teil früher unterrichtet worden. Es gibt einen ausführlichen Bericht des Polizeikommissars von Toul an den Bürgermeister der Stadt vom 20. Oktober über den Verbleib Fontanes.[21]

Fontanes Brief an seine Frau vom 6. Oktober aus Langres traf um den 20. Oktober in Berlin ein. Doch kirchliche Stellen hatten wahrscheinlich schon Tage zuvor Einzelheiten erfahren, und die mit Fontane seit Jahren befreundete Familie des Geheimrats von Wangenheim, vor allem dessen katholische Frau, wandte sich sofort an den Feldprobst der preußischen Armee, Bischof Franz Adolf Namszanowski, der telegrafisch den Kardinal-Erzbischof von Besançon, Césaire Mathieu, um Hilfe bat.

Bereits eine Woche später, am 27. Oktober, konnte dieser von seinen Bemühungen berichten: »Die Anklage wegen Spionage ist glücklicherweise fallen gelassen, denn sie hätte die Todesstrafe zur Folge gehabt. Da aber Herr Fontane leider in unmittelbarer Nähe des preußischen Heeres und außerhalb der Vorposten festgenommen wurde, sah man ihn als einen Mitkämpfenden an und betrachtete ihn in dieser Eigenschaft als Kriegsgefangenen, der nach La Roche-sur-Yon, Departement der Vendée Diözese von Lucon interniert werden müsse, wofern man ihn nicht gegen einen französischen Kriegsgefangenen höheren Grades auswechseln wolle. Nach Lage der Dinge ließen sich weder umfassendere Beobachtungen anstellen noch ein besserer Vergleich erzielen; bedeutet es doch für Herrn Fontane schon ein Glück, der ihm drohenden Gefahr entronnen zu sein.«[22] Der Kardinal schrieb weiter, daß er den Bischof von Lucon unterrichten würde, damit dieser sich um Fontane kümmern könnte. Das bedeutet, daß Fontanes Schicksal erst in Besançon günstig entschieden wurde.

Fontane hat die wirklichen Umstände erst später aus einem Brief des Kardinals Césaire Mathieu erfahren. In seiner Antwort vom 21. Dezember 1871 gestand er: »Erst aus diesem neuesten huldvollen Schreiben Ew. Eminenz ist mir wieder klar geworden (was ich bis dahin immer nur dann und wann vermutet hatte) daß mein Leben auch während meiner *Besançon*-Wochen noch arg gefährdet war, während ich in jenen Tagen selbst in der glücklichsten Verblendung lebte, daß das Schlimmste hinter mir liege und daß die Überführung von Langres nach Besançon gleichbedeutend mit Rettung gewesen sei. Erst jetzt weiß ich, daß es umgekehrt war und daß die Fährlichkeiten, als sich dieser Tausch vollzog, erst in Wahrheit begannen. Gott sei gedankt – und nächst Gott Ihnen – daß alle diese Dinge jetzt wie ein Traum hinter mir liegen.«[23]

Noch vor den entscheidenden Verhören schrieb Fontane einen Brief in französischer Sprache an seine Frau, da er annahm, daß diese Briefe aus Gründen der Zensur schneller befördert würden. Er schilderte ihr seine Gefangenschaft, betonte aber, daß seine gegenwärtige Lage auszuhalten sei. »Oh, Jeanne d'Arc! Ich muß für Dich teuer bezahlen. Sei nicht zu traurig. Alles, was geschieht, ist durch den Willen Gottes. Sieh durch die Wolken der Gegenwart hindurch und hoffe auf die Zukunft. Ich bin überzeugt, daß Prof. Lazarus (durch Herrn Crémieux), Frau v. Wangenheim durch geistliche Autoritäten und die Gesandten alles, was möglich ist, für mich getan haben... Ich denke an den 16. Oktober 1850 zurück! Welcher Unterschied!«[24] Am 16. Oktober 1850 – vor zwanzig Jahren – hatten Emilie und er in Berlin geheiratet.

Um den 20. Oktober trafen weitere Meldungen, Telegramme und Berichte über seine Gefangennahme in Berlin ein. Der Kommandant von Lützelburg, Major v. Giese, sandte einen ausführlichen Bericht an die Familie. »Geschehen muß etwas, um ihn zu retten! Helfen kann nur ungesäumtes energisches Eingreifen.«[25]

Unverzüglich wandte sich Fontanes langjähriger Freund, Bernhard von Lepel an das Kriegsministerium und berichtete, daß Fontane in die Hände irregulärer Truppen gefallen sei. »Das Königliche Kriegsministerium wage ich unter diesen Umständen im Namen der Familie des Herrn Fontane sowie eines sehr ausgebreiteten Freundeskreises ganz gehorsamst zu bitten, die betreffenden Militär- und Civil-Behörden zu möglichst baldigen Recherchen nach dem Verbleib des Genannten und eventualiter zu Hilfeleistung für ihn hochgeneigtest zu veranlassen.«[26]

Der mit Fontane seit Jahren befreundete Prof. Moritz Lazarus hatte über die »Alliance israélite universelle« vor Jahresfrist den jetzigen Justizminister Frankreichs, Adolphe Crémieux, kennengelernt. Über den Bundespräsidenten der Schweiz, Jakob Dubs, sandte er ein Schreiben an Crémieux mit der Bitte um Fontanes Freilassung. »Herr *Theodor Fontane,* einer meiner Freunde, mit dem ich seit 18 Jahren in demselben literarischen Zirkel wöchentlich zusammenkomme, lyrischer Dichter und historischer Schriftsteller, hat sich vor fünf Wochen etwa auf dem Schauplatz des Krieges begeben, um Studien für eine künftige Geschichte desselben zu machen. Von Toul folgte er aber der romantischen Neigung, nach Domremy und Vaucouleurs zu gehen, um die Stätten der Jungfrau von Orleans aufzusuchen. Auf diesem Wege ist er von Franctireurs aufgehoben und auf die Zitadelle nach Besançon gebracht worden, wo er, wie es scheint, im Verdacht der Spionage festgehalten wird. Da ich den Charakter und die Absichten des Herrn Fontane genau kenne, kann ich mit gutem Gewissen und auf Ehrenwort versichern, daß er jeder Teilnahme an der Aktion fernsteht, daß er rein literarische Zwecke verfolgt hat und verfolgt. Nicht einmal Berichterstattung für ein Journal war seine Absicht, und durchaus auf eigene Hand hat er die Reise angetreten.«[27]

Endlich, am 24. Oktober, konnte Fontane seiner Frau mitteilen: »Das Kriegsgericht hat mich von dem Verdachte der Spionage freigesprochen; da ich aber viele Militärs kenne und sozusagen militärische Augen habe, hat es der Herr General für nötig angesehen, mich für die Dauer des Krieges im Lande zu behalten.«[28]

Bereits am folgenden Tag schrieb er: »Das Dasein hier ist das alte; auf Details lasse ich mich nicht ein. Es bleibt erstaunlich, daß der Mensch auch zuletzt dabei essen und schlafen kann. Man wird an sich selbst gewahr: ›denn aus Gemeinem ist der Mensch gemacht.‹« Er hatte sich schon ganz auf die neue Situation eingerichtet, erbat Manuskriptbögen von seinem Schreibtisch und legte einen Brief an den Chefredakteur der »Vossischen Zeitung«, Dr. Kletke, bei, um diesen zu bitten, ihm die Berichterstattung über die Schauspiele weiterhin zu reservieren. Außerdem hatte er erfahren, daß er nach Roche-sur-Yon in der Vendée verlegt werden sollte.[29]

Seinen Verleger, Rudolf von Decker, bat er um Revisionsbögen des 66er Kriegsbuches, damit er sie überarbeiten könnte: »Ich fürchte nicht, daß das *neue* Kriegsbuch in seinem Erscheinen durch meine Verhaftung erheblich hinausgeschoben wird. Ich werde in Roche-sur-Yon fleißig arbeiten; außerdem hab' ich ein Gefühl, hoffentlich kein trügerisches, daß der Frieden nahe sei.«[30]

Ein Dokument wurde ausgestellt, das seinen neuen Status bestätigte.

> *Herr Fontane (Theodor), Schriftsteller und preußischer Untertan, zurzeit in Frankreich in Gefolgschaft des preußischen Heeres, um die Geschichte des Feldzuges von 1870 zu schreiben, ist zum Kriegsgefangenen gemacht und wird als solcher festgehalten. Der Divisionsgeneral, Kommandant der 7. Militärdivision, hat beschlossen, daß er als höherer Offizier angesehen und mit der seinem Rang schuldigen Rücksicht behandelt werden soll. Die Militärbehörden sind zur Ausführung dieses Beschlusses angewiesen.*
> *Im Hinblick darauf ist vorliegender Ausweis Herrn Fontane übergeben worden, um ihm nötigenfalls dienlich zu sein. Besançon, den 26. Oktober 1870.*[31]

In den ersten Oktoberwochen war Orléans von den deutschen Truppen besetzt worden, in Paris hatte man vergeblich versucht, den Umfassungsgürtel zu sprengen.

Am 24. Oktober wurde Schlettstadt übergeben, und am 27. Oktober kapitulierte die französische Rheinarmee in Metz.

Am selben Tag erhielt Fontane eine erste Nachricht von seiner Familie aus Berlin, es war ein Telegramm, das über die Schweiz befördert worden war. Er entnahm daraus, daß seine Briefe bisher nicht eingetroffen waren. »Dies ist mir unendlich schmerzlich«, schrieb er seiner Frau, »wie ich denn überhaupt wohl sagen darf, daß mir meine Erlebnisse mehr um Deinet- wie um meinetwillen leid getan haben; ich nehme davon nur die Stunden aus, wo das Letzte in aller Lebendigkeit vor mir stand. Vielleicht war meine Situation nie so schlimm; aber wer konnte es wissen?! Welche Tage! in Stunden die Erlebnisse von Jahren zusammengedrängt; immer neue Bilder, immer neue Menschen; lange Schriftstücke und Konversationen, alles in französischer Sprache; ich habe in diesen drei Wochen mehr Französisch gelernt als sonst in einem Jahr; aber die Anstrengung ist kolossal. Wo die Kräfte herkommen, weiß ich nicht. Alles Gnade Gottes.« Dem Brief legte er einen Wunschzettel für Sachen bei, die ihm den Aufenthalt erleichtern sollten.

1. *Zwei Taghemden. Die dänischen Knöpfchen.*
2. *Zwei Nachthemden. Ein Nachttuch.*
3. *Sechs gute Kragen.*
4. *Drei Paar wollene Strümpfe.*
5. *Ein Paar Unterhosen. (Weil ich nachts immer friere.)*
6. *Eine Leibbinde.*
7. *Die alte rote Kappe, after having been cleaned.*
8. *Ein Paar ältere, schwarze, mit kleinen weißen Pünktchen gesprenkelte Beinkleider; aber nicht etwa die dicken, graumelierten.*

9. *Die schwarze Weste, an die Basedow einen Schoß gesetzt hat.*
10. *Die Stiefel mit dem krausen, schlecht aussehenden Oberleder.*
11. *Ein Paar Filzsohlen, als Schuhe präpariert (wie die, die sich jetzt in Toul befinden).*
12. *Das* gebrauchte englische *Rasiermesser aus dem Merington-kästchen und den »strop«, den Du mir mal geschenkt hast.*
13. *Schachtel mit baby-pins.*
14. *Eine Binde oder ein schwarzseidenes Tuch. Kann schon gebraucht sein.*
15. *Ein altes Cachenez.*

Und er unterzeichnete den Brief »Küsse die Kinder, wie immer Dein alter Leichtsinn«.[32]

Am folgenden Tag erhielt er ein Telegramm des Schweizer Präsidenten, das ihn über die Bemühungen Moritz Lazarus' informierte.[33] Auch Lazarus selbst empfing am 28. Oktober ein Telegramm, in dem ihm Präsident Dubs mitteilte: »Habe entsprechendes Telegramm an Fontane abgesandt, werde Crémieux Ihr Schreiben zustellen und ihm Gegenstand der Petition bestens empfehlen.«[34]

Am 29. Oktober erfolgte Fontanes Weitertransport nach Roche-sur-Yon.

29. Oktober (Sonnabend) nach Lyon. 30., 31. und 1. November in Lyon.

Inzwischen war Fontanes Gefangennahme vom Kriegsministerium über das Außenministerium zur Kenntnis Bismarcks gelangt, der am 29. Oktober dem Geschäftsträger der USA in Frankreich, M. Washburne, der die Belange Preußens in Paris vertrat, depeschierte:

»Mein Herr! Nach glaubwürdiger Mitteilung ist Dr. (sic!) Fontane, ein preußischer Untertan und wohlbekannter Geschichtsschreiber, auf einer wissenschaftlichen Reise in französischen, durch deutsches Militär besetzten Distrikten verhaftet und nach Besançon abgeführt worden, wo er in Lebensgefahr zu sein scheint. Nichts kann ein derartiges Vorgehen gegen einen harmlosen Gelehrten rechtfertigen. Ich bitte Sie daher, die Güte zu haben, formell seine Freilassung von der französischen Regierung zu verlangen und ausdrücklich zu erklären, daß wir im Weigerungsfalle eine gewisse Anzahl von Personen in ähnlicher Lebensstellung in verschiedenen Städten Frankreichs verhaften und nach Deutschland schicken und ihnen dieselbe Behandlung zuteil werden lassen, die dem Dr. Fontane in Frankreich beschieden ist.«[35]

Umgehend bemühte sich Washburne, denn aus Bismarcks Schreiben spürte er, daß dieser es ernst meinte. (»...for it was understood from the communication from Count Bismarck to me that he ›meant business‹«.[36])

Am 31. Oktober antwortete Washburne, daß er bereits versucht habe, in der Angelegenheit Fontanes mit Jules Favre in Verbindung zu treten. Er versprach, sich »as soon as possible« zu bemühen.[37]

Fontane schrieb am 31. Oktober und 1. November aus Lyon seiner Frau, daß er einige Tage in der Stadt verbleiben müsse. Er hoffte, daß durch die Bemühungen von Lazarus über den Kriegsminister Gambetta ein Austausch ermöglicht werden könnte.[38]

Inzwischen hatte auch George von der Gefangenschaft seines Vaters erfahren: »Meine liebe, gute, arme Mutter. Vorgestern empfing ich die Trauernachricht von der Gefangennahme Papas. Ich muß Dir gestehen, daß ich schon oft eine Vorahnung davon gehabt habe, besonders als Du mir schriebst, Du bekämst keine Briefe mehr. Alle hier von den

Offizieren finden es aber auch kolossal leichtsinnig, in einem Lande, dessen Einwohner, wie Papa selbst schreibt, sont ›enragés contre nous‹, herumzuturnen. Ich hoffe natürlich sehr, daß durch die Verwendung der Freunde seine Freilassung zustande kommen wird, zweifle aber doch sehr daran.«[39]

2. November (Mittwoch) nach Moulins. Ankunft 4 ½ Uhr. Am 3. in Moulins.

Am 3. November sandte der amerikanische Gesandte Washburne einen Brief des Ministers Jules Favre an Bismarck, in dem dessen Demarche bestätigt wurde: »Aus dem Schreiben des Grafen von Bismarck vom 20. Oktober, von dem Sie mir Kenntnis gaben, geht hervor, daß ein preußischer Gelehrter, der Dr. Fontane, der in den von den deutschen Truppen besetzten französischen Departements reist und nur rein historische Zwecke im Auge hat, verhaftet und nach Besançon gebracht worden sein soll, wo sein Leben in Gefahr wäre. Ich habe in dieser Beziehung keine Nachricht der französischen Behörde in Besançon erhalten, bin also auch nicht in der Lage, jetzt bereits auf die mir von Ihnen übersandte Mitteilung zu antworten. Ich schreibe aber heute noch an den Präfekten des Doubs-Departements, um ihn von dieser Beschwerde zu unterrichten. Ich fordere ihn zugleich auf, die unverzügliche Freilassung des Dr. Fontane zu veranlassen, *falls keine Anklage gegen ihn erhoben wird*, sowie ihn den nächsten preußischen Vorposten zuzuführen. In der Anlage befindet sich eine gleichlautende Abschrift des Briefes, den ich an den Präfekten des Doubs-Departements richtete, damit Sie sich mit dem Grafen Bismarck verständigen können, um die Übermittlung nach Besançon zu beschleunigen.«[40]

4. November (Freitag) nach Gueret. Ankunft 1 oder 2 Uhr. »Das beste Zimmer«. Kaminfeuer mit Kastanienholz.

Aus Berlin hatte sich Geheimrat von Wangenheim über Zürich nach Besançon gewandt, und Erzbischof Mathieu hatte ihm über Zürich einen Bericht zukommen lassen, der dem entsprach, den er bereits an den Bischof Namszanowski gesandt hatte[41] (siehe S. 211).

5. November (Sonnabend) in Gueret. Viel Besuch von Doctor, Vicar und Curé. Pater Rouard. Abfahrt nach Poitiers 4 Uhr. Ankunft in Poitiers 10 ¼.
6. November (Sonntag). In Poitiers. Besuch des Aumonier, des Direktors und der übrigen Beamten. Ruhigere Sprache. 5 Uhr Abfahrt nach Rochefort. Gräßlicher Tölpel von Brigadier, der erste und einzige dieser Art. Ankunft in Rochefort 11 Uhr.
7. November (Montag) in Rochefort: Unwohl. Bis 12 im Bett. Aufgestanden. Hof-Spaziergang. Briefe geschrieben nach Roche sur Yon, an Emilie und Frau v. Wangenheim. Einzug in das Zimmer des jungen Mr. Vignaud. Gelesen in »Archéologie chrétienne«. Gutes Diner, früh zu Bett.

Während der Weiterreise durch Frankreich erfuhr Fontane, daß er nicht, wie zunächst vorgesehen, nach Roche-sur-Yon, sondern auf die Insel Oléron an der Atlantikküste gebracht werden sollte. Am 7. November bat er den Kommandanten von Roche-sur-Yon, ihm Briefe, die er von Léon Gambetta erwartete, und die seine Freilassung aussprechen würden, nach Oléron nachzusenden.[42]

An seine Frau schrieb er: »Ich wünsche sehr, daß Du diese Zeilen am 14. November erhieltest. Ihr Zweck ist nur Dir zu sagen: Ich denke an Dich jede Stunde. Sei nicht zu traurig. Alles hat seine Zeit und seinen Lauf. Dein Trost muß sein: Gott hat es gewollt.«[43] Am 14. November 1870 beging Fontanes Frau ihren 46. Geburtstag.

Am 7. November sandte George seiner Mutter einen Brief: »Gern, kannst Du Dir denken, würde ich auch Nachrichten von Papa haben, um den ich manchmal sehr bange. Der Krieg, glaubt hier die größte Hälfte der Offiziere, würde noch lange, vielleicht Jahre dauern. Daß er mit der Einnahme von Paris beendet würde, glaubt niemand. Diese Aussichten sind weder für Euch, noch für mich sehr verlokkend, aber was hilft's!«[44]

8. November (Dienstag). Um 9 Uhr Auszug aus Rochefort, zusammen 18 oder 19 Mann, ich auf einem Verbrecherkarren. Rast in ... und Rast in der kleinen zerstörten Festung. Um 2 Uhr Einzug in Marennes. Die üblichen Gespräche mit Souspräfect, Maire, Geistlichkeit. Freundliche Aufnahme.

9. November (Mittwoch; also fünf Wochen nach meiner Verhaftung in Domremy). Ankunft auf Isle d'Oléron. Guter Empfang. Hoffentlich bleibt's so.

Fontane meldete seiner Frau die Ankunft: »Ich habe ein Offizierszimmer bezogen, trotz Regen und Sturm leidlich gut geschlafen und danke Gott, daß ich jetzt, nach menschlicher Voraussicht, wenigstens in *Ruhe* bin. Relativ auch in *Freiheit*. Ich darf mich im Rayon der Zitadelle und des neben derselben gelegenen Städtchens bewegen.«[45] Bisher hatte er, abgesehen von dem Telegramm, das über die Schweiz geleitet worden war, (S. 216) noch keinen Brief seiner Frau aus Berlin erhalten. Dringend bat er um Geld und empfahl alle Post über die Schweiz zu leiten.

Von seinem Verleger, Rudolf von Decker, erbat er Fahnenabzüge des *Deutschen Krieges von 1866*, um sie durchzusehen. »Ich werde hier sehr fleißig sein und hoffe, daß meine Gefangenschaft einen guten Einfluß auf den Gehalt meiner Geschichte von 1870 haben wird. Ich werde frische Farben auf meine Palette bekommen.«[46]

10. November (Donnerstag). Einen schwarzen Totenkopfhusaren als Burschen engagiert. An Emilie, Herrn v. Decker und den Kommandanten geschrieben. Einkäufe, Einrichtungen. Besuch von Graf Arco und Herrn Gerber. Der Bursche nennt mich immer »Herr Leutnant«. Die Bevölkerung grault sich vor uns. Die Insel ist an allen Ecken befestigt. Fort Somnart ist neu. Die »Citadelle« aus Richelieus Zeiten. Der dreieckige Hof. Die Bastion am Meer. Ganz Hamlet 1. Akt, 1. Szene. Der Capitain. Die Damen. Die Schl.-Holst. Husaren im Schlaf überfallen. Überhaupt fast lauter Cavallerie, die, vorausgeschickt, den franctireurs in die Hände fallen. Viele sind die Opfer ihres Französisch-Sprechens. Die meisten hier sind aus den Kämpfen um Orléans.
11. November (Freitag). Morgenspaziergang. Gearbeitet. Besuch beim Commandanten. Neue bayerische Gefangene. Spaziergang. Gearbeitet.

Am 11. November sandte ihm die Oberin vom Heilig-Herz-Jesu-Kloster zu Besançon Nachrichten von seiner Familie und Informationen über Bemühungen der Militärbehörden.[47] Am gleichen Tag schrieb ihm seine Frau, daß sie Bischof Namszanowski aufgesucht habe, der sich an den Bischof von Lucon wenden wollte, um Nachrichten weiterzuleiten. Auch konnte sie ihm mitteilen, daß sein Gepäck aus Toul und Vaucouleurs eingetroffen sei. »Alle unsere Freunde sind von wahrhaft rührender Treue. Sie haben jeden möglichen Schritt zu Deiner Befreiung getan. Ich bitte zu Gott, daß er mit Dir sei und diese Prüfungszeit recht bald beenden möge. Gott segne Dich! Immer Deine Emilie Fontane.«[48]

Kardinal Mathieu unterrichtete Bischof Namszanowski, daß Besançon umzingelt sei, daher habe er den Bischof von Lucon gebeten, den Kontakt mit Fontane und seiner Familie aufrechtzuerhalten.[49]

12. November (Sonnabend). Morgenspaziergang. Gearbeitet. Verschiedene Besuche. Kaffeebesuch von d'Arco und Kerber. Einweihung der Kaffeemaschine. Geplaudert. Gearbeitet.
13. November (Sonntag). In der Nacht einige Verse geschrieben. Morgenspaziergang. Gearbeitet. Briefe geschrieben an Emilie, Mr. Curzain, Capitain Olivier und den Commandanten, aber alle vier noch nicht abgeschickt. Nachmittagsspaziergang. Gearbeitet. Besuch eines 71ers. Gekramt.
14. November (Montag). Emilies Geburtstag. Spaziergang. Brief geschrieben. Gearbeitet. Weitere 400 Gefangene; im ganzen sind wir nun 1000. Gerücht von der Kapitulation von Paris. Besuch des Commandanten.

Die Verse, die Fontane in der Sonntagnacht schrieb, kennen wir aus seinen Notizbüchern, er übernahm sie nicht in die Gedichtsammlungen.

O FRÜHLING komme, komme bald,
Die Seel ist müd und matt,
Und bringst du keinen grünen Wald,
O bring ein grünes Blatt.

Die Erd ist kahl und winterleer,
Ihr Puls ist müd und matt,

Am Baume schaukelt hin und her
Ein allerletztes Blatt.

Ich seh es schon den dritten Tag,
Es schwankt und… bebt,
Wie lange noch, ein Stoß, ein Schlag,
Und es hat ausgelebt.

Es fällt, die Winde wie im Spiel,
Sie heben's wieder empor,
Es ist nur Schein, es ist nur Spiel,
Und fallen muß es doch.

Traum

Die alten Tage zogen herauf,
Die Tage voll Leid, die Tage voll Gram,
Wo ich auf immer
Von dir Abschied nahm.

Du saßest still,
Die Augen geschlossen saßest du da,
Mir zog das Herz sich zusammen,
Daß ich so still dich sitzen sah.

In mir ein Sturm
– – – – – – – – – – – – – – – – –
– – – – – – – – – – – – – – – – –

Die alten Tage zogen herauf,
Es war ein Traum, du und ich,
Der Tag begann einen neuen Lauf,
Ich erwachte und weinte bitterlich.

DORT liegt die Heimat im Abendlicht,
Wie sah ich sie so lange nicht,
Sei mir gegrüßt, wie freundlich schaut
Mich alles an, wie wohlvertraut.
(...)[50]

Im nächsten Brief bat er dringend um Geld: »Sucht doch einen Tausch zustande zu bringen. Es sollen mehrere französische Schriftsteller in preußischer Gefangenschaft sein; ist das der Fall, so ist das Exempel leicht gemacht. Von Rangstreitigkeiten kann keine Rede sein; Federvieh ist Federvieh.« Und er schrieb, daß er bereits fleißig an den Schilderungen seiner Gefangenschaft arbeitete. Sieben Kapitel bis zur Abreise von Besançon habe er schon fertig. »Es liest sich wie ein Roman, der es ja auch eigentlich ist. Der dritte Abschnitt soll meinen Inselaufenthalt behandeln. Dazwischen mache ich Verse. So diese Nacht, wo ich aufwachte und die Traumbilder niederschrieb. Die Verse sind alle an Dich gerichtet.« Er wollte das Fertige abschreiben lassen, um es dann nach Berlin zu schicken, vielleicht würde es die »Vossische« drucken. Er hoffte, daß der Krieg bald zu Ende sein möge. »Dies große Duell von anno 70 dauert eigentlich schon viel zu lange: es liegt daran, daß Frankreich, im Gegensatz zu seinen Traditionen, den Krieg diesmal *nicht* als Duell führt. Jeder eigentliche Volkskrieg wird allerdings immer eine Neigung haben, über das bloße Duell hinauszuwachsen.« Zum Schluß bat er seine Frau noch um die Heftausgaben von »Macbeth«, »Hamlet« und vom zweiten Teil des »Faust«. »Von Storm schreibe mir einige Strophen verschiedener Gedichte ab ... namentlich das Gedicht, in dem die Zeile vorkommt: ›Der Regenvogel pfeift.‹ Ich bin hier geistig sehr verarmt und halte mich nur durch die Arbeit frisch.«[51]

Das erbetene Gedicht »Gedenkst Du noch« hatte Storm

1857 zum 32. Geburtstag seiner Frau Constanze geschrieben:

Gedenkst du noch, wenn in der Frühlingsnacht
Aus unserm Kammerfenster wir hernieder
Zum Garten schauten, wo geheimnisvoll
Im Dunkel dufteten Jasmin und Flieder?
Der Sternenhimmel über uns so weit,
Und du so jung; – unmerklich geht die Zeit.

Wie still die Luft! Des Regenpfeifers Schrei
Scholl klar herüber von dem Meeresstrande;
Und über unsrer Bäume Wipfel sah'n
Wir schweigend in die dämmerigen Lande.
Nun wird es wieder Frühling um uns her;
Nur eine Heimat haben wir nicht mehr.

Nun horch ich oft schlaflos in tiefer Nacht,
Ob nicht der Wind zur Rückfahrt möge wehen.
Wer in der Heimat erst sein Haus gebaut,
Der sollte nicht mehr in die Fremde gehen!
Nach drüben ist sein Auge stets gewandt;
Doch Eines blieb, – wir gehen Hand in Hand.[52]

15. November (Dienstag). Spaziergang. Die Briefe an den Commandanten geschickt. Einige steinalte Zeitungen und verjahrene Bücher als Lektüre erhalten. Gearbeitet. Besuch von Arco und Kerber. Karte und Atlas studiert.
16. November (Mittwoch). Regenwetter am Morgen. Karten gezeichnet. Französisches Buch gelesen; eleganter Schund. Petition um gemeine Gefangenensuppe eingereicht. Ein französisches Lexikon des Grafen Pfeil von den Breslauer Kürassieren requiriert. Besuch des Herrn Blank. Gelesen.

Inzwischen war ein französischer Tauschvorschlag dem Kriegsministerium bekannt geworden, und am 11. November wandte sich der Kriegsminister von Roon an den Kanzler des Norddeutschen Bundes, den Grafen von Bismarck, und informierte ihn, daß man von französischer Seite einer Freilassung Fontanes nur im Wege der Auswechslung gegen einen höheren französischen Offizier eingehen wolle. »Ich meinerseits erachte diesen letzteren Weg nicht für angemessen, halte es vielmehr für zweckmäßiger und korrekter, wenn alsbald in derjenigen Gegend, wo die Gefangennahme des p. Fontane erfolgt ist, drei angesehene französische Bürger als Geiseln verhaftet und nach Deutschland abgeführt werden...« Bereits am folgenden Tag antwortete Bismarck von Roon und versicherte, »daß ich mit Ihrer Auffassung vollkommen einverstanden bin und es ebenfalls für richtig halte... drei angesehene französische Bürger verhaften und nach Deutschland abführen zu lassen...«[53]. Am 25. November bestätigte der Kriegsminister das Vorhaben und fügte hinzu: »Es sollen möglichst solche Personen ausgewählt werden, welche für das jetzt in den nicht von uns okkupierten Teilen Frankreichs herrschende Regime Sympathie bekundet haben.« Es wurde noch hinzugefügt, daß die Festung Glatz für die Aufnahme der Geiseln bestimmt worden sei.[54]

Auf der Insel Oléron ging in diesen Tagen und Wochen alles einen Gang weiter.

17. November (Donnerstag). Spaziergang. An den Commandanten geschrieben. Gearbeitet. Abschnitt II *beendet. An Graf Pfeil in Breslau geschrieben. Gelesen. Besuch der anderen Teegäste. Gearbeitet.*

George bedankte sich bei seiner Mutter: »für die Hosen und das Hemd; auch die Stiefel sind sehr schön, nur könnten sie noch etwas höher sein. Gestern empfing ich Deinen lieben Brief vom 10., worin Du mir die traurigen Schicksale meines lieben Papas genauer mitteilst.«[55]

18. November (Freitag). 19. November (Sonnabend). 20. (Sonntag). 21. (Montag). 22. (Dienstag). Unwohl; Halsentzündung. Die Spaziergänge eingestellt. Gelesen und gearbeitet. Am Sonntag treffen zwei gefangene Fähnriche ein.

Auf Oléron trafen Anordnungen ein, die eine Freilassung Fontanes vorzubereiten schienen. Unter anderem forderte das französische Kriegsministerium einen handgeschriebenen Lebenslauf Fontanes in französischer Sprache, den Fontane sofort formulierte:

(Übersetzung): Theodor Fontane, Schriftsteller, 50 Jahre alt, geboren 1819 in Neu-Ruppin in Brandenburg. Besuchte die Schulen in Berlin, studierte Naturgeschichte, verließ diese Laufbahn und begann (1850) als Schriftsteller. Veröffentlichte Gedichte und Balladen, ging (1855) nach England, lebte in London bis 1859 und kehrte nach Berlin zurück. Schrieb seit dieser Zeit mehrere Werke: Aufsätze über die schönen Künste in England, Aufsätze über die Shakespeare-Theater, Jenseit des Tweed, eine Reise durch Schottland; schließlich drei Bände: Hin und Her durch Brandenburg (En Zic-Zac par Brandenbourg).

Von 1864 bis zur Gegenwart war er ausschließlich mit der Geschichte der Kriege von 1864 und 66 befaßt, zwei großen Werken, dem König gewidmet; der letzte Band ist noch nicht veröffentlicht (erscheint zu Weihnachten). Wurde nach der Schlacht bei Sedan gefragt, ob er geneigt sei, als Fortsetzung eine Geschichte des Krieges von 1870 zu schreiben, antwortete zustimmend und reiste von Berlin am 27. September ab. Besichtigte die Schlachtfelder von Weißenburg und Wörth, ging nach Nancy und Toul und machte (von Toul aus) einen Ausflug nach Vaucouleur und Domremy, um »das Land der Jeanne d'Arc« zu sehen. In Domremy wurde er durch Landleute »als Spion« festgenommen und nach Langres und Besançon gebracht. Das Kriegsgericht erklärte ihn für völlig unschuldig, aber der Herr General entschied, daß es erforderlich sei, ihn in Frankreich während der Dauer des Krieges zurückzuhalten.

Um diesem Lebenslauf die Authentizität zu verleihen, wurde er zusätzlich mit Unterschrift und Dienstsiegel bestätigt:

Certifié écrit par Mr. Fontane lui même
Ile d'Oléron le 19. 9bre 1870
Le chef de la place
FOROT[56]

Am 12. November war in der »Königlich privilegirte Berlinische Zeitung von Staats- und gelehrten Sachen« – so der offizielle Titel der »Vossischen Zeitung« – eine ausführliche Notiz erschienen: »Der Dichter Theodor *Fontane,* der Verfasser preußischer Heldenlieder, dem wir bekanntlich eine vortreffliche, auch in militärischen Kreisen sehr geschätzte Geschichte der Kriege von 1864 und 1866 verdanken, hatte sich, wie kürzlich schon erwähnt, nach Frankreich begeben, um für eine historische Bearbeitung des gegenwärtigen Krieges die wichtigsten Schaustücke mit eigenen Augen zu sehen.« Seine Gefangennahme wird erwähnt, die Gefahr einer Anklage wegen Spionage und die Bemühungen des Kardinals von Besançon. »Zur Zeit wisse man nur, daß er nach Roche-sur-Yon gebracht werden solle.«[57] Fünf Tage später brachte die »Kreuz-Zeitung« unter dem Datum vom 17. November eine Meldung: »Aus einem gestern hier eingegangenen, eigenhändigen Briefe des Herrn *Fontane* geht leider hervor, daß an eine sofortige Auswechslung desselben nicht zu denken ist. Er ist als Kriegsgefangener in das Dépot auf den hyerischen Inseln abgeliefert worden. Die Vermittlung neutraler Gesandtschaft ist abermals für den Gefangenen in Anspruch genommen und zugesagt worden, hoffentlich nicht vergeblich.«[58]

Noch am 18. November klagte Fontane seiner Frau, daß er noch immer keine Nachricht von ihr selbst habe. Bisher hätte ihm jedoch die Arbeit geholfen, er erkundigte sich nach der Familie und den Freunden und wollte wissen, ob sein Gepäck aus Toul und Vaucouleurs sich aufgefunden habe. »An Wangenheims wiederholt meinen Dank; ohne die Fürsprache des Kardinals (Césaire Mathieu zu Besançon) wär ich den Strapazen wahrscheinlich erlegen.«[59]

In den folgenden Tagen trafen verschiedene Telegramme des Justizministers Crémieux bei Moritz Lazarus und beim Bundespräsidenten der Schweiz ein, die Verwirrung stifteten. Denn in einem Telegramm hieß es, daß Fontane zu diesem Zeitpunkt wahrscheinlich schon frei sei, ein weiteres Telegramm schränkte das jedoch wieder ein.[60] Emilie Fontane wandte sich besorgt an Rudolf von Decker: »...ein gestriges, zweites Telegramm von Mr. Crémieux meldet: Fontane ist auf Ehrenwort frei, kann aber auch davon entbunden werden, wenn seine Auswechslung gegen einen Colonel pp. erfolgt. Was heißt das nun? Die Freunde fürchten: *frei* in Frankreich. Aber was nutzte das ihm, was uns?«[61]

23. November (Mittwoch). Etwas wohler. Drei kleine Kapitel geschrieben. Gelesen. Brief an Emilie angefangen. Gelesen.

24. November (Donnerstag). Schon um 8 Uhr zum Commandanten gerufen (Baron de la Flotte) Je suis libre sur parole. Großer Moment. Demnächst einen bayerischen Kürassier begraben helfen; auch großer Moment. In die Stadt. Einkäufe bei Mr. Virmenet. Nachmittag und Abend gearbeitet. An Emilie geschrieben.

»Geliebte Frau. Nur wenige Zeilen, aber die besten, die ich bis jetzt von hier aus geschrieben habe.

Ich bin frei!

Gott sei gedankt. Daneben Dank Dir, unserm *Lazarus* und Mr. Crémieux, der es, so vermute ich, siegreich durchgefochten hat. Ich kann leider noch nicht fort, da ich auf Geld warten muß, hoffentlich nicht zu lange. Tout à vous. Th. F.«[62]

25. November (Freitag). An den Commandanten, Capitain Forot, geschrieben. Sogleich 256 Francs erhalten. Abreise vorbereitet. Gespräch mit dem Commandanten. Empfang eines Briefes von Emilie, des ersten und einzigen seit 8½ Wochen. Der Brief vom Bischof kam aus La Rochelle, wohin er wahrscheinlich von Besançon aus (durch den Cardinal) gerichtet worden war; der Bischof von La Rochelle, oder besser sein Aumonier, hatte ihn an den ältesten Geistlichen (Doyen) in Chatreu gerichtet. Dieser stellte mir beide zu. Große Freude. – Darauf neue große Aufregung: Graf Arco kehrt zur Freude aller, speziell seiner Landsleute, aus La Rochelle nach nur dreitägiger Abwesenheit zurück. Es muß ihm dort nicht gefallen haben.

26. November (Sonnabend). Briefe von Meringtons. Sehr gefreut. Abreise auf Dienstag festgesetzt. Vorbereitungen. Besuch beim Doyen. Gearbeitet.

Endlich, am 25. November, hält er den ersten Brief seiner Frau nach über zwei Monaten in Händen: »Das waren zwei große Tage, der 24. und 25.! Vorgestern erfuhr ich, daß ich ›Frei sei und auf Ehrenwort nach Deutschland zurückkehren könne‹, gestern, ganz gegen Erwarten, glückte es mir, meine preußischen Bankscheine wechseln zu können (ohne diesen glücklichen Zufall konnte ich von meiner Freiheit keinen Gebrauch machen), und endlich gestern nachmittag erhielt ich, durch gütige Vermittlung des Bischofs von La Rochelle und des hiesigen Geistlichen, Deine Zeilen vom 2. November; das erste Lebens- und Liebeszeichen von Dir seit länger als acht Wochen. Deine Worte haben mich tief bewegt, zugleich meinem Herzen wohlgetan... Ich meinerseits habe im ganzen 25 Briefe geschrieben... Einige waren von höchstem Belang. Es hing Leben und Sterben daran. Unsren Wangenheims und zufolge ihrer Vermittlung der Geistlichkeit dieses Landes verdanke ich überhaupt viel, vielleicht alles. Erst seit gestern weiß ich bestimmt, daß ich ›dicht davor war‹. – Wann ich hier abreisen werde, weiß ich in diesem Augenblick noch nicht.« Er konnte noch nicht beurteilen, wie lange er für die Reise nach Genf brauchen würde, auch wollte er noch nach Saarbrücken, um Material für die Arbeit im Winter zu haben, und so meinte er, daß er zwischen dem 10. und 12. Dezember wieder in Berlin sein würde.[63]

Vor seiner Entlassung mußte er eine Erklärung, die das französische Kriegsministerium formuliert hatte, übersetzen und unterzeichnen:

Ich, Unterzeichneter, Theodor Fontane, deutscher Schriftsteller, Kriegsgefangener zu Chateau auf der Insel Oléron, autorisiert als Gefangener auf Ehrenwort, und zwar in Folge besonderer Gunst des Herrn Kriegsministers zurückzukehren, verpflichte mich auf meine Ehre, gegen

Frankreich weder etwas zu sagen, noch zu thun, noch zu schreiben, noch mich in irgend einer Weise an dem gegenwärtigen Kriege während der Dauer desselben zu betätigen.
Ich verpflichte mich gleicher Weise, bei meiner Rückkehr nach Berlin alles zu thun, was in meinen Kräften steht, um einen französischen officieur [sic!] superieur, der sich kriegsgefangen in Deutschland befindet, die Freiheit zu verschaffen.
Chateau d'Oléron. 26 November 1870
Theodor Fontane[64]

27. November (Sonntag). Der protestantische Geistliche Mr. Masson erscheint. Komische Figur. Besorgungen in der Stadt. Viel Besuch. Mitteilungen einzelner Soldaten und Unteroffiziere.
28. November (Montag). Besuch im Lazarett. Abschied vom Commandanten. Mein Feuille de route. Aufs neue viel Besuch. Zuletzt erscheint selbst der Cantinier in großer Uniform. Permettez, que je vous embrasse. Unglaublich komisch. Mit dem Casernier einen Abschiedsgrog getrunken. Rogerowski als Schneider.

Dann war der langersehnte Tag gekommen: am Morgen des 29. November 1870 verließ Fontane die Insel Oléron.
In den letzten Tagen hatte sich das Schicksal der französischen Armeen wesentlich verschlechtert. Die Nord- und die Loirearmee waren geschlagen worden.

29. November (Dienstag). Abreise. Um 9 ½ zu Schiff. Marennes, Rochefort. Direktor Vignaud besucht. Um 4 ½ nach Bordeaux, Ankunft am 30. November um 7 Uhr früh. Um 8 Uhr über Toulouse nach Cette, Ankunft 7 Uhr abends, um 8 Uhr Abfahrt nach Lyon, An-

kunft 1. Dezember 6 Uhr früh in Lyon, Abfahrt um 6 Uhr 10 Minuten nach Genf; Ankunft (verspätet) gegen 12 Uhr mittags. Der Zug nach Basel eben fort, also gezwungen, in Genf zu bleiben. Abgestiegen im Victoria-Hotel. Fünf Gefangenenbriefe zur Post; an Emilie eine Depesche gerichtet.

»Cette« – südöstlich von Montpellier auf einer kleinen Halbinsel am Mittelmeer gelegen – heißt heute »Sète«.

Seine Depesche traf am 1. Dezember bei seiner Frau ein. Sie teilte die freudige Nachricht sofort dem Verleger von Decker mit: »Nachdem ich seit dem 7. v. ohne jede Nachricht meines Mannes gewesen, erhielt ich gestern spät ein Telegramm aus Genf, worin er mir seine Rückkehr für Sonnabend oder Sonntag anzeigt.«[65]

Anfang Dezember versuchten die in Paris eingeschlossenen französischen Truppen und die Nationalgarde vergeblich den Ring der deutschen Armeen zu durchbrechen.

Fontanes Weiterfahrt von Genf aus wurde eine Irrfahrt, da er nicht rechtzeitig in Lausanne in den Zug nach Basel umgestiegen war.

2. Dezember (Freitag). Früh um 5 Uhr Abfahrt nach Basel. Man läßt mich aber in Lausanne, das ich gar nicht als Lausanne erkannte und von dem ich auch nicht wußte, daß man daselbst abzweigen muß, ruhig im Coupé sitzen, und so fahre ich dann bis nach Sankt Moritz, fast bis nach Italien hinein. Von dort wieder nach Lausanne zurück und nun über Freiburg und Bern. Nach Basel noch zu kommen unmöglich. In Bern im Schweizer Hof abgestiegen. Aufgewärmt. Tee, Abendbrot. Um 11 Uhr zu Bett.
3. Dezember (Sonnabend). Um 5 Uhr früh Abfahrt nach Basel. Ankunft 9 ½ Uhr. Zug nach Frankfurt schon um 9 Uhr. Also warten bis 6 ½ abends. In der Stadt flaniert.

Déjeuner. Kölnische Zeitung studiert. An Emilie telegraphiert.

Zwei Monate nach dem Tag seiner Gefangennahme – am Montag, dem 5. Dezember 1870 – war Fontane wieder in Berlin bei seiner Familie.

»Vorgestern, nach einer horriblen Fahrt von 6 Tagen und 6 Nächten, bin ich wieder leidlich heil hier eingetroffen«, schrieb er seinem Verleger: »Sobald es mir irgend möglich ist, komme ich um mich Ihnen persönlich vorzustellen und Ihnen für so viele Beweise freundlichster Teilnahme zu danken.« Und sofort erkundigte er sich nach den dringendsten Angelegenheiten, und das waren die Korrekturen für den Schlußband des Kriegsbuches 1866: »Korrekturbogen oder Ähnliches habe ich auf der Isle d'Oléron nicht mehr erhalten; eilt die Sache, so bitte ich um einen Abzug des Schlußkapitels, – ich werde die Zeit zu genauer Durchsicht schon finden, wenn auch erst spät Abends.«[66]

Am selben Tag, dem 7. Dezember, teilte er dem Königlichen Allgemeinen Kriegsdepartement mit, daß er, aus der Kriegsgefangenschaft befreit, in Berlin eingetroffen sei, somit stände der Entlassung der Geiseln nichts mehr im Wege. Er informierte das Kriegsdepartement, daß er versprochen habe, sich für die Entlassung eines französischen Offiziers einzusetzen.[67]

George Fontane, der in der Nähe von Paris in Stellung lag, hatte am 6. Dezember durch eine Notiz in der »Kreuz-Zeitung« von der Freilassung seines Vaters erfahren. Am 17. Dezember erfuhr er von der Mutter die Ankunft Fontanes in Berlin. »Daß Du wieder da bist, hat mich sehr gefreut«, schrieb er dem Vater, »noch mehr die hinzugefügten Epitheta ›gesund, glücklich, heiter‹. Hier hält alles Deine Reise nach Frankreich für einen unverzeihlichen Leichtsinn; auch ich hatte, ich muß es gestehen, schon öfter eine

Ahnung von dem kommenden Unglück gehabt. Jetzt gratuliert Dir alles zu Deiner Freilassung und zu dem wahrscheinlichen Verdienst (pekuniär), der aus Deiner Gefangenschaft erwachsen soll.«[68]

Bereits auf Oléron hatte Fontane begonnen, die Erlebnisse der Tage und Wochen seiner Gefangenschaft niederzuschreiben. »Meine Schicksale kann ich natürlich in diesem Briefe nicht deponieren«, berichtete er seiner Schwester, »sie werden über kurz oder lang auf dem Löschpapier der Vossin in unleserlichen Typen zu Dir sprechen; auch von einem *Buche* ist bereits die Rede. Du siehst, man tut sein Möglichstes, um aus dem Pech das man hatte schließlich noch Geld zu machen.«[69]

Mit dem Chefredakteur der »Vossin« vereinbarte er den Abdruck einzelner Kapitel, um das geplante Buch bewarben sich zwei Verleger – eine Situation, die Fontane völlig fremd war.

Wilhelm Hertz, der Verleger seiner »Balladen« und der »Wanderungen« beglückwünschte ihn zu seiner Freilassung und schlug ihm die Buchveröffentlichung seiner Erinnerungen vor. »Um dieselbe Stunde, wo Sie jene Zeilen schreiben, war ich bei Decker«, gestand ihm Fontane, »um mich ihm zu präsentieren. Er machte mir denselben freundlichen Antrag wie Sie, und ich – diplomatisch in meiner unmittelbaren Empfindung – verneigte mich dankend. Es war eine sehr reservierte Akzeptierung, sehr reserviert, weil sich, bei aller Dankbarkeit die ich in diesem Augenblicke ganz aufrichtig gegen Decker empfinde, doch allerhand gegen das Erscheinen solchen Buches in der ›K. Geheimen Oberhofbuchdrukkerei‹ sagen läßt. Sie werden manches davon leicht selber finden.« Aber in Rücksicht auf die Situation war Fontane doch der Meinung, daß dies Buch dem Verleger Decker gehöre: »Ich fühle, daß ich ihm das Buch wohl oder übel geben muß, und wenn er es (nehmen wir dies 'mal an) vergessen sollte, mir ein Honorar dafür zu zahlen, so würd' ich mich ruhig verhalten und nicht einmal eine Anfrage stellen.«[70]

Er bestätigte Rudolf von Decker seinen Entschluß: »›Um das Rhinozeros zu sehen‹, drängt sich jetzt alles an mich, nicht bloß an meine Person, sondern selbst an noch ungeborene Manuskripte. Mir wird ganz angst dabei... Der Vossin, zu der ich jetzt freundliche Beziehungen unterhalte, hab' ich die ersten zehn Kapitel zugesagt; als *Buch* gehört das Ganze Ihnen. Der Druck kann vielleicht mit Neujahr beginnen. oder noch acht Tage früher... Es werden bei splendider Ausstattung (etwa vierundzwanzig Zeilen pro Seite) fünfzehn bis zwanzig Bogen werden, in drei Abschnitten oder Abteilungen von ziemlich gleicher Länge: die einzelnen Kapitel, namentlich im dritten Abschnitte, ziemlich kurz. Nur an diesem dritten Abschnitte habe ich noch zu arbeiten.«[71]

In diesen Dezembertagen waren in der »Vossin« Auszüge aus einem Rundschreiben des Grafen von Chaudordi vom französischen Außenministerium erschienen, das an fast alle europäischen Staaten versandt worden war, und in dem Frankreich die preußische Regierung beschuldigte, den Krieg in barbarischer Weise gegen das Völkerrecht zu führen. Ein Kommentar der Zeitung hatte dazu bemerkt, daß eine Gegendarstellung unnötig sei, weil die »Barbereien« wohl in das Reich der Phantasie gehörten.

Trotz seines Ehrenwortes, nichts gegen Frankreich zu schreiben (de ne rien dire, de ne rien faire ni écrire contre la France) verfaßte Fontane eine Notiz, die er dem Chefredakteur am 13. Dezember sandte. »Ich schließe diesen Zeilen einen kleinen Aufsatz bei, den ich heute Abend, in Entgegnung auf die Anklagen des Grafen Chaudordi geschrieben habe. Die Barbereien existieren, das ist leider unzweifelhaft, aber *Frankreich* hat sie gewollt.«[72]

In dem Aufsatz, den die Zeitung nicht abdruckte, stellte

Fontane fest, daß es durchaus zu barbarischen Handlungen gekommen sei, doch »Alles was geschieht, furchtbar wie es sein möge, ist nur *Repressalie.* Frankreich hat die Form, in der sich der Krieg jetzt darstellt, vom Tage von Sedan an gerechnet, *gewollt.* Es hat, mit voller Überlegung, an die Stelle des Duellkrieges den Volkskrieg treten lassen, es hat ein System der Wegelagerung, der Embuscaden und nächtlichen Überfälle inauguriert, es hat uns auf Schritt und Tritt mit versteckten, heimlich-lauernden, oft die Rolle der Unbefangenheit spielenden Feindes umstellt, es hat dem Kriege seine schlimmste, gehässigste Gestalt gegeben und es muß nunmehr die Folgen davon tragen... Das Schnöde der gesamten französischen Auffassung... besteht darin, daß sie für sich jedes Recht in Anspruch nimmt und dem Gegner es abspricht. Die atrocites selbst sind da, aber indem wir sie zugeben, fügen wir in aller Ruhe hinzu: tu l'as voulu.«[73]

Inzwischen hatte er vom Kriegsministerium erfahren, daß die Freilassung eines französischen Offiziers nicht möglich sei. Fontane wandte sich daraufhin direkt an den Grafen von Roon, trug ihm den Fall vor, nannte die Namen verschiedener französischer Offiziere, die sich zur Zeit in Kriegsgefangenschaft befinden sollten, und bat ihn, »ob es nicht vielleicht ausnahmsweise sich ermöglichen lasse, einem der vorstehend genannten Herren die Freiheit zu geben.«[74]

Von Roon schrieb an den Rand des Briefes: »Macht ihm alle Ehre, kann aber nicht willfahren« und ließ ihm am 27. Dezember 1870 aus Versailles antworten: »Ew. Wohlgeboren gefälliges Schreiben vom 20. d. M., in welchem Sie in Erfüllung einer während Ihrer Gefangenschaft in Frankreich gegebenen Zusage Sich für die Freilassung eines kriegsgefangenen französischen Stabsoffiziers verwenden, ist mir zugegangen. Ich würdige vollkommen die Rücksichten, welche Sie abgehalten haben, Sich bei dem Ihnen auf ein gleiches Gesuch vom Königl. Kriegsministerium in Berlin schon erteilten ablehnenden Bescheide zu beruhigen, kann mich aber zu einer Modification des letzteren nicht veranlaßt finden.«[75]

Nach seiner Rückkehr erhielt Fontane zahlreiche Briefe aus Frankreich, in denen er gebeten wurde, sich für gefangene und vermißte französische Soldaten zu verwenden. Der Bürgermeister von Hiers-Brouage schrieb ihm: »Dem amtlichen Schriftstück nach, das ich gelesen habe, müssen Sie ein bedeutender Mann sein; Sie müssen dem König oder doch seiner Familie nahestehen« und bat ihn um Hilfe für seinen in Westfalen gefangenen Sohn.[76] Der Bürgermeister von Chateau auf Oléron wünschte von ihm eine schriftliche Erklärung für seinen Schwiegersohn, den Arzt Dr. Baldy, dem Fontane in Besançon begegnet war. Er versprach sich davon Hilfe, wenn Dr. Baldy von den Preußen gefangen genommen würde.[77]

Am Tag vor dem Heiligen Abend schrieb Fontane seiner Schwester: »Wir werden diese poetischsten Stunden des Jahres in alter Weise verleben, nur George und Mete werden uns fehlen.«[78]

Und die langjährige Freundin der Familie, Henriette von Merckel, erinnerte sich: »Am Weihnachtsabend konnte Fontane den Weihnachtsbaum für seine Kinder wie sonst anstecken; als ich herüberkam, sagte ich aus tiefster Seele: ›Gott sei gedankt, daß Er Sie wieder zurückgeführt hat!‹ Und ich weiß, daß diese glückliche Errettung einen tiefen Eindruck auf ihn gemacht hat.«[79]

Rechtzeitig zu den Festtagen erschien in der Sonntagsbeilage der »Vossischen Zeitung« vom 25. Dezember 1870 der Abdruck der beiden ersten Kapitel »Domremy« (S. 23) und »Neufchateau« (S. 31), und zum 1. Januar brachte die Zeitung das Gedicht »Neujahr 1871«, dessen letzte Strophe lautet:

Das alte Jahr, in Kampf und Mut und Streben
Hat's uns gefeit, gewappnet und gestählt,
Du neues Jahr; o woll auch *das* noch geben,
Das *eine* noch, das uns allein noch fehlt:
Laß jenen Ölzweig zu uns niederschweben,
Auf den ein jedes Herz jetzt hofft und zählt,
Zu allem, was das alte Jahr beschieden,
Du neues Jahr, o gib uns *Frieden, Frieden!*[80]

Wenige Tage zuvor, am 21. Dezember 1870, hatte Fontane mit einer Besprechung des aktuellen Theaterstückes von Roderich Bendix »Landwehrmanns Christfest« seine Berichte über die Aufführungen im Königlichen Schauspielhaus wieder aufgenommen.[81]

Am 30. Dezember, seinem 51. Geburtstag, erschien das nächste Kapitel »Langres« (S. 38) und weitere folgten in kurzen Abständen bis Ende Februar 1871.

Mit seinen Erinnerungen trat Fontane an die Seite seines Kollegen Ludwig Pietsch, der seit den ersten Kriegstagen im August 1870 aus dem Hauptquartier des Kronprinzen wöchentlich seine Kolumne »Kriegsbilder« in der »Vossischen Zeitung« schrieb. Pietsch war Anfang Oktober fast zur gleichen Zeit wie Fontane in Toul gewesen. Am 16. Oktober 1870 erschien in der Zeitung sein Bericht vom 6. Oktober aus Toul.[82]

Das Jahr darauf:

1871

JANUAR

Am 18. Januar 1871 wurde im Spiegelsaal des Schlosses von Versailles der preußische König Wilhelm I. zum Deutschen Kaiser proklamiert. Es war auf den Tag 170 Jahre her, daß der Kurfürst von Brandenburg, Friedrich III., im Dom zu Königsberg als Friedrich I. zum König *in* Preußen gekrönt wurde. »Immer achtzehnter bei uns« ließ Fontane einen Globsower Schuljungen im »Stechlin« antworten, als der nach dem Datum der Schlachten bei Fehrbellin (18. Juni 1675) und Leipzig (18. Oktober 1813) gefragt wurde.[83]

Tage zuvor war die französische Westarmee bei Le Mans geschlagen worden, und die Ostarmee zog sich nach Süden zurück. Einen Tag nach der Kaiserproklamation wurde die französische Nordarmee bei St. Quentin besiegt.

Alle Ausbruchsversuche der in Paris eingeschlossenen Truppen wurden vereitelt.

Daraufhin begannen am 23. Januar die Verhandlungen über einen Waffenstillstand.

FEBRUAR

Noch während die einzelnen Kapitel im Januar und Februar in der »Vossin« erschienen, wurde das Buch im Verlag bereits gesetzt.

Den Schlußabsatz des Kapitels »Rückblicke. Reflexionen« (S. 71), das am 10. Januar 1871 in der Beilage der »Vossischen Zeitung« erschien, strich Fontane später in der Buchausgabe. Im Vorabdruck heißt es nach den Schlußversen (S. 78): »Der 5. Oktober, der Tag meiner Gefangennahme, hatte mich in Lagen gebracht, die mir vielfach keine Wahl ließen. Ich entsinne mich, aus dem Jahre 66 her, eines Briefes, den, unmittelbar nach dem Tage von Königgrätz, ein Soldat vom Regiment Deutschmeister in seine Heimath schrieb: ›Liebe Peppi, an den 5. Juli will ich denken. Der Preuß' ist dicht an uns gewesen. Es war ein Graus. An den 5. Juli will ich denken.‹ So sage ich am Schluß dieses Abschnitts und ohne mich direkt an Peppi zu adressiren, ›an Domremy und den 5. Oktober will ich denken.‹«[84]

Über Umfang, Schrift und Ausstattung hatte man sich im Verlag geeinigt, dennoch fühlte sich Fontane durch einige Worte des Verlagsleiters Baumann irritiert: »Zwei Bemerkungen wollen Sie mir gütigst noch verzeihn«, schrieb er am 20. Februar 1871, »Sie sprechen von ›*künstlich* erreichter Dicke‹. Ich kann mir nicht denken, daß Sie einer Arbeit gegenüber, von der mir alle Welt sagt, daß es das Beste wäre, was ich je geschrieben hätte, um derentwillen ich auf der Straße umarmt und geküßt werde, ich sage, ich kann mir nicht denken, daß Sie meinen, ich hätte die Sache ›pro 2 Friedrichsdor den Bogen‹ zu Gunsten meiner Tasche und zum Schrecken des Verlegers künstlich erweitert. Und doch bleibt mir kaum eine andere Annahme übrig, da wir über das *Äußerliche,* nach Einsendung einer Druckprobe, uns vorher geeinigt hatten.«

Und auch die Honorarfrage nahm er nun doch wichtiger, als er sie vor Wochen seinem Verleger Hertz gegenüber behandelt wissen wollte. »Der zweite Punkt ist das Honorar. Herr Hertz, wie er nicht Anstand nehmen wird zu wiederholen, hat mir das *Doppelte* geboten, und ich habe bloß einer Anstandspflicht (wenigstens so *erschien* es mir) gehorcht, als ich das Buch Ihnen antrug oder vielmehr das freundliche Anerbieten Herrn v. Deckers sans phrase akzeptierte. Herr Hertz hatte mir das Anerbieten schon vorher, unmittelbar nach meinem Eintreffen, gemacht.«[85]

Doch es gab nicht nur zustimmende Kritik, viele bemängelten, daß die Franzosen zu gut und zu freundlich beurteilt würden. George schrieb Anfang Februar: »Ich muß Dir, lieber Vater, und auch im Namen aller unserer Herren einen kleinen Vorwurf machen, weil Du die Franzosen in Deinen Schicksalen zu sehr herausstreichst. Du mußt ein ganz besonderes Glück gehabt haben; unter den vielen Franzosen, die ich die Ehre gehabt habe, kennen zu lernen, waren nur sehr, sehr wenige, für die ich ein gewisses *tendre* haben möchte.«[86]

Am 26. Februar 1871 wurde in Versailles der Präliminarfrieden geschlossen.

MÄRZ

Am 1. März marschierten deutsche Truppen in Paris ein, doch schon nach zwei Tagen erfolgte der Befehl zum Abmarsch, da die französische Nationalversammlung, die sich nach Bordeaux zurückgezogen hatte, den Vorfrieden umgehend ratifizierte.

Die Mißverständnisse mit dem Verlag wurden bereinigt, und in den ersten Märzwochen 1871 erschien die Buchausgabe von »Kriegsgefangen – Erlebtes 1870«.

Der Text stimmte bis auf Kleinigkeiten mit dem Vorabdruck überein, doch setzte Fontane jedem Kapitel ein Motto voran. Er hatte sich 50 Exemplare für den eigenen Gebrauch erbeten, da er den vielen, die ihm geholfen hatten, mit seinem Buch danken wollte. Am 11. März sandte er ein Exemplar an den Schweizer Bundespräsidenten Jakob Dubs: »Ew. Excellenz einen verspäteten Dank für die mir während meiner Gefangenschaft mehrfach erzeigte hülfreiche Teilnahme aussprechend, bitte ich zugleich um die Erlaubnis Ew. Excellenz beigehend eine Schilderung meiner ›Aventuren‹ überreichen zu dürfen.«[87]

Auch dem Kardinal-Erzbischof von Besançon schickte er das Buch.[88] Césaire Mathieu hatte ihm im Dezember 1870 zu seiner Befreiung geschrieben: »Vom Grunde des Herzens danke ich dem lieben Gott, dem Vater der Barmherzigkeit, daß Er Sie Ihrer Familie wiedergegeben. Ich bin sehr glücklich, zur Linderung und zur Beendigung Ihrer Gefangenschaft selbst in geringem Maße beigetragen zu haben... Indem Gott wollte, daß wir uns auf dem Wege des Lebens begegneten, wünsche ich, unsre Bekanntschaft hörte nicht mit den Ereignissen auf, welche sie hervorgebracht haben, und bitte Sie, geehrtester Herr, mich von allem, was Sie angeht, von jedem glücklichen oder unglücklichen Zustande Ihrer Familie in Kenntnis zu setzen, auf daß ich an Ihren Freuden sowie an Ihren Schmerzen teilnehme.«[89]

Fontane hatte sich nach seiner Rückkehr in mehreren Briefen für die große Hilfe bedankt, die ihm der Erzbischof in den bedrohlichen Wochen seiner Gefangenschaft gewährt hatte.[90]

Mitte März erschien dann endlich der abschließende II. Band des *66er Kriegsbuches.*

In Frankreich, insbesondere in Paris, war es nach dem Vorfrieden zu Unruhen gekommen. Am 16. März begann der Bürgerkrieg, der »Aufstand der Commune«, der über zwei Monate, bis Ende Mai, andauerte und in seiner letzten Phase die Stadt in Angst und Schrecken versetzte.

Ende März hatte Fontane mit der Vossischen Zeitung weitere Aufsätze der »Wanderungen« vereinbart, und bereits Anfang April erschien »Wust. Das Geburtsdorf des Hans Hermann von Katte«.[91]

Außerdem plante er – trotz der Erfahrungen von Ende 1870 – eine zweite Reise nach Nordfrankreich. »Ich will in den Ostertagen wieder nach Frankreich aufbrechen«, schrieb er dem Chefredakteur am 30. März, »und rechne darauf, daß Sie mir wegen des Theaterreferats keine großen

Schwierigkeiten machen... Dies ist der wichtigste Punkt. Von geringrem Belange ist die Frage, ob Sie geneigt sein würden, mich für die Dauer meiner Anwesenheit in Frankreich als Pietsch sel. Erben einzusetzen.«[92] Fontane wollte versuchen, die »Kriegsbilder« seines Kollegen fortzusetzen, zumal er die Absicht hatte, Orte aufzusuchen, die Pietsch nicht berührt hatte.

APRIL

Am 9. April brach Fontane zu seiner zweiten Frankreichreise auf. Sie führte ihn nach Reims, St. Denis, Rouen, Dieppe und Neuville. Er traf mit seinem Sohn George zusammen, der mit seiner Einheit in der Nähe von St. Denis lag.

MAI

Mitte Mai kehrte er nach Berlin zurück und begann mit der Ausarbeitung seiner Reisenotizen.

Am 10. Mai wurde in Frankfurt am Main der endgültige Frieden geschlossen. Frankreich mußte das Elsaß und Lothringen abtreten und fünf Milliarden Goldmark Kriegsentschädigung zahlen.

Bei der Rückkehr von seiner zweiten Frankreichreise fand Fontane einen Brief des Erzbischofs von Besançon von Anfang April vor. Am 31. Mai antwortete er, entschuldigte die Verspätung durch seine Reise und sprach die Hoffnung aus, daß die Schreckenstage für Frankreich endgültig vorbei sein würden.[93]

SOMMER

Während der Sommermonate schrieb Fontane in Dobbertin und Warnemünde nach seinen Reisenotizen das Manuskript für das Buch »Aus den Tagen der Okkupation«, das

Ende des Jahres 1871 in zwei Bänden im Verlag von Rudolf von Decker erschien.

OKTOBER

Am 5. Oktober, dem Jahrestag seiner Gefangennahme 1870, dankte er dem Kardinal Mathieu in einem langen Schreiben noch einmal für dessen Hilfe und für dessen Brief vom Juli mit Berichten aus den letzten Tagen der Commune. Der Kardinal hatte ihm auch kunsthistorische Hinweise zu den Kathedralen Nordfrankreichs gegeben, die Fontane in seinem Buch verwenden konnte.[94]

Die Korrespondenz mit dem Erzbischof von Besançon wurde in den folgenden Jahren fortgesetzt, 1872 bat der Kardinal Fontane um Hilfe bei der Suche nach einem Reliquienkästchen, das in den Kriegswirren verschwunden war.[95] Jedoch konnte der Verbleib nicht aufgeklärt werden. Erst mit dem Tode des Kardinals, 1875, endete der Briefwechsel.[96]

Das Erscheinen von »Kriegsgefangen« und »Aus den Tagen der Okkupation« wurde begrüßt, aber es blieben nur Tageserfolge.

Fontane arbeitete an weiteren Bänden der »Wanderungen durch die Mark Brandenburg«, und von 1871 bis 1876 erschien das auf insgesamt vier Teilbände anwachsende Werk über den Krieg mit Frankreich.[97]

Die Frankreich-Bücher waren für Fontane ein Wendepunkt seiner schriftstellerischen Arbeit. »Ich sehe klar ein«, erinnerte er sich ein Jahrzehnt später, »daß ich eigentlich erst bei dem 70er Kriegsbuche und dann bei dem Schreiben meines Romans ein Schriftsteller geworden bin.«[98] Schon auf Oléron, im November 1870, hatte er beim Schreiben seiner Erlebnisse verspürt: »Es liest sich wie ein Roman.«[99]

Jedoch der erste eigentliche *Roman* erschien erst 1878 – Fontane war damals fast 60 – es war: »Vor dem Sturm«.

Im siebenten Lebensjahrzehnt folgten »L'Adultera« (1882), »Graf Petöfy« (1884), »Irrungen Wirrungen« (1888) und »Stine« (1890).

1890/91 wurden die »Gesammelten Romane und Novellen« in zwölf Bänden aufgelegt. Der zwölfte Band enthielt die letzten 50 Seiten von »Stine« und daran anschließend einen Neudruck von »Kriegsgefangen«. Ein Jahr darauf – nach über zwei Jahrzehnten – erschien im Verlag seines Sohnes Friedrich eine zweite Buchauflage.

Im gleichen Jahr – 1892 – brachte der Verlag Perrin in Paris eine französische Übersetzung mit dem Titel »Souvenirs d'un Prisonnier de Guerre Allemand en 1870 par Theodore Fontane. Introduction par T. de Wyzewa«.

War es schon erstaunlich genug, daß nach so vielen Jahren eine Übersetzung erschien, noch erstaunlicher war die Einführung des Übersetzers. Téodor de Wyzewa war ein junger, aus Polen stammender Essayist und Literaturkritiker, der sich zum Kreis der Symbolisten zählte, und der am Beginn der neunziger Jahre Berlin und Deutschland besucht hatte.

Auf etwa 20 Seiten stellte er seiner Übersetzung einen kleinen biographischen Essay über Fontane voran und begründete, warum er »Kriegsgefangen« dem französischen Leser vorstellen wollte. Unter den zahlreichen Arbeiten über den französisch-deutschen Krieg, die erschienen waren, wäre Fontanes Buch eines der schönsten (le plus beau livre), weil es mit einer erstaunlichen Unparteilichkeit, vor allem aber, weil es gut geschrieben sei. (et il a sur tous les autres l'avantage d'être bien écrit.) Wyzewa erwähnte den Lyriker, den »Wanderer durch die Mark« und schließlich den Romancier. Er kannte »L'Adultera«, »Graf Petöfy«, »Irrungen Wirrungen«, »Stine«, für ihn waren es *naturali-*

stische Romane. Fontane folgte zwar den Regeln des Naturalismus, aber seine Romane seien anders als die der französischen Naturalisten. Fontane habe eine Bindung zu den Menschen, die er beschreibt: »er liebt sie, ihre Banalität rührt ihn, und er wirft auf sie ein sanftes und sich gleichbleibendes Licht, das uns die kleinen Eigenheiten ihres Lebens in einer Klarheit erscheinen läßt, wie Baumzweige im strahlenden Sonnenlicht.« Bezeichnend wäre, daß die Romane Fontanes Wärme ausstrahlten, Wärme wie die eines Berliner Sommers (la chaleur d'une été de Berlin). Im Gegensatz zu den französischen Naturalisten liebe Fontane die Menschen, von denen er erzählt. Er habe Fontane während des Sommers in einer Berliner Straße gesehen: ein älterer Herr, grauhaarig, in der Haltung eines pensionierten Offiziers, stets korrekt gekleidet. Die jungen Schriftsteller verehrten ihn als ihren Meister. Das große Publikum würde ihn nicht lesen, »aber Gott weiß, wen das große Publikum in Deutschland liest.«

Abschließend erwähnte er die Verleihung des Schillerpreises, der im Frühjahr 1891 je zur Hälfte an Fontane und Klaus Groth verliehen worden war und schloß daran eine erstaunliche Bemerkung: »wenn man – anstatt Herrn Fontane einen unbekannten Poeten aus der Provinz an die Seite zu stellen, – die andere Hälfte der Krone Friedrich Nietzsche in der Heilanstalt in Jena aufs Haupt gesetzt hätte, dann wären in Wahrheit die beiden wichtigsten Schriftsteller, die beiden einzigen wichtigen Schriftsteller des gegenwärtigen Deutschland der Bewunderung ihrer Zeitgenossen empfohlen worden.« (Et si, au lieu d'adjoindre à M. Fontane pour ce prix un obscur poète de province on était allé mettre sur la tête de Frédéric Nietzsche, dans la maison de santé d'Iena [sic], l'autre moitié de la couronne, c'est vraiment les deux écrivains les plus remarquables, les deux seuls écrivains remarquables de l'Allemagne contemporaine, que l'on aurait ainsi designés à l'admiration de leur compatriotes).[100]

Ein erstaunliches Urteil über Fontane zu einer Zeit, da »Jenny Treibel«, »Meine Kinderjahre«, »Effi Briest« und »Der Stechlin« noch nicht erschienen waren.

Es ist nicht bekannt, ob Fontane die französische Übersetzung und ihre Einleitung kannte. In späteren Briefen erwähnte er Wyzewa, doch dann in anderem Zusammenhang.[101]

Es wurde immer wieder gefragt, ob Fontane die näheren Umstände seiner Befreiung gekannt hat, und man hat behauptet, daß er vom Eingreifen Bismarcks zeit seines Lebens nichts gewußt habe. Seine Frau hatte jedoch bereits Mitte November von der Demarche Bismarcks erfahren, schrieb sie doch am 18. November an Rudolf von Decker: »Ich habe... erfahren, daß unser großer *Bismarck* selbst sowie Herr General v. Werder (durch Ihre Güte) sich persönlich für die Befreiung meines Mannes verwandt hätten.«[102] Fontane hat nach seiner Rückkehr von diesen Bemühungen und auch von den anderen Anstrengungen erfahren, die seine Freunde unternommen hatten, um ihm zu helfen. Er hat dabei stets gewußt, daß die wichtigste Hilfe durch den Kardinal Césaire Mathieu erfolgte, denn in der Zitadelle von Besançon ging es um Leben und Tod, da der Verdacht, er sei ein preußischer Spion, zu diesem Zeitpunkt noch nicht ausgeräumt war. Alle weiteren Bemühungen, die von Moritz Lazarus über Crémieux und die von Bernhard von Lepel über Bismarck haben dann seine Situation verbessert, wesentlich verbessert und die Gefangenschaft verkürzt: die entscheidende Hilfe jedoch war in Besançon erfolgt. Die Briefe, die Fontane 1871 bis 1875 an Kardinal Mathieu richtete, sind ein beredtes Zeugnis dafür, wie er die Situation eingeschätzt hat.

In späteren Jahren bemühte er sich, die Ereignisse der Monate Oktober bis Dezember 1870 ironisch herunterzuspielen: »(Es) kam eine lange Unterbrechung durch meinen Abgang auf den Kriegsschauplatz, wenn man will durch eine Schlachtenbummlergastrolle. Wenn man will, kann man es so nennen. Es war aber was andres. Ich sollte den Krieg beschreiben, und wer dabei nicht bloß auf seinem Drehstuhl reiten, beziehungsweise mit der Papierschere vorgehen will, wer, wenn weiter nichts, so doch wenigstens die Szenerie kennen lernen will, um hinterher sein Bild zu malen, der hat den Beruf, sich die Sache anzusehen. Aber man soll sich nicht Spielverderber sein. Also Schlachtenbummler! Als solcher wurde ich gefangen genommen, weggeschleppt (ich habe ein Buch geschrieben und war zwei Monate lang auf der Insel *Oléron.*) In der ersten Dezemberwoche war ich wieder zurück. (Wer hatte mich befreit? Die Katholische Partei oder die Judenpartei oder die Regierungspartei?), verletzte meine Freunde (die in ihrem ärgerlichen Gefühl gegen mich ganz recht hatten) durch eine halb ulkhaftige Behandlung alles inzwischen Erlebten und nahm um die Weihnachtszeit meine Berichterstattung wieder auf.« Fontane schrieb dies ein Vierteljahrhundert später in den Entwürfen zu »Kritische Jahre – Kritiker-Jahre«, einer Fortsetzung seiner Erinnerungen.[103]

Doch er hat nie vergessen, daß er »dicht davor« gewesen war.[104]

1 H. W. Klünner, Th. Fontanes Wohnstätten i. Berlin, S. 127
2 F. an M. v. Rohr vom 22. Dezember 1869. In: BRIE, S. 287
3 F. an W. Hertz vom 24. März 1870. In: BRIE, S. 292
4 F. an W. Hertz vom 26. April 1870. In: BRIE, S. 299
5 F. an seine Frau vom 11. Mai 1870. In: BRIE, S. 306
6 Th. Fontane, Kritische Jahre – Kritiker-Jahre, S. 367
7 George Fontane an seinen Vater vom 16.-25. Juli 1870. In: GEO, S. 5 ff.
8 F. an seine Frau vom 5. August 1870. In: BRIE, S. 325
9 Th. Fontane, Besprechung einer Aufführung von Schiller, Wilhelm Tell vom 17. August 1870. In: Causerien über Theater, Teil 1, S. 7
10 F. an R. v. Decker vom 8. August 1870. In: DECK, S. 156
11 F. an M. von Rohr vom 26. August 1870. In: BRIE, S. 328
12 F. an R. v. Decker vom 11. September 1870. In: DECK, S. 159
13 F. an M. v. Rohr vom 25. September 1870. In: Th. Fontane, Briefe 3, S. 103
14 F. an seine Frau vom 29. September 1870. In: WAN, S. 555
15 F. an seine Frau vom 30. September 1870. In: KG, S. 222
16 Die Tagebuchnotizen Fontanes wurden zum erstenmal gedruckt in: FRI-1
17 F. an seine Frau vom 1. Oktober 1870. In: KG, S. 223
18 F. an seine Frau vom 2. Oktober 1870. In: KG, S. 225
19 Fontane, Aus den Tagen der Okkupation, Band 1, S. 233 und 262. Fontane wiederholt diesen Text fast wörtlich in: Krieg gegen Frankreich, Bd. 4, S. 230
20 F. an seine Frau vom 6. Oktober 1870. In: KG, S. 230
21 Bericht des Polizeikommissars von Toul. In: KG, S. 179
22 Erzbischof Mathieu an Bischof Namszanowski vom 27. Oktober. In: KG, S. 189
23 F. an Erzbischof Mathieu vom 21. Dezember 1870. In: CHE, S. 41
24 F. an seine Frau vom 14. Oktober 1870. In: BRIE, S. 338 (Original franz.)

25 Major v. Giese an die Familie Fontane vom 20. Oktober 1870. In: KG, S. 180
26 B. v. Lepel an das Preuß. Kriegsministerium von 20. Oktober 1870. In: AKT
27 M. Lazarus an A. Crémieux vom 23. Oktober 1870. In: ML, S. 542
28 F. an seine Frau vom 24. Oktober 1870. In: BRIE, S. 341
29 F. an seine Frau vom 25. Oktober 1870. In: WAN, S. 235
30 F. an R. v. Decker vom 26. Oktober. In: BRIE, S. 345
31 Dokument des Generalkommandant der 7. Militärdivision. In: KG, S. 189 (Original franz.)
32 F. an seine Frau vom 27. Oktober 1870. In: BRIE, S. 347
33 F. an seine Frau vom 28. Oktober 1870. In: WAN, S. 240
34 Präsident Jacob Dubs an M. Lazarus vom 28. Oktober 1870. In: ML, S. 547
35 Bismarck an E.B. Washburne vom 29. Oktober 1870. In: AKT, dort in engl. Sprache, Übersetzung in: KG, S. 196
36 E.B. Washburne, Recollections, Vol. 1, S. 306
37 E.B. Washburne an Bismarck vom 31. Oktober 1870. In: AKT
38 F. an seine Frau vom 1. November 1870. In: BRIE, S. 351
39 George Fontane an seine Mutter vom 31. Oktober 1870. In: GEO, S. 40
40 E.B. Washburne an Bismarck vom 2. November 1870. In: AKT
41 Erzbischof Mathieu an Dr. Murad (für Geheimrat Wangenheim). In: AKT
42 F. an den Kommandanten von Roche-sur-Yon vom 7. November 1870. In: FRI-1, S. 37
43 F. an seine Frau vom 7. November 1870. In: BRIE, S. 352
44 George Fontane an seine Mutter vom 7. November 1870. In: GEO, S. 42
45 F. an seine Frau vom 9. November (?) 1870. In: WAN, S. 244
46 F. an R. v. Decker vom 8. November 1870 (?). In: BRIE, S. 355
47 Oberin vom Hl.-Herz-Jesu zu Besançon an Th. Fontane vom 11. November 1870. In: KG, S. 203

48 Emilie Fontane an Th. Fontane vom 11. November 1870. In: KG, S. 203
49 Erzbischof Mathieu an Bischof Namszanowski (o. D.). In: KG, S. 205
50 Th. Fontane, Gedichte, Band II, S. 453
51 F. an seine Frau vom 13./14./15. November 1870. In: BRIE, S. 356
52 Th. Storm, Sämtl. Werke, Band 1, S. 69
53 Preuß. Kriegsminister an Bismarck vom 11. November 1870 und Bismarck an Preuß. Kriegsminister vom 12. November 1870. In: AKT
54 Preuß. Kriegsminister an Auswärtiges Amt vom 25. November 1870. In: AKT
55 George Fontane an seine Mutter vom 17. November 1870. In: GEO, S. 43
56 Lebenslauf Fontanes (im Original franz.). Original und Übersetzung in: FRI-2, S. 54
57 Vossische Zeitung Nr. 281 vom 12. November 1870, S. 5
58 Neue Preußische(Kreuz)-Zeitung Nr. 270 vom Freitag, dem 18. November 1870, abgedruckt in: DECK, S. 284
59 F. an seine Frau vom 18. November 1870. In: BRIE, S. 339
60 Text der Telegramme in: AKT und ML, S. 551
61 Emilie Fontane an R. v. Decker vom 23. November 1870. In: DECK, S. 170
62 F. an seine Frau vom 24. November 1870. In: BRIE, S. 361
63 F. an seine Frau vom 26. November 1870. In: KG, S. 211
64 Fontanes Ehrenerklärung in: FRI-2, S. 57
65 Emilie Fontane an R. v. Decker vom 2. Dezember 1870. In: DECK, S. 171
66 F. an R. v. Decker vom 7. Dezember 1870. In: DECK, S. 172
67 F. an das Königliche Kriegsdepartement vom 7. Dezember 1870. In: BRIE, S. 361
68 George Fontane an seinen Vater vom 18. Dezember 1870. In. GEO, S. 53
69 F. an seine Schwester Elise vom 12. Dezember 1870. In: BRIE, S. 362

70 F. an Wilhelm Hertz vom 12. Dezember 1870. In: BRIE, S. 363
71 F. an Rudolf von Decker vom 13. Dezember 1870. In: BRIE, S. 364
72 F. an Hermann Kletke vom 13. Dezember 1870. In: KLE, S. 25
73 Fontanes Aufsatz vom 13. Dezember 1870. In: KLE, S. 64 f.
74 F. an Minister von Roon vom 20. Dezember 1870. In: BRIE, S. 368
75 S. Samosch, Aus den geheimen Kriegsakten ... In: Vossische Zeitung vom 5. Juni 1910
76 Bürgermeister von Hiers-Brouage an F. vom 24. Dezember 1870. In: KG, S. 212
77 Bürgermeister von Chateau (Isle d'Oléron) vom 6. Januar 1871. In: KG, S. 215
78 F. an seine Schwester Elise vom 23. Dezember 1870. In: BRIE, S. 369
79 Aufzeichnungen von Henriette von Merckel. In: Die Fontanes und die Merckels, Band 2, S. 261
80 »Neujahr 1871« in HF 1, Bd. 6, S. 570
81 Th. Fontane, Besprechung der Aufführung von »Landwehrmanns Christfest« von Roderich Bendix. In: Causerien über Theater, Bd. 1, S. 21
82 Vossische Zeitung vom 16. Oktober 1870, S. 7
83 Th. Fontane, Der Stechlin. In: HF, 1. Abt., Bd. 5, S. 60
84 In: Vossische Zeitung vom 10. Januar 1871, Zweite Beilage
85 F. an Otto Baumann vom 20. Februar 1871. In: BRIE, S. 373
86 George Fontane an seinen Vater vom 2. Februar 1871. In: GEO, S. 69
87 F. an Jakob Dubs vom 11. März 1871. In: BRIE, S. 375
88 Besson erwähnt in Bd. 2, S. 297 einen Brief F.s vom 13. März 1871, mit dem wahrscheinlich F. ein Exemplar seines Buches an den Erzbischof geschickt hat.
89 Erzbischof Mathieu an Herrn und Frau Fontane vom Dezember 1870 (?). In: KG, S. 217
90 Zu den früheren Briefen siehe CHE

91 Der Aufsatz wurde zunächst am 2. und 9. April 1871 in der Vossischen Zeitung gedruckt und später in den Band »Havelland« der Wanderungen übernommen.

92 F. an Hermann Kletke vom 30. März 1871. In: Theodor Fontane: Briefe an Hermann Kletke. In: Fontane-Blätter, Band 4, Heft 5, S. 347

93 F. an Erzbischof Mathieu vom 31. Mai 1871. In: CHE, S. 40

94 F. an Erzbischof Mathieu vom 5. Oktober 1871. In: BRIE, S. 387

95 Briefe des erzbischöflichen Sekretärs A. Curtel vom 18. April und 30. Mai 1872. In: KG, S. 222 ff.

96 Zum Briefwechsel Fontanes mit Erzbischof Mathieu siehe CHE

97 »Der Krieg gegen Frankreich« erschien in zwei Bänden. 1. Band »Der Krieg gegen das Kaiserreich« in zwei Halbbänden, Berlin 1873 und 2. Band »Der Krieg gegen die Republik« in zwei Halbbänden, Berlin 1875 und 1876.

98 F. an seine Frau vom 17. August 1882. In: HF, 4. Abt., Band 3, S. 200

99 F. an seine Frau vom 13. November 1870. In: BRIE, S. 357

100 T. de Wyzewa, Th. Fontane. In: WY, S. 114 ff.

101 F. erwähnt Wyzewa in einigen Briefen: an einen unbekannten Herrn vom 1. Januar 1895, in: Th. Fontane, Briefe an unbekannte Empfänger, S. 566 und F. an Walter Paetow vom 14. September 1897, in: HF, 4. Abt., Band 4, S. 667

102 Emilie Fontane an R. von Decker vom 18. November 1870. In: DECK, S. 168

103 Th. Fontane, Kritische Jahre. In: HF, Abt. 2, Band 4, S. 1035

104 F. an seine Frau vom 26. November 1870. In: KG, S. 211

1. Abgekürzt verwandte Literatur

AKT Akten betreffend: die Befreiung Theodor Fontanes aus der französischen Kriegsgefangenschaft. Politisches Archiv des Auswärtigen Amtes.
(Die Akte enthält in hand- und maschinenschriftlichen Kopien wichtige Briefe, die im Zusammenhang mit der Kriegsgefangenschaft Fontanes verfaßt wurden.)
Teile der Akten wurden veröffentlicht in S. Samosch, Aus den geheimen Kriegsakten über Theodor Fontanes Gefangenschaft und Freilassung. In: Vossische Zeitung vom 5. Juni 1910, Nr. 259.

BRIE Theodor Fontane, Briefe. Abt. IV von Theodor Fontane, Werke, Schriften und Briefe. Hier: Zweiter Band 1860-1878. Hrsg. von O. Drude, G. Krause, H. Nürnberger u.a., München 1979.

CHE René Cheval, Fontane und der französische Kardinal. Ein neuentdeckter Briefwechsel (1870-75) mit Césaire Mathieu, Erzbischof von Besançon. In: Jahrbuch d. dtsch. Schillergesellschaft. 27. Jahrgang 1983, Stuttgart 1983, S. 19-58.

DECK Theodor Fontane, Briefe an den Verleger Rudolf von Decker. Hrsg. von W. Hettche. Heidelberg 1988.

FRI-1 Hermann Fricke, Theodor Fontanes Kriegsgefangenschaft 1870. In: Der Bär von Berlin, 1955, S. 53 ff.

FRI-2 Hermann Fricke, Theodor Fontanes Parole d'honneur von 1870. In: Der Bär von Berlin, 1965, S. 49 ff.

GEO Feldpostbriefe 1870-1871 von George Fontane. Berlin o.J. (1914).

KG Theodor Fontane, Kriegsgefangen. Erlebtes 1870. Populärhistorische Ausgabe. Berlin o.J. (1914).

KLE Theodor Fontane, Briefe an Hermann Kletke. Hrsg. von H. Nürnberger. München 1969.

ML Moritz Lazarus' Lebenserinnerungen. Bearbeitet von N. Moritz und A. Leicht. Berlin 1906.

WAN Theodor Fontane, Wanderungen durch Frankreich. Erlebtes 1870-1871. Eingeleitet von G. Jäckel. Berlin 1970.

WY Téodore de Wyzewa, Écrivains Etrangers. Deuxième Série. Paris 1897.
Enthält: S. 114-135 »Un romancier naturaliste allemand Theodor Fontane«. Der Essay ist bis auf Kleinigkeiten textidentisch mit der Einführung (Introduction) der französischen Übersetzung von »Kriegsgefangen« durch M. Jean Thorel.

2. *Literaturverzeichnis*

Mgr. Besson, Vie de Son Eminence Monsigneur le Cardinal Mathieu. Archevèque de Besançon, 2 Bände, Paris 1882.

Die Briefe Theodor Fontanes. Verzeichnis und Register. Hrsg. von Ch. Jolles und W. Müller-Seidel, München 1988.

René Cheval, La captivité de Theodor Fontane à la citadelle de Besançon en octobre 1870. Besançon 1983.

René Cheval, Die guten Tage von Besançon, in: René Cheval, Anstöße und Rückwirkungen, Bonn 1990.

Gordon A. Craig, Deutsche Geschichte 1866-1945. Vom Norddeutschen Bund bis zum Ende des Dritten Reiches, München 1980.

Theodor Fontane, Werke, Schriften und Briefe. In vier Abteilungen. München, Hanser Verlag. Folgend als »HF« bezeichnet.

Theodor Fontane, Aus den Tagen der Okkupation. In: HF, Abt. 2, Band 4, S. 691-1025, München 1973.

Theodor Fontane, Briefe 1-4, Hrsg. von K. Schreinert u. Ch. Jolles, Berlin 1968-71.

Theodor Fontane, Briefe. Vier Bände. Hrsg. von O. Drude, H. Nürnberger u. a. In: HF, Abt. 4, München 1976 ff.

Theodor Fontane, Briefe an unbekannte Empfänger. Hrsg. u. Komm. v. Joachim Krueger. In: Fontane Blätter, Band 5, Heft 6, S. 560-569

Theodor Fontane, Causerien über Theater. In: Th. Fontane, Sämtliche Werke, Band XXII/1-3, München 1964-67, (Nymphenburger Ausgabe).

Theodor Fontane, Gedichte I-III. Hrsg. von J. Krueger u. A. Golz, Berlin u. Weimar 1989.
Theodor Fontane, Kritische Jahre – Kritiker-Jahre. In: HF, Abt. 2, Band 4, S. 1032-1049, München 1973.
Theodor Fontane, Der Krieg gegen Frankreich. Band I und II, Berlin 1873-76.
Theodor Fontane, Der Krieg gegen Frankreich. Mit einem Vorwort von Gordon A. Craig, Band 1-4, Zürich 1985.
Theodor Fontane, Kriegsgefangen. Erlebtes 1870. In: Th. Fontane, Sämtliche Werke, Band XVI. Hrsg. von E. Groß, München 1962.
Theodor Fontane, Kriegsgefangen. Erlebtes 1870. In: HF, Abt. 2, Band 4, München 1973.
Theodor Fontane, Souvenirs d'un prisonnier de guerre allemand en 1870. (Übersetzt von M. Jean Thorel). Introduction par T. de Wyzewa, Paris 1892.
Die Fontanes und die Merckels. Ein Familienbriefwechsel 1850-1870. Band I und II. Berlin 1987.
Gerhard Friedrich, Fontanes preußische Welt. Armee–Dynastie–Staat, Herford 1988.
La guerre de 1870/71 et ses conséquences. Colloque historique franco-allemand publié par Ph. Levillain et R. Riemenschneider. Bonn 1990.
Franz Herre, Anno 70/71. Ein Krieg, ein Reich, ein Kaiser. Köln 1970.
M. René Hombourger, L'itinéraire de l'écrivain prussien Theodor Fontane (1819-1898) en Lorraine et en Alsace annexées (1870-1871). In: Mémoires de l'Académie Nationale de Metz. CLXIVe année – série VI – tome XI 1983, Sarreguemines 1985.
Hans-Werner Klünner, Theodor Fontanes Wohnstätten in Berlin. In: Fontane Blätter, Band 4, Heft 2, S. 107-134.
Eberhard Kolb, Der Weg aus dem Krieg. Bismarcks Politik im Krieg und die Friedensanbahnung 1970/71, München 1989.
Pierre Moisy, Un grand romancier allemand, Theodor Fontane, prisonnier de guerre en Saintonge (1870). In: Bulletin de la Société des Antiquaires de l'Ouest, Poitiers 1970, S. 629-641.
Thomas Nipperdey, Deutsche Geschichte 1866-1918. Band I, Arbeitswelt und Bürgergeist. München 1990.

Pierre-Paul Sagave, 1871 Berlin–Paris. Reichshauptstadt und Hauptstadt der Welt. Berlin 1971.
Pierre-Paul Sagave, Berlin und Frankreich 1685-1871. Berlin 1980.
Theodor Storm, Sämtliche Werke, Band 1: Gedichte, Novellen 1848-1867. Hrsg. von D. Lohmeier, Frankfurt/Main 1987.
Michael Stürmer, Das ruhelose Reich. Deutschland 1866-1918. Berlin 1983.
E. B. Washburne, Recollections of a Minister to France, 1869-1877, 2 Bde, London 1887.

Zu dieser Ausgabe

insel taschenbuch 1437
Theodor Fontane
Kriegsgefangen

»Kriegsgefangen – Erlebtes 1870« erschien zunächst im Vorabdruck in Fortsetzungen in der »Königlich privilegierten Berlinischen Zeitung (Vossische Zeitung)« vom 25. Dezember 1870 bis zum 26. Februar 1871:

Der Vorabdruck enthielt vor den einzelnen Kapiteln keine Motti. Die erste Auflage der Buchausgabe erschien im März 1871 im Verlag der Königlichen Geheimen Ober-Hofbuchdruckerei (R. v. Decker) in Berlin. In der zwölfbändigen Ausgabe »Theodor Fontanes Gesammelte Romane und Erzählungen« wurden die »Erlebnisse« im abschließenden Band XII 1891 gedruckt.

1892 erfolgte eine zweite Buchauflage, 1894 die dritte, 1898 die vierte, 1900 die fünfte, 1903 die sechste und 1906 die siebente Auflage.

Weiterhin erfolgte ein Abdruck in der 2. Abteilung der »Gesammelten Werke«, dort im Band 5 mit dem Vermerk »Der Reihe nach 24. Tausend«.

1910 und 1914 wurde in einer Auflage von 12000 Exemplaren eine Hochschulausgabe aufgelegt, und 1914 erschien die »Populär-historische Ausgabe« (2000 Exemplare mit einem Anhang von 45 Briefen und Dokumenten).

In der Jubiläumsausgabe des S. Fischer Verlages wurde »Kriegsgefangen« im 3. Band der 2. Reihe gedruckt.

Nach 1945 erschien der Text 1962 im Band XVI der »Nymphenburger Ausgabe« (danach unser Druck) und im Band 4 der 2. Abteilung der »Hanser Ausgabe« (1973).

1970 wurde »Kriegsgefangen« unter dem Obertitel »Wanderungen in Frankreich – Erlebtes 1870-1871« zusammen mit »Aus den Tagen der Okkupation« in Berlin aufgelegt. 1984 erschien eine zweite Auflage in zwei Bänden, davon enthält der erste Band »Kriegsgefangen«.

Einzelne Kapitel wurden im Februar 1871 ins Russische übersetzt. Eine französische Übersetzung von M. Jean Thorel mit einer Einführung von T. de Wyzewa erschien 1892 in Paris.
Das Faksimile der Tagebuchaufzeichnung wurde abgedruckt mit freundlicher Genehmigung der Deutschen Staatsbibliothek in der Stiftung Preußischer Kulturbesitz, Theodor-Fontane-Archiv.
Umschlagabbildung: John Sloan. Die Spur der Fähre II, 1907.

Theodor Fontane
im Insel Verlag

Cécile. Mit einem Nachwort von Walter Müller-Seidel. it 689
Effi Briest. Mit 21 Lithographien von Max Liebermann. Leinen, Leder und it 138
Frau Jenny Treibel oder ›Wo sich Herz zum Herzen findt‹. Roman. Mit einem Nachwort von Richard Brinkmann. it 746
Grete Minde. Mit einem Nachwort von Peter Demetz. it 1157
Irrungen, Wirrungen. Mit einem Nachwort von Walther Killy. it 771
Jenseit des Tweed. Bilder und Briefe aus Schottland. Mit zahlreichen Abbildungen und einem Nachwort herausgegeben von Otto Drude. it 1066
L'Adultera. Großdruck. it 2329
Mathilde Möhring. Mit einem Nachwort von Peter Demetz. it 1107
Meine Kinderjahre. Autobiographischer Roman. Mit einem Nachwort von Otto Drude. it 705
Die Poggenpuhls. Roman. it 1271
Schach von Wuthenow. Erzählung aus der Zeit des Regiments Gendarmes. Mit einem Nachwort von Benno von Wiese. it 816
Der Stechlin. Mit einem Nachwort von Walter Müller- Seidel. it 152
Stine. Roman. Mit einem Nachwort von Peter Demetz. it 899
Unwiederbringlich. Roman. it 286
Vor dem Sturm. Roman, aus dem Winter 1812 auf 13. Mit einem Nachwort von Hugo Aust. it 583
Wanderungen durch die Mark Brandenburg. 5 Bde. in Kassette. Herausgegeben von Gotthard Erler und Rudolf Mingau. it 1181-1185
Wanderungen durch die Mark Brandenburg. Band I. Die Grafschaft Ruppin. it 1181
Wanderungen durch die Mark Brandenburg. Band II. Das Oderland. it 1182
Wanderungen durch die Mark Brandenburg. Band III. Havelland. it 1183
Wanderungen durch die Mark Brandenburg. Band IV. Spreeland. it 1184
Wanderungen durch die Mark Brandenburg. Band V. Fünf Schlösser. it 1185

Zu Theodor Fontane
Katharina Mommsen: Hofmannsthal und Fontane. st 1228

58/1/5.91

Biographien, Leben und Werk im insel taschenbuch

Lou Andreas-Salomé: Lebensrückblick. Grundriß einiger Lebenserinnerungen. Aus dem Nachlaß herausgegeben von Ernst Pfeiffer. Neu durchgesehene Ausgabe mit einem Nachwort des Herausgebers. it 54

– Rainer Maria Rilke. Mit acht Bildtafeln im Text. Herausgegeben von Ernst Pfeiffer. it 1044

Bettine von Arnim: Aus meinem Leben. Zusammengestellt und kommentiert von Dieter Kühn. it 642

Johann Sebastian Bach. Leben und Werk in Daten und Bildern. Herausgegeben von Klaus-Peter Richter. it 788

Alban Berg. Leben und Werk in Daten und Bildern. Herausgegeben von Erich Alban Berg. it 194

Heinrich Bornkamm: Das Jahrhundert der Reformation. Gestalten und Kräfte. it 713

Bertolt Brecht. Leben und Werk im Bild. Mit autobiographischen Texten, einer Zeittafel und einem Essay von Lion Feuchtwanger. it 406

Bertolt Brecht. Sein Leben in Bildern und Texten. Mit einem Vorwort von Max Frisch. Herausgegeben von Werner Hecht. it 1122

Die Schwestern Brontë. Leben und Werk in Texten und Bildern. Herausgegeben von Elsemarie Maletzke und Christel Schütz. it 814

Hans Carossa. Leben und Werk im Bild. Herausgegeben von Eva Kampmann-Carossa. it 348

Cézanne. Leben und Werk in Texten und Bildern. Von Margret Boehm-Hunold. it 1140

George Clémenceau: Claude Monet. Betrachtungen und Erinnerungen eines Freundes. Mit farbigen Abbildungen und einem Nachwort von Gottfried Boehm. it 1152

Joseph von Eichendorff. Leben und Werk in Texten und Bildern. Herausgegeben von Wolfgang Frühwald und Franz Heiduk. it 1064

Theodor Fontane: Meine Kinderjahre. Autobiographischer Roman. Mit einem Nachwort von Otto Drude. it 705

Manfred Franke: Schinderhannes. Das kurze, wilde Leben des Johannes Bückler. Nach alten Dokumenten neu erzählt von Manfred Franke. it 1269

Sigmund Freud. Sein Leben in Bildern und Texten. Herausgegeben von Ernst Freud, Lucie Freud und Ilse Grubrich-Simitis. Mit einer biographischen Skizze von K. R. Eissler. Gestaltet von Willy Fleckhaus. it 1133

Dubarry, Gräfin: Die geheimen Papiere der Gräfin Dubarry. Herausgegeben von Paul Frischauer. Mit einem Nachwort von Franz Blei. it 1262

162/1/10.90